···民族与民族主义研究译丛···　|　赖海榕　主编　　林林　副主编

超越分歧的人性

[英]大卫·坎纳丁 著
黄清贵 译

马克思主义民族学说研究项目资助出版

David Cannadine

The Undivided Past:
Humanity Beyond Our Differences

中央编译出版社
Central Compilation & Translation Press

著作权合同登记号：01-2023-0439

The Undivided Past：Humanity Beyond Our Differences
Copyright：ⓒ David Cannadine 2013
This edition arranged with Rogers, Coleridge and White Ltd.
though Big Apple Agency, Labuan, Malaysia.
Simplified Chinese edtion copyright：2023 China Compilation & Translation Press.
All rights reserver.

图书在版编目（CIP）数据

超越分歧的人性／（英）大卫·坎纳丁著；黄清贵译. —北京：中央编译出版社，2024.5
书名原文：The Undivided Past: Humanity Beyond Our Differences
ISBN 978-7-5117-4394-7

Ⅰ. ①超⋯ Ⅱ. ①大⋯ ②黄⋯ Ⅲ. ①人性-研究 Ⅳ. ①B038

中国国家版本馆 CIP 数据核字（2023）第 061460 号

超越分歧的人性

责任编辑	郑永杰
责任印制	李　颖
出版发行	中央编译出版社
网　　址	www.cctpcm.com
地　　址	北京市海淀区北四环西路 69 号（100080）
电　　话	（010）55627391（总编室）　　（010）55627312（编辑室）
	（010）55627320（发行部）　　（010）55627377（新技术部）
传　　真	（010）66515838
经　　销	全国新华书店
印　　刷	北京文昌阁彩色印刷有限责任公司
开　　本	710 毫米×1000 毫米　1/16
字　　数	280 千字
印　　张	19.5
版　　次	2024 年 5 月第 1 版
印　　次	2024 年 5 月第 1 次印刷
定　　价	98.00 元

新浪微博：@中央编译出版社　　　　　微　信：中央编译出版社（ID：cctphome）
淘宝店铺：中央编译出版社直销店（http://shop108367160.taobao.com）　（010）55626985

本社常年法律顾问：北京市吴栾赵阎律师事务所律师　　闫军　梁勤
凡有印装质量问题，本社负责调换。电话：（010）55627320

"民族与民族主义研究译丛"编者前言

英国著名民族理论家埃里克·霍布斯鲍姆（Eric Hobsbawm）指出，"若想一窥近两个世纪以降的地球历史，则非从民族以及衍生自民族的种种概念入手不可"。当今世界是一个民族国家的世界，民族国家力量影响着近现代国际关系和世界政治版图。过去几十年所发生的国际政治事件无不掺杂着强烈的民族情感和民族主义期望。随着经济全球化的发展，各民族国家间的利益竞合愈复杂，民族国家关系已经成为全球关注的重要议题。

民族的起源与形成、民族国家的生存与发展、民族主义和民族认同的基本目标与现实考量已经成为人类学、民族学、政治学等领域密切关注的范畴，并在学术界引起了争论，呈现出多种理论观点。西方的民族理论研究十分深入和活跃，以民族主义为核心，涉及民族起源、民族概念、民族关系、民族矛盾、民族发展趋势等几乎所有的民族理论问题。民族理论研究的创新需要扩大研究视域，吸纳更多相关理论研究成果。因此，了解和研究西方民族理论对我们更广泛和深入地探讨民族问题是有益的。

"民族与民族主义研究译丛"第一辑选取了四本国外民族主义研究的著作介绍给国内读者。安东尼·史密斯（Anthony Smith）是伦敦经济学院教授，担任过伦敦民族和民族主义研究协会主席，著有十余本著作、100多篇关于民族问题的文章,其著作被翻译为21种语言出版,在世界民族学界影响深远。在《族群-象征主义与民族主义:一种文化方法》(Ethno-symbolism and Nationalism: A Cultural Approach)一书中,史密斯指出族群-象征主义旨在补充和修正现代主义者的论述:以长时段的历史分析修正现代主义对"现代"的单一关注,以大众的影响修正现代主义对精英作用的"过度"重视,以情感因素的作用修正现代主义对民族主义客观动机的"过分"强调。史密斯关于族群-象征主义和现代主义关系的论述为人们理解民族和民族主义问题提供了更加全面的视角和方法。

大卫·坎纳丁(David Cannadine)是普林斯顿大学著名的历史学家、牛津大学历史学客座教授,曾担任皇家历史学会副主席,长期关注现代历史、帝国历史、英国历史,对集体身份认同也颇有研究。在《超越分歧的人性》(The Undivided Past: Humanity Beyond Our Differences)中,坎纳丁对宗教、民族、性别、种族和文明五种常见又强烈的身份认同形式进行了探讨。他希望通过跨度更长的历史考察来分析容易引起共鸣的人类团结形态,以唤起人们对团结、同质性和共享意识等的关注。同时还与所谓不可逾越的身份边界进行对话与互动,质疑和分析了某些集体身份及其所宣称的优先权和至高地位,从而强调人们的视野必须超越分歧、超越群体利益、超越身份政治和狭隘的关切,去拥抱、去赞美过去、现在和将来。这对人们了解世界的过去、目前的状况和将来的前景,以及把握身份群体间潜在或实际冲突的运作机制及其后果具有一定启示。

约翰·布雷伊利(John Breuilly)是伦敦经济学院著名教授,主要研究民族主义与种族主义。其开创性著作《民族主义和国家》(Nationalism and the State)围绕民族主义发展的政治语境,阐释了现代国家在塑造民族主义中的作用,强调民族主义应该被理解为一种与现代国家发展密切相关的政治形式。约翰·布雷伊利将民族主义作为政治来研究，对民族主义和国家进行了全面系统的历史比较，这对人们理解现代政治、现代国家具有重要意义。蒂姆·埃德森（Tim Edensor）是曼彻斯特城市大学研究文化的学者，撰写了大量关于民族认同、旅游、流动性的文章。《民族认同、大众文化与日常生活》（*National Identity, Popular Culture and Everyday Life*）一书通过大众文化来理解和阐释民族，以一种更为动态的、更贴近生活的方式探讨了民族认同与大众文化和日常生活之间的关系。蒂姆从身份、空间、表演、物质文化和表现等各方面分析了民族认同不仅仅是意志和策略的问题，而且融入具体和物质的生活方式中。蒂姆对民族认同与文化领域之间存在的多重联系的阐释，为人们理解大众文化和民族认同提供了新的线索。

目录

序　言 …………………………………………… 001

第一章 宗教 …………………………………… 009
第二章 民族 …………………………………… 052
第三章 性别 …………………………………… 093
第四章 种族 …………………………………… 135
第五章 文明 …………………………………… 182
结　语 …………………………………………… 222
致　谢 …………………………………………… 229
注　释 …………………………………………… 232

序　言

在我们那个时代，那是个很危险的世界。你很清楚地知道他们是谁。那个世界就是"我们与他们"，其中，"他们"是谁，不言而喻。今天，我们不太确定"他们"是谁，但我们知道"他们"就在那里。

——乔治·布什总统

引自 2006 年 4 月 16 日《纽约时报》

这个世界随处都是分裂，而这些分裂的根源在于，人类总是冲动地认为我们之间的差异性远比共同的人性更为重要……（其实）我们共同的人性比我们之间有趣而不可避免的差异更为重要。

——比尔·克林顿总统

《付出：我们每个人如何改变世界》

本书着手探讨一些最容易引起共鸣的人类团结形态。因为，数百年来，世界各地的人们不断地发明、创造、建立并维持形形色色的人类团结形态，也不断地怀疑、否定、分化和打破这些形态；还因为，这些形态界定了不同的生活、介入了人类的情感并影响了数不胜数的人类个体的命运。我们通过六种最常见而强烈的身份认同形式来进行探讨,即宗教、民族、阶级、性别、种族及文明。这六种身份认同形式都曾在其实际涉及或其自我声称所涉及的范围方面——有时是区域性的,有时是民族性的,有时是更为全局性的——博得过广泛的忠心拥戴与献身,这有时是好事,但更多的时候并非如此,因为,其中每一种形式的集体团结也会同时导致该群体外或其所排斥的各群体对他们产生实际或潜在的敌意。哪怕仅限于20世纪来看,就曾发生过很多冠以不同名称的对峙与冲突,其中有宗教战争、民族战争、阶级战争、性别战争、种族战争或文明战争。我们这个时代所特有的不管是何种形态的人类团结,类似的群体对立或冲突在世界历史上早已存在了上千年之久:从罗马帝国后期的基督徒与教外人之间的对抗直至1994年白人至上主义者与反种族隔离运动者之间的冲突。而且,我们没有理由认为21世纪就不会发生这些对峙。因而,似乎可以不证自明的一点是,想要了解过去的世界以及目前的状况和将来的前景,最好的途径就在于把握敌对身份群体间潜在或实际冲突的运作机制及其后果,或者是,正如上述引自布什总统的那段话里所示,了解"我们与他们"这一大游戏中究竟发生了什么。[1]

也许最突出的一点是,"我们与他们"这一吁请是如何在几乎不具对比性的某些类别的人群、聚居体及身份认同群体间大行其道。自有历史记载以来的大部分时间里,(最初的)宗教隶属与(此后的)民族效忠一直是最突出的两大问题。只是在相对较近的时期里,他们才被扩大,并在某种程度上被阶级意识、性别觉醒及种族团结这些世俗的、跨越民族的"三件套"取代。而自从2001年"9·11"事件以来,从爱德华·吉本(Edward Gibbon)到阿诺德·汤因比(Arnold Toynbee)等这些历史学家早期所言的更广的身份认同及更宽泛的文明类别这一提法开始卷土重来,这一点在塞缪尔·亨廷顿(Samuel P. Huntington)的著作里得以体现,也为此后他被美国的新保守主义追随者和在英国的新工党崇拜者不断提及。但是，一个不变的事实是，这些团结类别中的每一项都是围绕"利益和觉醒"这一轴心构建而成的：宗教的凝聚力是忠诚与信仰的一种表达方式（或者说宗教的凝聚力是依赖于同情心、迷信和非理性），并对现世与来世报以同样的关注；民族认同是建立在共享的叙事记忆和地理归属感上，同时又被共同语言、文化及国家权力强化；阶级意识被视为与生产模式有关的人们所结成的不同关系的产物，导致雇工与雇主间形成互相敌对的两个团结体；性别与种族身份认同体部分是生物学上的产物，部分是被建构起来并投射到一些人身上具有解剖学特征的意义与敌意的产物，这些特征有些人有而有些人没有；而文明也许是最具柔韧性的人类组别形态，可以基于任何数量的标准加以定义。

然而，无论如何迥然不同、如何大相径庭，这些集体身份早已全部在各种对峙、斗争和冲突中被界定和强化。其中包括针对异教、敌对国家、对立阶级、另一个性别群体或文明之间的对峙、斗争和冲突。其结果正如摩尼教一再重申的观点：这个世界分为两大冲突性的阵营——"好"的一方（那些与"我们"站在一起的庞大阵营）和"恶"的一方（那些反对"我们"的同样庞大的阵营）。这种"启示录"式的观点在历史上许多可怕的时候不断地被附和，在白宫椭圆形办公室最后一次讲话时，布什总统就曾大言不惭地高调重申："我跟你们经常说过，"他告诉他的美国同胞，"有关善与恶双方的问题。有些人听了不舒服。但这个世界确实存在善与恶的问题，而且在这两者之间没有妥协道路可走。"[2]问题是，无论善恶双方是否如他们所言真实存在，他们所暗示的所谓"绝对真理"已经以不同程度的本本主义被归咎于各种各样可感知的差异。结果，在新教与天主教之间，美国与俄罗斯之间，雇工与雇主之间，女人与男人之间，黑人与白人之间，或者在西方与伊斯兰世界之间，一场巨大的战役就可能因此而打响。在这样的对立中,任何一方都会通过夸大他们内部的团结与美德,同时放大对方的勾结行为和邪恶行径,从而煽动自己的支持者。[3]在这样的推动力之下,自有人类历史以来,世界上各民族就被分割成互为对立的好战集体。在我们这个时代,不少政治领导人和公众人物、权威和评论员可以轻易地诉之于这种极端化思维,并通过日益聒噪的媒体进一步夸大这种论调。有些历史学家也在强调这种论调,他们不是秉持更为开阔的视野去研究人类的过去,而是更为关心如何将这些论调合法化并尽其所能地强调一种集体身份相比于其他各群体的优点。[4]

在过去的半个世纪左右,学界日益强调识别不同人类集体的"差异性"是很重要的,从而,"人类历史是建立在远古以来就存在的分裂基础之上"的传统观点被进一步强化。[5]人类学家克利福德·格尔茨(Clifford Geertz)认为,"差异性让世界运转,尤其是政治界";他的许多同事以及其他文人和文化批评家都可能会对这一观点持赞同态度。而那些热衷于创造、观察、运作、发掘所谓"差异性"的意义及重要性的历史学家也同样将其奉为圭臬,尽管他们所用的术语有所不同,或使用"差异性",或是"他性""他异性""差别""相异性"等等。[6]毫无疑问,这些历史研究方法在过去未经省察的人类经验上已经结出具有永久价值及富有洞见的累累硕果。但是,正如世界历史学研究先驱之一的威廉·麦克尼尔(William H. McNeill)所指出的那样,学术界对于差异性的简单化二分法以及基于其上的敌对偏见方面的关注已经催生这样一种版本:"我们要把'过去'变成咋样就变成咋样,这样可以既安全又简单地使其成为好人与坏人之间、'我们和他们'之间的竞争。"这一点与乔治·布什总统或是已故的本·拉登所持的"启示录"式的极化观点不谋而合,令人担忧。[7]

但是,事实是,尽管有这些"终极"对峙和冲突,在这些分裂中，任何一方都没能彻底征服"我们"或是"他们"，人性还在那儿。这一点似乎说明了，我们对人类身份与关系应该采取一种更开阔、更具普适性，同时也更为乐观的观点，那就是我们不但接受基于冲突各方身份之上的差异与冲突，也应该认识到人类之间的密切关系并从这些看似不可穿越的身份边界中仔细辨别其中也曾有过的对话。这些对话体现并表达了超越差异性之上的更具普遍人性的意识。诗人兼民权活动家玛雅·安吉罗（Maya Angelou）就曾在她的诗里提到这个观点：

> 我注意到了明显的差异
> 在每一种类或类别里，
> 但　朋友
> 与其说我们不同，
> 不如说我们更相似[9]

或者更通俗地说，同样地，历史学家提莫西·贾顿·阿什（Timothy Garton Ash）就曾对死硬派媒体兜售的"摩尼教文化二分法"表示遗憾，认为这是以牺牲"有关人类拥有什么共同点"的替代性对话为代价的。大英博物馆馆长尼尔·麦克格瑞格（Neil MacGregor）也曾经哀叹"对身份进行过于简单化处理的野蛮观念"，认为这种观念"支持根深蒂固的冲突"，而实际上，不同文化经常是"相互重叠、互相借鉴并共同相处"于"整个人类的对话中"。[10]因而，在本序言开头的第二个引言里，克林顿总统敦促我们对人性应该采取更有想象力而不是过于偏执的看法，可是他在白宫的继任者却更喜欢拥抱被过分渲染的极化观点。[11]

出生于保加利亚的法国哲学家茨维坦·托多罗夫（Tzvetan Todorov）在他新近出版的《野蛮人的恐惧》（*The Fear of Barbarians*）

一书里强调过这一点:"对光明与黑暗、自由世界与蒙蔽主义、甜蜜的宽容与盲目的暴力之间进行轻率的二分法处理对当前世界复杂性的研究并无贡献,充其量只反映了这些作者的傲慢与骄傲。"似乎是对乔治·布什总统的一种明确的巧妙回应,他继续说,"如果我们自己对善与恶这两个词的意义单方面进行定义的话,在善与恶之间偏爱前者是没有任何美德可言的"。[12]然而,在对这些摩尼教的世界观持怀疑态度并敦促我们对人类共性应持更包容看法的学术著作里,大部分是出自那些对哲学问题比历史问题更为感兴趣的学者,而且他们对当前与新近时期更为关心,而对较为久远时期的关注不够。[13]相比之下,该书试图以跨度更长的历史观来探讨这些问题:我们将在长远的历史时期里对这六种集体身份进行审视,唤起大家对那些以团结、同质性及共享意识为名进行过度而不恰当的评判给予关注,我们还将深入探讨那些曾经跨越所谓不可逾越的身份边界而进行的对话与互动,这些对话与互动是持更具包容性的人类共性观的人们所作的长期不懈的努力而成功实现的。就像托多罗夫一样,我们认为以摩尼教观点来看待世界的偏执做法客气地说是片面的、分割性的,不客气地说是损害性的和误导性的。这是因为,不管他们采用什么特定的说辞并宣称其是不可简约的绝对真理,这些"我们"和"他们"的归类自身不时地表现出不稳定性与模糊性。即使是在与顽固不化的敌人产生最激烈冲突的情况下,这些观点也常常站不住脚。还有,这些捆绑在一起的观点并非出自人类真正共享的自我意识,充其量不过是领袖、新闻记者、社会活动家以及有些历史学家七拼八凑起来的训词而已。

本书通过调查我们极为关注的这六种分裂性集体身份来分析这些问题,有时我们甚至承认并展示它们在某些方面是非常不同的团结类别。因为,在强调对比分析的迫切性方面,它们有着极端化的倾向性,在这一点上,上述六种集体身份彼此显得极为类似。这些对比分析将对其中每种集体身份及其所宣称的优先权和至高地位一视同仁地进行质疑。相应地,以下各章将认真审视神学家、教士、政客及权威以及评论员和历史学家是如何宣称这六种集体身份中特定的某一种身份与其他各种身份相比具有怎样不可比拟的重要性,认真审视他们是如何通过这些做法向被分割开来的任何一方鼓吹他们所从事的事业与他们集体身份的极端正义性。我们还将继续在必要时描述人们是如何确实按照这些摩尼教的分析与指示办事,不管是出于宗教狂热也好,还是民族热爱、阶级意识、性别觉醒、种族团结抑或文明身份的认同也好。我还会在关于阶级这一章里充分关注历史学家是如何助力人们热衷于采用身份认同的方法来看待这个世界。不过,我也会关注历史上否定与挑战这些所谓不可逾越的边界与互相敌视的团结而进行的许多对话。人们经常错误地或恶作剧地提及这些观点,似乎它们是人类生存状况里具有重要而合理可信的唯一版本。因为,作为个体,我们常常会认识到人类的共性,而当我们被鼓动去参加集体行动时,这种共性便很容易就视而不见了。

然而,在时间跨度如此之大、涉及范围如此之广的情况下探讨这样一个浩大、重要而又富于争议性的课题是有很大风险的。一方面,基于宗教、民族、阶级、性别、种族及文明之上的集体身份与对峙问题会激起政客、权威、公众乃至许多专心投入的学者强烈的情感。他们愿意相信这个世界在形式上是简单易懂的,可以便捷地分割为具有美德的"我们"和邪恶的"他们"。他们坚定不移地助力于建构这样的对抗性身份,在以敌意的、二分法的眼光来审视这个世界方面打下了坚实的学术基础。[14]另一个难处在于这项工程的规模与范围。我们可以这么说,以下各章中的任何一章所涉及的内容,哪怕倾尽毕生的时间对其进行广泛阅读和研究,对于如何理解这一课题来说都是难以企及的。在其中的许多分支部分,情况也是如此。我只能说,哪怕仅仅只是能够起到抛砖引玉的作用,即使被指责为不自量力，我们开辟这一课题的努力就不算白费。[15]还有一个可能的遗憾是，在大部分早已被描绘成分割的过去这一废墟里寻找共同人性的案例中，大部分来自欧洲历史而并非世界上其他地区。不过，任何作者的知识与水平都是有限的。不管怎样，此处所探索的许多（虽然不是全部）身份认同事件确实起源于欧洲或附近的中东地区并早已在这些地区上演过。

  人们早已清醒地认识到，在所有研究和撰写历史的首要而正当理由里，有一条很重要，那就是我们应该从当前观点的桎梏里解放出来。该书通过对单一身份政治学、所谓敌对群体的一致性、人们对极化思维模式的广泛偏爱以及对差异性的学术关注等这些传统观点进行质疑，意欲为这种解放性的努力做出贡献。大部分学者所受的训练是如何去找寻趋异性及悬殊性而不是共同性和相似性，但这种孜孜不倦的追求往往导致那些重要的关联性与相似性被忽略。[16]尽管我们致力于从反面看问题，但是从简单、一元化、同质性的身份角度方面来说，人类共性问题过去没有、现在没有、将来也应该不会被正视或完全理解。因为，这些身份认同早已在仇恨的巨大深坑和难以逾越的恐惧的鸿沟里被永久的对峙与冲突的枷锁牢牢地锁上。现实世界并非二元对立，反而是在那些坚持认为它是和那些知道它不是的人们之间，才真正存在二元对立。因为，正是在那些五花八门、形形色色的身份群体的复杂性和趋异性里，我们在它们之间发现了不少联结点，并认定这些联结点才是历史上各种各样的对话成为可能的原因，我们每个人都应该肯定并为之欢呼的是，共同的人性才是我们要分享的最为宝贵的东西。[17]

第一章 宗　教

　　自从初次接触之后，基督教与伊斯兰世界之间就在宗教、地理及经济上成为竞争对手，因而，毫不奇怪地，在定义"他们"与"我们"之间的群体差异时，彼此使用的词汇总是仇恨的多于友好的。

　　　　　　　——安德鲁·惠克罗夫特（Andrew Wheatcroft）
　　　　　　　《异教徒：基督教徒与穆斯林之间的冲突》
　　　　　　　（Infidels: The Conflict Between Christendom and Islam）

　　如果说随后发生的事情给了我们一个启示的话，那就是新月与十字架、东方与西方、基督教徒与穆斯林之间的冲突和误解并无实质性、必然性或必要性因素，过去如此，现在亦如此。

　　　　　　　——詹姆斯·马瑟（James Mather）
　　　　　　　《帕塔斯：伊斯兰世界的商人与旅行者》
　　　　　　　（Pashas: Traders and Travellers in the Islamic World）

　　根据《马太福音》第二十五章，基督阐述了他对人类的愿景和他对人类的划分，即将人类划分为两个完全不同而且表面上看起来势不两立的集体类别：一方是那些信仰一个真正的宗教和一个真正的神的人们;另一方是那些没有这种信仰并且拒绝承认这样一个唯一全能的神的人们。这种俗世的差异反过来预示并解释了人们死后世界的永恒差别:一方将得到救赎和抚慰,而另一方将会被抛弃和诅咒。在最后的审判日,耶稣告诉其听众,当"人子在他的荣耀里与众天使降临的时候",他要坐在荣耀的宝座上将所有人类区别开来,"就好像牧羊人区分绵羊和山羊一般"。他安置在右边的那些人,即受到佑护的选民,将会继承创世以来就为他们预备好的天之国,而那些置于他左边的人将会遭天谴而承受"为魔鬼及其使者预备好的"永久的火与惩罚。[1]这里所揭示的就是古代波斯的琐罗亚斯德教留给基督教的最为重大的遗产,即在善与恶、天使与魔鬼之间进行"精神世界终极划分的一种信仰":一种预先安排好的地球生命死后世界的终极划分。在这里人类将被分割为两部分:其一为那些最终上天堂的真正信仰者;其二为那些邪恶的、亵渎神灵的人,他们将前往地狱。[2]

据说古代波斯的预言家琐罗亚斯德——古代近东宗教琐罗亚斯德教即因此而得名——曾在公元前5世纪末至公元前4世纪初备受推崇。人们通常认为他最早宣称宇宙是按照光明与黑暗的诸法则来区分的,彼此依靠各自的势力战至最后。他认为在这场战斗中加入天使一方去反对魔鬼是所有人类的义务。这种在正义与非正义之间的形式化的割裂从此具有格外持久的魅力,不但在基督教而且在其他宗教教义中都得到体现。在琐罗亚斯德之后将近七百多年,大约在公元3世纪中期,另一位波斯预言家摩尼——其信徒广布于古代波斯和罗马帝国,从南亚直至西班牙——再次将人类世界分割,这次是将人类划分为"伟大之父"与"黑暗之王"的孩子们。他从《旧约》和《新约》里吸收部分故事和论据来完善自己的教义,但是尽管如此,他还是没能逃脱被早期教会以异教名义驱逐的命运。他留下最有影响力的遗产就是"摩尼教式的"这个术语。该术语常被用于描述那些坚持以赤裸裸的、简单的措辞来评判人类状况的观点，不管他们出于什么宗教信仰，总是盲目地支持将这个世界甚至有时也将死后世界简单地划分为善与恶双方并将其中一方彻底打败为止的做法。[4]

从可追溯到的主要宗教信仰体系的起源之日伊始，至少有两千年的时间里，由于竞争性和冲突性的信仰似乎常常将人类两极分化为不可调和的对立双方，历史上随处可见充满报复性的分裂与分歧。在教外人与基督徒之间是如此，在伊斯兰教与基督教之间、天主教徒与新教教徒之间也是如此。在大部分信仰里（其中除了教外人，所有都是一神教信仰），其领导人都宣称在人类智慧与神的启示上自己享有垄断权。在历史上的某些时期里，他们都曾谴责、蔑视、声讨、揶揄、羞辱、袭击、压迫、关押、打残、折磨甚至杀死过其宗教上的对手和竞争者，认为对方是罪恶、过错、作恶、愚蠢、恶行、堕落、罪孽的化身。宗教团体之间就是以这样的方式将自己与对方区别开来并诉诸战争，各方都深信自己独一无二的神灵才是至高无上的，是拥有独特而巨大的优势的。在这方面，美国宗教学者马丁·马蒂（Martin E. Marty）在其《当信仰碰撞时》（*When Faiths Collide*）中就曾指出，"一部人类宗教史常常看起来只不过是那些彼此陌生的人之间的冲突史"。或者，也正如他的美国同胞沃尔特·李普曼（Walter Lippman）早在他之前70多年所指出的那样，"每个教会在其权力最为强盛时期都曾声明自己是最包罗万象的，是不容异端邪说的"。或者，也正如在《马太福音》里耶稣基督自己也使用一些战斗性的语言，如"他不与我站在一起就是反对我"，似乎也可以看作一种为宗教交战辩护的代言。[5]

然而，常见的是，在集体身份认同的历史上（同时也是在他们表露出并促成相互敌对与仇恨的时期），交战从来就不是宗教史上的全貌。因为，在惨痛的分歧和猛烈的宗教冲突时期之外，甚至在这些时期之内，不用说个人之间，就是在群体之间也有过相互容忍、和平交往甚至冰释前嫌的插曲。的确如此，即使前面提到过的《马太福音》的章节里也曾经暗示过这种跨越宗教边界的人类亲善美德。尽管认为得到救赎者与被诅咒者之间有着不可逾越的鸿沟，但我们也很清楚地看出，其中是如何将那些将要升入天堂的人与那些即将堕入地狱万劫不复者区分开，就是看前者对这些"外来者"是否仁慈：他们有意愿接纳对方，将其视为朋友，给这些外来者提供衣食。[6]这些外来者的身份并没有用我们今天常用的术语进行界定，比如，他们的年龄、性别、种族或者性取向等，不过，其中同样没有提及宗教一事。"外来者"应该得到照顾，不是因为他们的信仰，而是因为他们的"人性"。不管其教会今后会如何以基督的名义行事，他警告人们要爱敌人，要把自己另一边脸伸给对方打，这一点似乎表明，即使是信仰不同也不能成为人们虐待同类的理由。不幸的是，基督的告诫却常常成为以他名义开战的理由，因为人们似乎觉得这样做更容易显得他们听神的话。但情况并非总是如此，尽管因信仰不同而引发的暴力在历史上得到过更令人信服的验证，宽容与合作却的确有其自身的历史。[7]

历史学家约翰·沃尔夫（John Wolffe）在这一点上讲得很清楚。他注意到除了那些建立在敌对集体身份之上的根深蒂固的、广泛持有的及不断被宣扬的宗教仇恨以外，"这枚硬币还有同样重要的另一面"。的确，他继续说道，"在历史书中及报纸上，宗教冲突总能占据头版头条"。但是也曾存在这种情况：

> 从古罗马帝国到当代的美国，无数的国家和社会都曾在很长时期内经历过宗教多样化的历史，其间没有重大的明显的冲突。即使在表面上看具有宗教冲突特征的时代里，比如在十字军东征及宗教改革时期，对于许多基层民众来说，尽管有时生

活也并不稳定，但总体上都能与拥有不同信仰与传统的其他群体和平共处。[8]

跨越宗教上貌似牢不可破的身份边界而以不同形式出现的各类对话和接触同危险而又过度简单化的主导叙事之间形成了鲜明而有趣的对比。这些主导叙事总着眼于那些不可避免的、基于信仰之上的永久仇视，而且在"9·11"事件以及此后的伊拉克战争中（我们将在最后一章涉及这个问题）不断被重提和强化。然而，近期这种以摩尼教式的宗教冲突眼光来描绘这个世界的尝试犹如所有的主导叙事一样，只能是提醒我们，宗教接触与身份认同的真实情况从来就不是那么整齐划一或简单明了的。

教外人与基督徒

在很多西方人看来，当两个宗教团体不可避免地陷入冲突之中，典型情况是，其中只能有一方胜出。在公元初的 500 年里，这一观点仍然占主流。在这期间，被称为"基督教欧洲"的崛起削弱并征服了作为教外人的罗马帝国。[9]在耶稣受难的 300 年时间里，地中海东部一个地方性的宗教小团体，经历了来自罗马帝国无情而凶残的迫害之后生存了下来，并于公元 313 年君士坦丁大帝通过所谓的《米兰敕令》承认其为官方宗教之后，彻底战胜了整个罗马帝国的异教信仰。一个宗教团体打败并征服另一宗教团体的这一非凡事件，在最早期的基督教会编年史家，比如巴勒斯坦凯撒利亚地区的欧瑟比主教，都曾以英雄史诗形式进行了详细的描述。直至相当长时间后，爱德华·吉本才在他的《罗马帝国衰亡史》（*The Decline and Fall of the Roman Empire*）一书里对这一事件进行了更为全面（也更为怀疑）的审视。[10]吉本将罗马帝国的崩溃描述并解释为"野蛮与宗教的胜利"。吉本眼里"野蛮"的含义将在后面章节里进行阐释，在此，简单地说，吉本眼里的宗教就是基督教，一个十分自信的全新信仰体系，这一信仰体系无论对于异教信仰来说，还是对罗马帝国来说都将是致命的。[11]

吉本深受其时代的启蒙运动思想影响，这一点有助于解释为什么《罗马帝国衰亡史》一书中充斥着这么多的对比、极化看法、二分法以及对立性，而在所有这些里面，异教信仰与基督教之间的对立就是两大（另一个为野蛮与文明）最突出的问题之一。由于在不同时期里受新教和天主教吸引，吉本对基督教信仰不时地表现出冷酷、嘲讽、怀疑及冷漠。他憎恶教士、僧侣，反感基督教会里的等级制度；他怀疑圣人、蔑视神迹；他公开谴责宗教禁欲主义和基于此之上的"迷信"；并且，他认为，教会的历史作用与其说是建设性的，倒不如说是破坏性的。但是，吉本同时又热衷于神学辩论，他意识到宗教是历史上的一大主要力量，只不过应该从人性而不是神性上去理解，不应该不加批判地轻易接受，认为一切都是出于神的旨意和目的而预先安排好的。[12]正如他此前所认为的，"对于一个能超越党派和团体偏见的人来说，宗教历史是人类精神史上最有趣的部分"。吉本去世半个多世纪后，纽曼大主教勉强承认他是英国有史以来眼光最犀利的一个宗教史家，格莱斯顿（Gladstone）——他同样认识到宗教之于人类动机和身份的重要性——则认为吉本是有史以来三个最伟大的历史学家之一。[13]

根据《罗马帝国衰亡史》，马可·奥勒留（Marcus Aurelius）皇帝于公元180年去世时，罗马帝国已经达到巅峰。究其原因，罗马帝国之所以能扩张并长久存在，异教信仰是两大主要原因之一。罗马的信仰体系是豁达、包容的多神信仰体系，但也有效地强化了帝国公民履行公民义务，承担公众责任的美德。[14]整个帝国上下所崇拜并敬仰的是各种各样的神灵，其中不少是外来征服者到来之前早已在此得到发展并传承下来的本土崇拜。这些形形色色的神灵一方面给罗马许多民族提供了本土信仰的慰藉，另一方面，被极度渲染的罗马官方崇拜偶像和宗教团体将帝国命运同公民和臣民的期望与关切捆绑在一起。就像吉本所描述并称誉的那样，这种"温和的"、兼收并蓄的、灵活的、不强迫归附的大众信仰是其力量的伟大源泉，既不需要任何独立的圣职或教会等级制度，也不需要任何大家所认可的宗教经典权威的干预。而且，由此产生的这种宽容与克制的帝国文化，在地方行政长官的强化下，有效地避免了宗教纷争或教义冲突。[15]他经常被引用的一句总结性言论是："盛行于罗马帝国时代的种种信仰模式在其民众看来是同样真实的，在哲学家看来是同样虚假的，在地方行政长官看来是同样有用的。"尽管吉本的赞赏颇有讽刺意味，但他毕竟意识到，在异教信仰的宗教实践中，那种容忍精神使得罗马帝国的臣民与公民不但无意于宗教倾轧，更有助于建构真正意义上的社会和谐。[16]

相比之下，基督教却是完全不同的一种宗教：它是一神教，是教条式的，是消耗性的，它强迫归附、排外，有严密组织，有自己的祭司制度与等级。[17]基督教在地中海东部刚兴起时发展前景并不乐观，最后却能够在罗马帝国战胜异教信仰而成为国教，在这一点上，吉本列出了五条理由。[18]其一，早期的基督徒在其信仰上是"固执的"：一旦皈依基督教，他们便狂热地认为自己在摩尼教式的有关敬畏上帝与亵渎神灵的分割中站在了绝对正确的一方。其二，在这个生活对大多数人来说十分艰难的世界里，基督教得利于自身的教义，它所宣扬的灵魂不朽以及死后享受天堂荣耀的主张成功地鼓动人们皈依，也坚定了信徒的信仰。其三，许多早期宣扬的神迹与幻象奠定了基督教真实性与有效性的地位，特别是对于吉本所哀叹的那些"盲目狂热的粗人"极有吸引力（虽然远非社会底层之人的信仰）。

其四，基督徒们的高尚行为及其所极力恪守的诚实美德让人很难不尊敬他们：由于渴望得到圣洁与救赎，基督徒们在道德上十分检点，有时甚至极为苦行，而且在迫害面前所表现出来的坚忍堪称楷模。其五，基督教组织有方，由教会及其教士、主教所构成的网状结构极为严密。因此，一点也不奇怪的是，在君士坦丁大帝皈依之后，凭借前所未有的官方支持，基督教在"短短的几年内"便"为整个罗马帝国所接受"[19]。

然而，在吉本眼里，作为罗马官方宗教并最终导致罗马帝国毁灭的基督教的胜利是极具讽刺性的。与异教信仰强调罗马人应具有爱国思想和公众责任形成鲜明对比的是，基督教从内部将其削弱。由于对来世极为关注，基督教对于现世的成就远不感兴趣。的确，很多基督徒对罗马帝国的政治、文化及技术成就极为不屑和排斥。按照吉本的观点，其结果就是罗马在市政和军事价值观上的堕落："社会上起积极作用的美德遭到打击，仅存的军事精神埋葬在基督教的修道院里。"[20]对来世的关注尤其体现在基督教的苦行思想上，而这一点是吉本所蔑视并极力嘲讽的，不仅因为其任性的自我否定，而且因为他们缺乏公民使命及对公众责任的忽视："早期修道士的生命浪费在悔罪与离群索居上，他们对于理性的、积极的社会人所投身的事业丝毫不感兴趣。"从君士坦丁大帝皈依之后解放出来的基督徒对于其宗教神学的教条主义抱有极为狂热的态度，从而更加动摇了帝国的基础。基督徒们的"宽容"烟消云散，彼此的"和谐"不见踪影，其对异教徒的迫害较之此前异教徒对他们的迫害更为野蛮和血腥，而"罗马皇帝们的注意力从军营转向教会会议，罗马帝国为一种新型的暴君所迫害"[21]。

这就是吉本眼里"人类的进步事业和基督教的确立"，反过来也解释了"基督教信仰是利用什么手段获得了对世界上其他现有宗教信仰的非凡战果"[22]。同样在他眼里，此后被推崇为"基督教欧洲的兴起"的叙述实际上远非一种令人愉悦或带来胜利成果的事，因为"在罗马卡皮托尔的废墟上"，基督教"插上了十字架的胜利旗帜"，这是一种让他不快的罗马帝国自我征服的可笑举动。[23] 在他之后给朋友萨菲尔德勋爵（Lord Suffield）的一封信里，他解释道："我此前曾经比较随意地认为，早期教会在那个时候是一种创新，但我十分喜欢旧的异教机构。"[24] 的确，吉本后来就声称他突然意识到基督教已经毁掉了一个曾经伟大的帝国并因此而激发他开始创作他那部伟大的历史著作。这种顿悟来自 1764 年他对罗马仅有的一次访问中，当时，他"坐在卡皮托尔的废墟中沉思冥想，而赤脚的修士们正在朱庇特的寺庙里进行晚祷的吟唱"[25]。

然而，在记录异教信仰与基督教之间的分裂性和决定性的冲突以及基督教给罗马帝国所带来的破坏性影响时，吉本非常清楚他正在描述两大完全不同的宗教群体，而且他也意识到这两者中的任何一方都不像他泛泛而谈的叙述给粗心的读者所带来的印象那样，是团结且具有同质性的群体。他不厌其烦地强调，异教信仰没有教士制度，没有教规文本或道德准则，没有单一的、无所不包的信仰体系，没有有关正统信仰、异端或无宗教信仰的理念；也不接受摩尼教对人性的观点。罗马帝国异教信仰的宗教实践采取形形色色的形式并以不同模式与神界互动。如此"柔和"的诉求与定义意味着，散居各地的形形色色异教信仰者只可能具有一种松散的集体意识。[26] 由于在不同的地方以不同的方式崇拜不同的神灵，异教信仰团体之间总体上是互相忍让而且无意于改变其他信仰或其宗教实践。因此，并非这些异教徒而是他们的基督教对手们反而在公元 4 世纪时首先将他们称为"教外人"（或"外邦人"），以此贬低他们，将其归入非基督徒的集体身份，这一点是连他们自己此前都没意识到的一种身份。[27]

吉本注意到，在耶稣基督逝世后与《米兰敕令》颁布这段时间里，基督徒开始有了一种强烈的身份与群体认同感，而且这种认同感由于罗马帝国当局不断升级的迫害反而得以强化。[28]然而，他也痛心地指出，基督教成功地被确立为罗马帝国的国教之后马上就分裂为各具典型特征的好战与好辩两方，互相指控对方为异端邪说，而且，双方之间的敌对情绪甚至超过了他们原先的异教徒反对者的怨恨。[29]正像他热衷于神学辩论一样，吉本投入了大量的精力解读不同基督教团体间教义分歧，而且经常嘲讽，比如在圣体与基督自身的一些本质问题上。吉本用极富技巧性的手法，对分别追随阿里乌教派、景教、基督一性论等不同教会团体间的分裂与其后的互相诅咒等问题追根溯源。[30]在异教徒世界偶尔松散的联系与基督徒宗派之争中，两个好战的一神教团体之间的战斗进入白热化状态，其中一方成为"胜利者"，而另一方成为"失败者"。在吉本笔下，这一场史诗般的战斗被分解为更具多样性、区域性、模糊性及复杂性的一系列接触、互动、联系与寻找出路的事件。

确实，在公元3世纪末到4世纪初，以及4世纪末至5世纪初，异教徒与基督徒之间爆发过重大的冲突事件。但是，彼时罗马帝国的异教徒占多数而基督徒占少数，这两者之间巨大的不平衡使得任何形式的大规模武装冲突都不大可能发生。直至公元313年，当基督教被定为官方宗教时，帝国中似乎也只有4%—5%的人真正信仰它。[31]而且，尽管早期的教会历史学家用一种胜利者的口吻叙述当时的情况（当然，有时也同样有异教徒历史学家提出相反的观点，虽然极少），君士坦丁大帝的教令也很难以某种所谓的神的旨意在一夜之间将整个罗马转变成一个统一的一神教的基督社会。更有甚者，君士坦丁大帝迟来的洗礼很可能也不见得出于真心：在有些重要问题上他仍然固守着传统信仰。比如，当他将君士坦丁堡建为罗马帝国的新首都时，就用异教徒众神灵的雕像来装饰。罗马军队和行政部门也仍然以压倒性的优势保留自己原来异教徒的信仰及其宗教实践。其至，在他颁布《米兰敕令》之后，大部分人在说到自己是基督徒时还是较为慎重，许多人还是像以前一样地生活和坚守自己原有的信仰。[32]

所以，丝毫不奇怪的是，正是吉本更敏感地注意到日益衰落的异教信仰与自信的基督教之间的关系与分割有细微差别，其观点才在彼时的学术界获得了广泛支持。其中，一个迹象便是，从20世纪70年代以来学者们便更喜欢用中性的宗教辞令将其描述为"古典时代晚期"的新纪元。[33]尽管早期教会历史学家曾经扬扬自得，甚至吉本也对异教徒抱着较为悲观的怀旧态度，但很明显的是，异教徒与基督徒的确作为罗马共同的承继者和接班人而共处一室，其情形被描述为一幅"不同宗教团体的拼缀图"，意味着当时两者之间有着广泛而多样的约定与互动，这一点与早期所谓"遍布全帝国的冲突"的相关记述有很大的出入。[34]诚然，这些局部接触有时也具有对抗性质，但是，无论这些"暴力"是辞令上的（书面或口头上的争论）还是实质性的（冲突与抗议，迫害与殉道），都绝对算不上宗教战争或公开的武装冲突。这些对抗性接触有时由于异教徒皈依基督教而得以平息，尽管可能是出于被强制与胁迫，或被说服而妥协，也有可能是皈依者自主自愿的，但双方的接触也有可能以和平共处的形式出现，有时是通过社会隔离或彼此划地而居的形式得以实现，有时也可能有更复杂的情况，似乎存在着一种对宗教多样性的真正接纳。据此，在古典时代晚期，异教徒与基督徒之间的关系并非像任何简单化的二分法所表明的那样，而是远更具有流动性与合作性。[35]

我们举三个例子来简单地分析一下这些接触。第一个例子发生于公元4世纪早期，即《米兰敕令》颁布之前不久的北非地区（特别是相当于今天利比亚和突尼斯这一地区）。在罗马帝国时期，北非是一个重要的世界性的繁华区域，基督教很早就在这里站稳脚跟，这也许可以解释为什么这里的人对基督教这一新的信仰的拥戴和执着格外地充满激情，也可以解释为什么这里产生了许多重要的作家、护教士和圣职人员。这些人依次叙述了许多有关迫害与殉道的故事，其中有些显然是基于法庭的记录，其他的则是来自那些声称见证了殉道者入狱和死亡的人们所作的讲述，还有一些是基于殉道者自己所撰写的文章。[36]这些当时的叙事生动描述了两大竞争性与冲突性宗教团体之间典型的摩尼教式对抗，记述了基督教殉道者是如何被追捕、迫害，以及被迫为信仰而死。但事情真相的脉络远非表面上看起来的那么清晰，因为当这些基督教叙事将当地异教执行官定性为宗教迫害者的同时，也让我们看到了这些官员们所具有的耐心和宽容的一面，他们在许多情况下并不愿意将基督徒送上死亡之路。在那些信徒最后还是被处死的案例中，执行官们似乎看起来没有选择的余地，因为似乎正是那些狂热崇拜耶稣的基督徒自己宁愿殉道赴死也不愿公开宣布放弃原先的信仰。[37]

第二个例子，只要想想公元3世纪后期和4世纪早期的罗马城自身，那时，基督徒正经历最后的迫害阶段并迎来了帝国开始对他们偏爱的第一线曙光。这一时期，罗马帝国首都的影响力正在下降，繁华不再，几乎没有建设任何新的公共建筑物或留下什么有纪念意义的历史遗迹。然而，当地的基督徒却开始创造具有他们自身特色的艺术品，将他们自己的宗教主题引入传统的装饰体系，先是体现在地下墓室的绘画上，其后是他们之中那些较为富有的人开始使用当时普遍流行的经过雕饰的大理石石棺。然而，当他们在具有明显古典色彩的乡村景观里渗进福音中所谓好牧人的肖像的时候，他们还是经常采用或略作调整后采用大家所习惯使用的异教徒雕像。《米兰敕令》一经颁布实施，虽说罗马的基督徒变得更加自信与坚定，但他们在已经能自由建造的新教堂里，还是将新的基督图像与早期古典的模型相互融合进许多的艺术品。[38]在公元313年之后的许多年里，宗教层面上的融合不仅仅体现在上述这种现象上。因为，尽管

第一章 宗 教

除了被称为罗马"变节"皇帝尤里安之外,其他所有的罗马皇帝都是基督徒,但罗马参议院里的绝大部分人仍然是异教徒,对于在传统官方仪式与祭祀上是否继续使用罗马的"胜利之坛"问题上还是进行过长时间激烈的辩论。这个圣坛一直到公元 382 年西罗马帝国皇帝格拉提安颁布训谕后才停止使用,而且即使直至那个时候,那些比较有条件且尚未皈依基督教的家庭仍然在家居装潢中采用异教徒的艺术。[39]

在古典时代晚期异教徒与基督徒之间各种形式的互动方面,公元 4 世纪末地中海东岸的安蒂奥克城为我们提供了第三个版本,那时这个城市是希腊语世界里最为繁华和最具影响力的都市之一。[40]安蒂奥克城也是罗马行政管理与军事总部,管控着叙利亚大片腹地,包括一个重要的犹太社区。这个城市拥有强大的希腊文化传统,市民生活中大家基本固守长期以来所形成的宗教习俗。但是,正像《使徒行述》里所讲述的那样,基督教早在保罗和巴拿巴执政时期就传入此地并与异教或民族团体和平共荣。在《米兰敕令》颁布之后,安蒂奥克城市政厅里有由异教徒和基督徒联合组成的帝国政府,并在此后就异教徒与基督徒、基督徒与犹太教徒、宗教人士与世俗人士之间是否应该共存等一系列问题展开辩论。4 世纪下半叶,有三个身份迥异的人对其时剑拔弩张和相互妥协的情形进行了生动的描述,这三个人恰好当时都居住在该城,他们分别是被称为"变节者"的罗马皇帝尤里安、异教演说者兼教员的里巴尼乌斯(Libanius)以及当地主教约翰·克里索斯托(John Chrysostom)。他们的证词一致记录了当时在异教与基督教之间许多不同层面上的互动,而且,这些证词表明,其中任何人一方均未形成自我封闭、统一的宗教体系。[41]

在欧瑟比主教之后,许多古代基督教作家像他一样,将公元 3 至 5 世纪这段时间的历史描写成基督教从受迫害至全面战胜异教的不可阻挡的进步历史,并且坚持认为,在这样的权威叙事中,所有的冲突、异教徒的皈依以及和平共存都是神的旨意,是神为基督徒最终的胜利而预先安排好的。[42]然而,正如上述三个例子所示,异教与基督教之间的接触往往更复杂、更微妙、更具开放性,双方信徒经常在一起生活,彼此之间比那些以"胜利者"基调所作的历史叙事所认为的更为平等和宽容。

很显然,在古典时代晚期的许多大城市里,异教徒与基督徒双方相处融洽;在一些小城镇里,双方组成各自独立的分地而居;在乡下,基督教通常扎根较慢。其结果是,双方之间的关系被视为"一种非强迫性的高度共存"[43],并非存在所谓善与恶、被救赎者与罪恶者、光明与黑暗两者之间的公开战争。异教徒与基督徒一样,似乎对其宗教的组织化表述通常都不太感兴趣,个人生活中既有异教元素也有基督教成分,因为有信仰倾向的人们通常会与当时社会的规范、要求和习俗达成某种程度的妥协后形成自己的信仰。而且,尽管基督徒和异教徒(及犹太教徒)的信仰不同,他们都因有共同的文化契约而捆绑在一起——毕竟他们在罗马帝国有着共同的生活经历。[44]

近期有关古典时代晚期社会的文献曾经强调了罗马与基督世界传统的多元性,而不是两者之间深刻而分裂性的差异。按照这个观点,在不断变更的、模糊的前线和边界地区,由于这里的宗教身份与教义对立被泛化描述而歪曲了真相,因而,如果说两个独立的、竞争性的宗教集体进行殊死战斗才导致异教罗马的灭亡和基督教欧洲的兴起,这种说法未免过于简单粗暴。仓促读完《罗马帝国衰亡史》,感觉书中似乎认定的"罗马世界的基督教化"这一伟大论断已经为一种更为多元化的观点所取代,即反对将其进行简单的、终极性与决定性的评判。随着吉本的大作在发展、完善和不断成熟,他自己似乎更乐于接受这种更具复杂性的观点。[45]毕竟,"教堂的教父们"从小接受的是罗马帝国的修辞和哲学教育。他们宣称获胜的新信仰中的许多方面都是源自早期宗教形式和节庆活动,如今看起来这些宗教成分极为顽强而根深蒂固。[46]与其说是因为异教被彻底征服而导致罗马帝国的灭亡,倒不如说"基督教是罗马留给中世纪欧洲的一部分遗产",这一提法似乎更为恰当。在死后世界里可能存在圣洁之光与邪恶黑暗这两股势力之间你死我活的摩尼教式争斗,但在这里,在这个世界上,在古典时代晚期的各个地方和不同文化里,异教徒与基督徒之间不存在什么能明显区分好人与坏人双方的冲突。[47]

基督教与伊斯兰教

正如人们相信异教徒和基督徒之间存在着明显与对方冲突的集体身份一样,人们同样相信基督教与伊斯兰教的情况亦是如此,而吉本是这种观点的首倡者,他的叙述时而生动有趣、颇具影响力,但也有缺陷和启发性。他的《罗马帝国衰亡史》一书首先从"公元2世纪"达到巅峰时期的罗马帝国开始,在头三卷里努力追根溯源,试图解释清楚罗马帝国在西方的毁灭。然后,他用一种类似乐曲重复部的艺术处理手段,一种近乎是那些他已写完的内容的"镜像",开始了第四卷的撰写。这一卷谈到公元6世纪早期查士丁尼大帝统治期间、与罗马帝国一样国力处于巅峰状态的东部拜占庭帝国(此时已经基督教化,并因其首都君士坦丁堡的繁华被称为"第二个罗马")。但是,正如吉本在其中一个章节里用他那很著名的轻蔑语气所清楚地指出那样,查士丁尼大帝之后的继任者们没有能力抵挡以新兴的、尚武的伊斯兰教为代表的外来危险,保护他们的王国。最终事实表明,比起早期基督教之于西罗马,伊斯兰教对这个东部帝国的威胁较明显和致命。因内部宗教纷争而闹得四分五裂,更与西欧天主教会分道扬镳，公元 7 世纪的拜占庭帝国根本就不是横行于地中海东部和北非的、掠夺成性的阿拉伯入侵者的对手；后期更是无法抵挡这些穆斯林继任者们，即奥斯曼突厥人，一股更为可怕的势力，1453 年君士坦丁堡被围困并最终为其所攻陷。当"穆罕默德一手执剑、一手捧着古兰经，在基督教与罗马的废墟上筑起自己的宝座"时，罗马帝国最终就是被这样一群外来的、所向披靡的宗教战士彻底打败与征服。[48]

关于君士坦丁堡沦陷于突厥人之手的这些想象性描述与吉本在《罗马帝国衰亡史》一书早先时候所作的关于十字旗高高地飘扬于罗马卡皮托尔废墟上的描述一样，语调明显如出一辙。这里，他再次将两个宗教团体间根深蒂固且看起来截然不同的冲突描述成具有决定性和不可调和的破坏性的历史动因。然而，在西部，基督教是从内部削弱异教（在吉本看来这是令人遗憾的），而在东部，尚武的伊斯兰教却是从外部征服了基督教（这次如吉本所愿了）。对拜占庭帝国及其皇帝们怀着深深敌意的吉本将其整部历史看作"一个关于软弱与痛苦的令人厌烦的故事"。[49]而对于伊斯兰教则不然。吉本以更为同情的态度将其视为一种宽容、不故作神秘、不拘泥于教条的宗教，比基督教更为可取。尽管伊斯兰教也崇敬从他们宗教经典里认识的圣贤们，但似乎并没有建立起由一批拥有财富、享有特权和权威的圣职人员组成的祭司制度。这就意味着，与冗长费解、充满繁文缛节和具有分裂倾向的基督教思想相比，伊斯兰教保留了它最原始教义中既不与人竞争，也不阻碍他人追求希望的那种质朴特点。同时，伊斯兰教也不通过鼓动人们脱离其他宗教和宣扬来世的做法而去削弱国家的根本。相反，伊斯兰教对好客、荣誉和正义等这些国民和公民价值观是积极鼓励的。简而言之，与许多受过启蒙思想影响的同时代人一样，吉本认为，在圣职制度及神学方面，伊斯兰教比基督教（尤其是罗马天主教）更可取，更不具迫害性。[50]

如今看来，吉本对于拜占庭的敌视显然过于夸大，因为，一个既腐朽、堕落、僵化，又优柔寡断或整体缺乏救赎性格的帝国——正如他在《罗马帝国衰亡史》一书后半部分所描述的那样——是不可能持续存在上千年之久的。[51]再次，这个信奉基督教的东部帝权国家在西部帝国灭亡之后依然存在如此之久，这一点让人不禁严重怀疑所谓其敌对宗教伊斯兰教是导致它灭亡的直接原因这一观点——说一个帝国"衰落"了上千年之久，这可信吗？同样地，吉本在书里对伊斯兰教大加赞扬也显然是错误的：它在事实上的确拥有一种职业的祭司制度，它的神学理论既非静止不动也非铁板一块，而是不断演变和充满争议，而且有激烈的内部冲突和分裂。吉本远未意识到的是——吉本之后许多人都远未有这种意识，而且遗憾的是至今还有人没意识到这点——基督教与伊斯兰教在很多方面互为镜像：两者都是一神教；两者都因其富有魅力的早期宗教领袖而传播，在他们创始人去世之后这种领导艺术得以迅速传播；两者都有内部分裂的倾向。[52]结果，在表面上铁板一块的"基督教"与同样被推定性地认为是具有同质性的"伊斯兰教"之间的相互关系远比吉本对双方那种持续而好斗的接触所进行的摩尼教式描述更为复杂与模棱两可。

的确，当他开始撰写《罗马帝国衰亡史》的时候，基督教与伊斯兰教之间发生的激烈冲突已经有上千年之久。先知穆罕默德于公元632年去世之后不久，公元637年和698年阿拉伯就接连征服了安提俄克、耶路撒冷、亚历山大港、的黎波里和迦太基，并于公元674—678年及716—718年两度围困君士坦丁堡。不仅拜占庭帝国面临着这样的威胁，而且在公元8世纪早期，在地中海另一边，整个伊比利亚半岛都落入了阿拉伯人之手。虽然在公元732年的普瓦提埃战役中查理·马特赢得的最终胜利和君士坦丁堡顽强而成功的抵抗在一段时间内阻止了这些阿拉伯人的进攻，但到了公元9世纪，阿拉伯人又征服了西西里并突袭了罗马。在接下来的 100 年左右，在整个地中海地区，基督教一直处于防守状态。[53] 从公元 11 世纪到 13 世纪，基督教开始反击：通过五次野蛮和血腥的十字军东征，在一段时间里赢回了地中海东部的一些圣地，西西里岛被诺曼人重新占领，并把阿拉伯人逼回到伊比利亚半岛。但这些圣地很快又丢失了，而且从公元 14—17 世纪重获新生的伊斯兰在奥斯曼突厥人的拥戴下不但占领了君士坦丁堡（吉本的《罗马帝国衰亡史》正好止于此时），甚至后来还占领了贝尔格莱德，征服了克里特岛，并于 1529 年和 1683 年两度围困了维也纳。[54] 但这还不是事情的全部，奥斯曼突厥人向西最后一次重大的扩张是 1709 年对北非瓦赫兰的征服，离吉本出生不到 30 年。因而，伊斯兰对基督教欧洲的威胁所带来的焦虑真实而生动地贯穿着他的一生，尽管其后这种焦虑逐渐减弱。而且，奥斯曼帝国在他死后还长期地存在下去，一直到第一次世界大战末才被打败而土崩瓦解。

比起异教与基督教之间的对峙，基督教与伊斯兰教这两大宗教团体之间的对峙更为旷日持久，更为好战，而且就其发生冲突的地理范围来说也更加广阔。从公元 7 世纪直至 17 世纪以后，从地中海的一端到另外一端，基督徒与穆斯林（主要是阿拉伯人）双方都因意识到对方是异教徒而表现得更为好战和焦虑。他们彼此将对方视为邪恶、贪婪而近乎非人的异类，是一种可怕的威胁，一个劣等种群，既恐惧又厌恶对方。[55] 这就是为什么教皇乌尔班二世会于 1095 年号召他的十字军骑士们参加一场"圣战"；这就是为什么十字军在建立了几个被统称为"海外领地"的拉丁小王国之后，到处是暴行和挑衅行为；这也是为什么面对这种"异教"侵占时伊斯兰教的反应会是号召对他们发动圣战（"吉哈德"），并认为理由是正当的，因为《古兰经》里面有这样的指令，"不管你在哪里碰到偶像崇拜者，尽管杀死他们"[56]。作为在同时期内具有竞争性的一神教，基督教与伊斯兰教一样，彼此都不能相互容忍，他们各自的追随者都同样深信任何拥护另一种信仰体系的人在这个世界上是邪恶的，在死后是要下地狱的。双方之间的争论没完没了，净是尖酸无情的话语，充满仇恨和负面的刻板印象，而在基督教这边，由于没有强制性的反对具象艺术的训令，有着许多骇人听闻的视觉意象，如绘画、雕刻或漫画，描绘了不可逾越的裂痕的另一边那些无可救药的一大群人丑陋的面目。[57]即使是在奥斯曼帝国瓦解之后，基督教徒与穆斯林之间巨大的、具有威胁性以及无解的裂缝所产生的相互意识与恐惧仍然贯穿于整个20世纪，而且在我们这个时代，情况仍然如此。

到了20世纪，伟大的比利时历史学家亨利·皮雷纳（Henri Pirenne）给出了一个新的解读，他在其《穆罕默德与查理曼》（Muhammad and Charlemagne）一书中生动地勾勒出这场对峙和两者间不可逾越的鸿沟。他描述了（并痛惜）罗马帝国的"地中海统一"最终由于公元7世纪阿拉伯人的征服而土崩瓦解的情形。由于两种迥然不同、彼此敌视的信仰如今在"我们的海"（Mare Nostrum，地中海的罗马尼亚语名称）两岸对峙并相互攻击，"迄今为止一直是基督教中心的这个海域却变成了它的边境地区"。[58]亨利·皮雷纳在用摩尼教式的叙事方法撰写此书时，西欧列强正在第一次世界大战中与突厥人再次交战，这不可能是一种偶然的巧合，而且在"9·11"事件之后，基督教与伊斯兰教之间这种长期关系将永远地持续下去的论调再次在权威专家及历史学家们中间活跃了起来。这里有两个非常有代表性的例子。根据卫克安（Andrew Wheatcroft）《异教徒：基督教与伊斯兰世界之间的冲突》（Infidels：The Conflict Between Christendom and Islam, 638—2002）一书的观点，在"西方基督教与地中海伊斯兰世界之间持续的、积累性敌视"之上存在一条具有以下特点的"单线"：双方都具有一种"返祖性"的互相仇恨、恐惧、厌恶、厌烦、敌意、反感、憎恨以及恶语相向的特点，从而使其成为"永久的、自然的、不可避免的以及先天注定的"一条"单线"。[59]同样，安东尼·帕戈登（Anthony Pagden）最近在其《两个世界的战争：2500 年来东方与西方的竞逐》（*Worlds at War: The 2500-Year Struggle Between East and West*）一书中对他所描述的基督教与伊斯兰教之间的"永恒仇恨"与"永恒敌对"给予了更大范围的关注，重点聚焦于早期阿拉伯人的征服、基督教十字军东征以及后来奥斯曼帝国的扩张等这些互相敌对与冲突的历史事件上。[60]

卫克安与帕戈登重复强调"自从发生第一次接触以来，基督教与伊斯兰世界就一直是宗教、地理、政治上及经济上的对手和竞逐者"，他们对一连串的战役、围困、屠杀、掠夺以及侵犯的阐述为这两大集体身份之间的宗教战争和教堂复仇故事增添了生动而可怕的色彩。在他们看来，这种冲突似乎是先天注定且无法逃避的。[61]但是正如两位作者在深藏于其文本中一些有限定条件的段落背后所勉强承认的那样，仇恨远非事实的全部，因为他们所描绘的这种巨大的分歧常常是臆想出来的，或者仅仅是隐喻性的。在现实中，这两大看起来铁板一块、互不相容的信仰群体之间的关系极为矛盾和模糊，因此，"关于彼此敌对的说法不一定就等同于日常生活中的事实"。的确，人们认为永久处于交战状态的这两方之间的冲突实际上"既非长久持续也非从不间断"，因为在某些地方，"请皮雷纳原谅我这么说，只要共同的经济和政治利益支配着地中海和巴尔干地区"[62]，"基督教与伊斯兰教就会出现长时间和睦共处的局面"。在有关相互冲突的信条和敌对信仰问题上的这种吉本式阐述中，这些至关重要的限定性条件是值得我们更仔细地去加以审视的。

首先，认为基督教与伊斯兰教这两种宗教具有彼此和睦与相互适应的特点，以及认为他们是彼此对立、互相征服的两种信仰，这两种观点都有同样多支撑性的证据。正如一位历史学家曾经认为的那样，可能的原因是"公元 1500 年之前西方基督教在世界历史上可被列为最偏执的宗教之一",但是我们应该把这一观点和基督教的一些训诫相对照来看,他们也提倡要接纳外来人,要爱自己的敌人,要含忍耻辱,以及"待人如己"。还有曾对十字军东征提出批评的一些基督徒的观点,比如艾萨克·德·埃托伊尔(Isaac de Étoile)就反对"用剑尖去逼迫异教徒接受这种信仰"[63]。同样地,基于伊斯兰教有"对于宗教绝无强迫"这样的训诫,《古兰经》的教条也曾经有更为温和的解读。的确如此,穆罕默德及其追随者曾经明确反对宗教战争和强迫性的宗教皈依,并且他并没有把自己看作一种新宗教的创立者,而是宣称当初神只把一部分启示赐予早期的一些先知如亚伯拉罕、摩斯和耶稣,而他只是在完整地给阿拉伯人带来了神的启示。因此,穆斯林的教义认为,基督徒和犹太教徒是稍稍有点误入歧途的亲戚,他们也崇拜同一个神,接受相似的神的启示,甚至在读着同样的《圣经》中的一部分内容。被归入"有经者"一类的人,也得到了尊重,要求穆斯林以宽容、友好的态度与他们共处。至于所谓的"吉哈德"教义,也是可以以不同的方式解读,并不只是(甚至并不基本是)应该解读为鼓励(穆斯林)对基督教异教徒发动集体圣战,而是(而且更为重要的是)可以理解为(穆斯林)在找寻并走上神所指明的路上要努力实现个人的自我提升。[64]

由于《圣经》和《古兰经》均非一部携带单一而无争议的宗教信息单一、连贯的文本,因而,不管是基督教还是伊斯兰教都未体现出统一的、整体式、集体性的宗教身份也是很自然的事了。[65]正如吉本一再带着挖苦的口吻所指出的那样,基督徒几乎从一开始就有派性和分裂的倾向,而且这种情况一直持续到罗马帝国灭亡为止。仅举三例就足以说明这个问题。1054年,教廷使节就闯进圣索菲亚大教堂的会堂并代表教皇剥夺了君士坦丁堡大主教的教籍——这项禁行圣事令一直持续到1965年仍然有效。1204年在第四次十字军东征中,拉丁骑士们表面上说是去圣地增援那里的同道弟兄们,但走到拜占庭首都就大肆破坏、掠夺和抢劫。还有，1453 年奥斯曼突厥人正做好充分准备要攻下君士坦丁堡之际，西方基督徒却对东方基督徒被围困的首都不施援手。[66]同样地，这次我可要请吉本原谅我这么说了，大伊斯兰世界也同样被撕裂和分割，有逊尼派与什叶派之分，有倭马亚王朝和阿拔斯王朝的哈里发之争，在亲巴格达穆斯林与亲开罗的穆斯林之间、在阿拉伯人与柏柏尔人之间，以及在突厥人与波斯人之间都曾经发生过对峙。所以，尽管到了 14 世纪时伊斯兰教已经从当今的摩洛哥扩张到远至印度尼西亚的广大地区，却呈现出这么多形形色色的、各具特色和局部化的形态，因而，在横跨三大洲、多达几百万人所拥护的伊斯兰教里，根本就没有真正意义上的集体意识或单一的宗教身份。正如同基督教一样，伊斯兰教最初的凝聚力很快就烟消云散，最终分裂为数百个敌对宗派并再也没有统一起来。[67]

的确，正因为缺乏这样一种凝聚力，在许多场合，当"基督教"与"伊斯兰教"以一种所谓将发展成为正面冲突的形式产生又一场对峙的时候，通常情况是，一些基督徒和穆斯林领导人及其追随者结成一方联盟，反对另一方准备拿起武器的基督徒和穆斯林领导人及其追随者。[68]在 11 世纪的西班牙，有一位被称为埃尔西德（El Cid）的传奇战士不但与卡斯蒂利亚王国的基督教国王阿方索六世并肩作战，反对阿拉伯人，而且，当形势需要的时候，他又加入萨拉戈萨的穆斯林国王反对西班牙人；还有，在 12 世纪早期的"海外领地"，法兰克人埃德萨伯爵（Edessa）和摩苏尔的埃米尔结成联盟向安蒂奥克的拉丁王子和阿勒坡的穆斯林国王开战。[69]三个世纪之后，突厥苏丹苏莱曼一世有意与信奉天主教的法国人结成军事联盟，共同反对同样是天主教徒的哈布斯堡皇帝，此外，在迟些时候，英格兰女王伊丽莎白同样准备考虑与摩洛哥统治者及其奥斯曼领主结盟，共同反对信奉天主教的西班牙人。正如旅行家兼历史学家巴纳比·

第一章 宗 教

罗杰森（Barnaby Rogerson）经过调查后对 15 世纪及 16 世纪期间基督教与伊斯兰世界的关系所指出的那样，两个主要帝国——（信奉基督教的）哈布斯堡王朝与穆斯林奥斯曼帝国——之间"深陷于纠缠不休的消耗战"是"真实的、破坏性的和血腥的"这一看法远非全部的事实真相，因为，这种冲突常常"与拥有跟他们自己同样信仰的邻居们之间纠缠不休的敌对相比逊色得多"，比如什叶派的波斯帝国之于逊尼派的奥斯曼人，以及法国王室之于哈布斯堡家族。[70]

也有充足证据表明，基督徒与穆斯林之间的和睦共处远远超越外交结盟与治国之道这些官方事务层面。在穆罕默德逝世不久紧接着发生的阿拉伯人（对基督教的）征服的第一阶段里，与"有经人"（people of the book）合作既有必要又十分广泛，因为如果不这么做，在这些新近得手的广大疆域上想有效地从事征税、统治及管理几乎是不可能的。许多世纪之后，奥斯曼皇帝们也以包容不同宗教的人而闻名：比如，君士坦丁堡刚被奥斯曼帝国占领，东正教教士们的圣职就得到了恢复，并在基督徒与犹太教徒中征召专业人员、军事领袖以及政府官员；而且后来的奥斯曼皇帝们常常是穆斯林与基督教公主异教通婚所生。[71] 在官僚体系及政府部门内的这些相互联系反映了穆斯林与基督徒（及犹太教徒）在横跨地中海及环地中海地区的商务、商业和贸易方面努力建立更为广泛的联系。皮雷纳请原谅我这么说：在西罗马帝国灭亡之后这些活动从未停止过，而且公元 1000 年之后的半个世纪见证了史无前例的商业繁荣局面，东方一些奢侈品如丝绸和香料，与西方的原材料如兽皮和木材进行交换。在那些被认为只存在冲突的区域，这样的互动也更加区域化，比如，在 12 世纪的黎凡特地区，几个圣战士国家与其近邻穆斯林众酋长国居民们之间的贸易极为活跃且两者间的近族通婚并不罕见。彼此分割的宗教信仰两边的人们就是这样"十分乐意与他们各自的对手结交，他们对宗教的忠心并不比生活事务来得重要"[72]。

其结果是，按照法国历史学家弗南·布劳代尔（Fernand Braudel）（下一章我们将会用更长的篇幅来讨论他）的观点，许多在横跨地中海及环地中海地区生活过、从事过贸易、经商并发家致富的人们拥有共同的生活体验，他们无数次的日常联系与接触表明了，那个联系更为紧密的海上世界存在着更为广阔的人类社群，而不是只有基本的宗教分割。[73]更为重要的是，在物质产品上迅速发展起来的商业伴随着不断增强的文化与观念的交流，这些交流同样无视宗教壁垒，并且抵触和削弱了基督徒与穆斯林所塑造起来的对对方的负面刻板印象，即他们各自的异教敌人是几乎没有人性的，因而没有能力对更高层次的人类所关心的事情表现出高度的兴趣。在公元 8 世纪和 9 世纪之间，大部分古希腊最伟大作家的作品，包括亚里士多德、柏拉图、欧几里得、盖伦以及希波克拉底，都被翻译成阿拉伯语，然而，直至 11 世纪这些阿拉伯文本才反过来被翻译成拉丁语，通过这种方式，中世纪欧洲的学者们才第一次接触到曾经是他们古代先辈所创作的最伟大的著作，内容涵盖医学、天文学、化学、数学以及哲学。这是一次跨越宗教边界的、有着巨大规模的文化借鉴和文化交融，因为它改变了欧洲知识界的视野并使 12 世纪的文艺复兴成为可能。[74]

即使是在基督徒与穆斯林之间冲突加剧的历史时期，这些跨宗教的接触与文化互动在欧洲、北非以及近东的许多地方都仍在人们生活中占据重要地位。它们常常使人们联想到如威廉·达尔林普（William Dalrymple）所说的具有"一种多元平衡状态"特点的一些特殊地区或政权，在这里，人们支持"文化包容"，来自不同信仰的人们借此得以和睦共处与相互融合，也因此人们赋予"convivencia"（共存）这个词。[75]在公元 9 世纪期间，巴格达的阿拔斯王朝统治者们宽容基督教徒和犹太教徒，其主政期间是一段学术发展黄金期，其间吸收了希腊、波斯和印度的数学、哲学、医学、神学以及文学知识。在地中海另一边,科尔多瓦的倭马亚哈里发王朝同样见证了一个非凡的文化时期,最重要的一点是表现在它的城市图书馆方面,当时是欧洲最大的图书馆,收藏了许多古希腊文本的近代阿拉伯译本。[76]在12世纪的西西里,在刚刚征服了该岛的诺曼统治者们的统治之下,伊斯兰学者们得以留在法庭任职,而且在巴勒莫城,阿拉伯人与基督教徒和犹太教徒相对友好而和睦地生活在一起。从15至19世纪,这样的安置方式简直就是奥斯曼帝国国际化城市和多信仰社群如亚历山大港、阿勒坡、雅法古城、贝鲁特、士麦那以及萨罗尼加等地的翻版,甚至有过之而无不及。[77]

同样地,许多中世纪和现代早些时候的意大利城市都与穆斯林商人之间保持并拓展利润可观的商业活动,结果是,比如威尼斯的建筑、绘画、城市规划、珠宝及语言活动等方面均受到伊斯兰的深刻影响。这一点有助于解释如何以及为什么整个意大利对阿拉伯人许多方面的学问知识都十分尊重。[78]在1453年奥斯曼突厥人攻陷君士坦丁堡之后,这些接触的广度与深度远远超出了意大利范围。1536年,法国国王弗朗西斯一世与突厥苏丹苏莱曼一世就一项商业和军事条约进行了协商,法国直接向奥斯曼众港口开放贸易,而在半个世纪之后,英格兰伊丽莎白女王也与苏莱曼的继任者签订类似的协议。这种热情是双向的:从15世纪后期开始,奥斯曼帝国的苏丹们除了政治结盟,在涉及艺术资助与贸易协议等方面上也都迫切地与西欧的一些大宫廷建立联系。1479年突厥苏丹穆罕默德二世就由信奉异教的威尼斯艺术家贞提尔·贝利尼(Gentile Bellini)为其作画,其后苏莱曼都会在其宫廷里欢迎来自全欧洲的版画匠、艺术家以及珠宝商。其结果是,奥斯曼苏丹逐渐以"西方"的风格来绘制他们的肖像,而且与此同时,越来越多出身名门的伊斯兰旅行者访问欧洲,在那里他们为西方的科学、文学、音乐、政治及戏剧所深深地吸引。[79]

几个世纪以来，在整个地中海地区，当时的人们以多种模式在诸多层面上都曾将所谓的"基督教—伊斯兰共谋的惯例性做法"付诸实践，其中包括君主、贵族、神职人员以及工商界人士、学者及译者、商人等，他们许多人远涉他方，见多识广，互相联系，从事各行各业的事务。[80]其中有一位16世纪的旅行者利奥·阿非利加努斯（Leo Africanus）就曾在基督教—伊斯兰共处的地中海各地区和各宗教团体间自由出入。他大约出生于15世纪80年代或15世纪90年代早期格拉纳达的一个穆斯林家庭，当穆斯林在西班牙的最后前哨陷落于基督徒手里之际逃往摩洛哥，随后一路穿过北非来到中东，为海盗所俘后最终逃往罗马并定居下来，在这里他皈依了基督教并把《古兰经》译成拉丁语。他此后还有可能回到非洲，回归伊斯兰教。[81]有关利奥的生平，很多事情还不为人所知，包括他的全名，但他确实十分轻松且频繁地穿越过那些所谓不可逾越的宗教身份边界：从西班牙到摩洛哥，从欧洲到非洲，从基督教到伊斯兰教，后又再次回归。而且，他的经历并非孤例。不管在此前或是此后，16世纪早期的地中海不断地有商人、使节、海盗、旅行者、学者和难民在此航行，对他们来说，此地是一条大路而非一道屏障。在某些地方和某些特定时期，也许有过强烈的宗教与文化差异意识，但总会为与日俱增的迁移、经商、旅行和接触所抵消。[82]

上述这些并非否认普瓦捷战役或者十字军东征或是维也纳被围困的历史史实，也不否认从公元7世纪至17世纪基督徒与穆斯林在整个地中海地区各种互动过程中也的确存在过仇恨与偏狭、妖魔化与负面刻板印象、暴力与冲突的事实，不否认"共存"（convivencia）也常常是"令人提心吊胆和脆弱的"，同样也不否认偏狭文化常常就潜伏在"宽容文化"的表层之下。但是，如果只是聚焦于这些冲突，就好比在读一本书的时候总是忽略掉隔页的内容一样：结论性的表述并非不完整，却可能被误导到一些支离破碎的点上。[83]因为，虽然基督教与伊斯兰教常常相互冲突与碰撞，他们也曾跨越那些貌似不可逾越的屏障和无法穿越的信仰身份边界而和睦共处、彼此对话、共同合作过，而且在长期的互动与融合过程中以许多方式在许多地方这么实践过。[84]通过对这段时期基督教与伊斯兰教之间相互联系和互动范围及其复杂性的全面观察，历史学家理查·佛莱彻（Richard Fletcher）认为，"不管我们的目光转向何处与何时，我们发现这些接触的形式是多元的，彼此的接触是有温度的"[85]。而且，就基督徒与穆斯林而言，正是这种行为的多样性才提醒我们不该将他们的关系看作一种永恒的摩尼教式的对立，不该认为只有宗教身份群体的胜利与超越而无其他可能性。因为，他们之间在不同层面上的彼此接触与相互融合通常更表现为个体性（及调适性）而不是集体性（及冲突性），而且在许多事情上甚至可能与信仰无关。

至少我们可以说，这就是大部分细心的学者和有思想的历史学家所得出的审慎而公正的结论。在2001年"9·11"事件之后，他们对很多基督教与伊斯兰教之间的多元化接触进行过研究，对于这两种宗教信仰之间从十字军东征（及以前）开始直至当前甚至将来存在着所谓根深蒂固的敌意与永恒冲突的那些历史论断予以全面抵制。[86]相反地，有证据明确表明，基督徒与穆斯林常常是有建设性地、友善地生活在一起，他们在有关如何生活的问题上互相传授知识并从彼此身上学到很多东西。从总体看，"伊斯兰与基督教世界"之间的许多共性将他们捆绑在一起，而不是强迫他们一分为二。[87]贯穿整个历史，人们穿越他们宗教差异的可渗透性边界而互相经商、学习、协商、吃吃喝喝与相爱。根据世界历史学家菲利普·费尔南多-阿梅斯托（Felipe Fernández-Armesto），"穆斯林与基督教关系的一部真实历史是鼓励人们相互宽容并且让我们深信他们之间具有常态性的合作……因为在历史上的大部分时期里，在大部分地区，穆斯林与基督徒一直是处于和平状态并在相互尊重中一起生活"[88]。这样说可能言过其实，但也大抵如此，而且，在后"9·11"时期，一种不变的情况是（也是值得表达的一种角度），我们确实需要对这些现象进行更为执着与不厌其烦的研究。

天主教与新教

为什么异教与基督教、基督教与伊斯兰教之间的这些宗教关系如此复杂、模糊、局部化、微妙及个体化，其中最主要原因之一是这些貌似铁桶一般的宗教信仰与宗派身份具有走向分裂和破碎的必然趋势，而这也是吉本非常清楚意识到的。《罗马帝国衰亡史》一书充满了对几乎从一开始就成为基督教会特色的分歧和分裂的讨论（有时是挖苦），而且，虽然吉本在伊斯兰教这方面的问题了解得较少，但是他首次提出了同一宗教身份内部的冲突实际上比不同信仰之间的冲突更为剧烈也更容易制造分裂的观点，而且这一观点具有永久启发意义。"历史所记录的一切"，他指出，都表明"在其内部产生分歧的过程中，基督教内部分歧双方彼此所遭受的伤害要远比他们从异教徒那里所经历过的狂热敌意严重得多"[89]。后来的西格蒙德·弗洛伊德以完全不同的研究和分析模式对他所谓"小分歧的自恋"进行探讨时，也提出了同样的观点。他说："正是这些领土相邻的社区，他们在其他方面也相互联系，但就是老相互挖苦，争吵不休。"[90]

这些"微小分歧"在表面上团结的宗教团体内引发"持续性不和"所导致的主要后果，在16世纪中叶到17世纪中叶间呈现出极具破坏性的一面，尽管此时"基督教"与"伊斯兰教"之间的对峙还在进行。在这前后一百年里，新教改革派与持相反观点的天主教或反改革派之间所产生的宗教迫害和冲突的规模在欧洲历史上可谓空前绝后。在1529年和1531年之间，瑞士成为第一个发生信仰冲突的地区。其次是在神圣罗马帝国，在这里爆发了1546年的施马尔卡尔登战争，紧接着又爆发了所谓的王子战争，直至1555年，随着奥格斯堡和约的签署才最终停息下来。但这些战争与随后在16世纪后半叶所发生的法国宗教战争以及反对天主教西班牙的荷兰革命相比，充其量只是小规模冲突而已。此后在17世纪前半叶又经历了英国内战、波兰大洪流以及"三十年战争"。[91]这些战争导致的后果就是大规模的物质消耗、经济崩溃和大量的人员伤亡。从1517年马丁·路德的第一次抗议开始，直至1648年签订《威斯特伐利亚和约》，欧洲日益成为一个被分割的大陆：拥护天主教的一方和拥抱新教的一方将大陆撕裂，双方似乎都深陷于托马斯·霍布斯（Thomas Hobbes）所谓的"每个人反对每个人的战争"[92]。

上述情况反过来意味着，许多敬畏上帝的欧洲人开始审视他们此前所认同的宗教社会。原先的宗教社会认同基于一种荒谬的、世俗的摩尼教式解读，即按照耶稣在《马太福音》里的概述，将人类划分为（得到救赎的）绵羊和（受诅咒的）山羊两类。[93]因为，在欧洲大陆的这些"宗教战争"期间，在善与恶，或者在真理与谬误，或者在光明与黑暗，或者在基督教的军队与魔鬼的势力之间的战斗已经不再是基督徒与信奉其他宗教或没有信仰的人们之间的战斗了，相反，这种冲突发生在基督教内部信奉一种教义与信奉另一种教义的人之间。从这方面来看，所谓的"异教徒"已经是指那些对基督教义理解走样甚至是败坏基督教正统名誉及对《福音》解读错误的人们，这些人比起那些拒不承认《福音》的人更应该受到谴责。[94]在同一个神应该如何崇拜问题上，产生不同意见的人们之间产生的这种冲突，看起来似乎没有妥协、对话或共存的余地。正如信奉新教的瑞典国王古斯塔夫·阿道弗斯（Gustavus Adolphus）在1630年

"三十年战争"一个关键阶段给其妹夫、布兰登堡选民写了一封信，信中他用坚定的口吻指出，"我不想听到中立的话语。阁下要么是我的朋友要么是我的敌人……这是一次上帝与魔鬼的战斗。如果阁下站在上帝一边，就必须加入我的阵营，如果是支持魔鬼一边，就必须与我战斗。没有第三条路可走"[95]。

这些挑衅性的话语并非罕见，而且这些话有助于解释为什么人们会认为宗教改革时代是一个不可调和的教义极端化和宗派两极化的时代。因为在持有这样的意见和信念的世界里，只要出现宽容的念头即会被人们认为是在纵容神学错谬，而且从教义分歧到司法迫害直至天主教与新教团体间的全面战争的这条斜坡最终看来是既陡滑又诱人。"不与我站在一起的人就是反对我的人。"这条圣经戒律此时已成为清澈响亮的号角——成为王子们及其军队在整个欧洲战场互相对峙的号角；成为教皇们将任性的统治者及犯错的臣民们开除教籍的号角；成为刺客们以纯真信仰的名义来谋杀君主的号角；成为学者、神学家及善辩者们蔑视、嘲讽、揶揄及声讨其对手的号角；成为滥用私刑的暴徒及一些血腥屠杀事件如1572年发生在圣巴托罗缪节对法国新教徒们的"大屠杀"之时的号角；成为众多个体因接受（和拒绝宣布放弃）"错误的"基督信仰教义而被判刑、折磨以及活活烧死的号角。正如凯思·托马斯爵士（Sir Keith Thomas）所看到的那样——他同时也考虑到我们这个时代的许多冲突——基督教"宗教改革"的分裂"为这个世界被设想成是一个善与恶双方敌对势力为争夺霸权的重大战场而导致的悲剧后果提供了有益的警示"[96]。

许多欧洲的统治者、教士、将军及辩论家都在以古斯塔夫·阿道弗斯国王的方式煽风点火，用赤裸裸的对抗性措辞习惯性地向他们的支持者致敬并声讨他们的对手。他们那些拒不妥协的话语、不可调和的态度以及好战行为，为同样坚定支持宗教改革派与反改革派双方的历史叙事提供了素材,其中最早期的素材就是来源于历史学家对历史事件的记录。[97]因此,一方面,反天主教作家们有个传统做法,那就是在早期教会中为后来的新教教徒的行为提供先例,从德国的乔纳斯·帕普斯(Johannes Pappus)和大卢卡斯·欧香德(Lucas Osiander the Elder)伊始,到后来包括莱基(W.E.H.Lecky)、麦考利勋爵(Lord Macaulay)以及约翰·洛思罗普·莫特利(John Lothrop Motley)等这些作家都遵照这种传统做法,他们追根溯源并颂扬几乎等同于"新教的崛起"的所谓"宽容宗教的崛起"及其对"教皇主义"罪孽的胜利;而另一方面,一个同样庄严的天主教历史学家派系——从切萨雷·巴罗尼奥(Cesare Baronio)到希莱尔·贝洛克(Hilaire Belloc)——为一个正统宗教的生存与复苏而欢呼,并从马丁·路德开始,一路声讨那些所谓的制造教派分裂和异端邪说的新教"改革者"。在这些竞争性的宗派历史书中,改革派与反改革派的战斗在其后的几个世纪里持续不断,并借此重申、肯定和强化了这些长期互相对立的宗教身份。[98]

然而,"在每个层面上,从地方到国家之间,同教中人都有从事共同事业的冲动"这句话也许是真的,但处于交战中的这些宗教团体内部有着根深蒂固关系的这一描述绝非具有普遍的合理性,哪怕是在宗教改革与反改革运动中欧洲不可否认地处于极化状态时,情况也是如此。[99]正如此前被划分为"异教"与"基督教",或在"基督教"与"伊斯兰教"之间的持续冲突一样,不管是"天主教"还是"新教",其中任何一方都并非他们的主教和王子们所不断宣称的以及他们的死党历史学家后来通常描述的那么团结一致或者铁板一块。到16世纪末,尽管受马丁·路德威严的个性约束,新教内部也已经分裂为许多各式各样的地方性或国家层面的宗派了,不再是一个单一的反对性宗教派别了。这些宗派有:日内瓦的加尔文宗、德国北部和斯堪的纳维亚的路德教会、荷兰改革宗、英国圣公会以及苏格兰的长老会。罗马天主教内部对改革、教条以及与新教教会关系等诸多问题的看法上也存在许多深刻的分歧和异议，在 1545 年至 1563 年许多次罗马教廷的"天特会议"上，他们就曾经历过长时间的、有时是尖刻的争论。更有甚者，到 16 世纪末，实际上几乎每个欧洲王国和公国都是一些重要的宗教小团体的家园，其结果是，从巴黎到奥格斯堡，从巴塞尔到阿姆斯特丹，从科隆到维也纳，不管持何种信仰的新教与天主教徒们常常相邻而居，有时甚至比肩而立，其相互交往的方式呈现出各种各样难以描述或控制的复杂性和无规律性。[100]

由于集体宗教身份的实际界限远未明确或达成一致，因此在这些群体之间进行对话也就不足为奇了，在某些情况下，这些对话是由宗教和政治领袖发起和支持的。在马丁·路德首次发出抗议之后的半个世纪里，由于人们曾一度希望近期的宗教分裂只是暂时的，有些主教和学者们致力于为不断出现的教义分歧建立起纽带并促进相互对话与协商。这些人包括天主教一方的意大利红衣主教加斯帕罗·康达里尼（Gasparo Contarini）、科隆的红衣大主教海曼·冯·费德（Hermann von Wied）以及洛林的红衣主教查理·德·吉斯（Charles de Guise）；在另一方有马丁·布塞尔（Martin Bucer）和菲利普·梅兰希顿（Philipp Melanchthon），都是有名的新教学者。[101]这些集会中最重要的一次会议是 1561 年在巴黎塞纳河北部一个小镇所举办的众所周知的普瓦西会议。这次会议是由代表其年轻儿子——查理九世的法国女摄政王凯瑟琳·德·美第奇（Catherine de' Medici）与洛林的红衣大主教所召集的，邀请新教与天主教徒前来参会，希望完成各教会间的重新统一。在这次会议上，以及一年之后的南特会议，前来参加严肃会谈的都是一些认真对待此事的人，他们尽心竭力地试图扭转西部基督教界的长期分裂，意欲寻求妥协与和解的"第三条路"，而不是在天主教与新教之间宣扬和强化一种摩尼教式的分裂。[102]

也有一些业余作家试图在天主教与新教表面上看似不可调和的"宗派整体性"之间勾勒出一种中间立场。[103] 其中就有这样一位语文学家，叫塞巴斯汀·卡斯特利奥（Sebastian Castellio），也是一名诗人，他为回应西班牙内科医生米歇尔·塞尔维塔斯（Michael Servetus）被处死一事于 1554 年出版了一本书，题目是《有关异教徒：他们是否该被迫害以及该如何处置他们》(Concerning Heretics: Whether They Are to Be Persecuted and How They Are to Be Treated)。他坚定地认为，异教徒绝不应该被天主教徒或新教教徒处死，而且正像该案例一样绝不能听命于约翰·加尔文。[104] 另外一位这样的作家是让·博丹（Jean Bodin），他于 1576 年出版的《国家六论》(The Six Books of the Republic) 一书就信仰节制问题的"政治性"与"慎重性"案例进行了阐述。他竭力主张，有关信仰的公开争论会使所有与信仰有关的事情都名誉扫地，而且，一旦带上好战的色彩，就可能给国家带来毁灭。据此，博丹认为，只要一个地方一支新的基督教信仰宗派在社会上获得坚定的普遍支持，对当权者来说应该容忍而不是去迫害，这是一件常识性的事情。十年之后，他在《七人论说集》(The Sevenfold Colloquium) 一书中再次回到这些主题上。该书是有关七个智者的六个对话系列，每个人都代表一种不同的观点：路德宗、加尔文宗、天主教、犹太教、阿拉伯派、怀疑论者以及自然理性论者。在结束时，他们分道扬镳，从此再未在这些问题上进行过对话。他们有关信仰差异问题上融洽的谈话结束了，留给读者自己判断这次跨信仰的对话是否走入了死胡同，或者是否可能提供了一条继续前行的路。[105]

随着人们在有关信仰节制问题上展开令人信服的辩论和对话，甚至就在欧洲大陆随处可见的分裂日益严重和激化之际，一些欧洲统治者在天主教与新教之间寻求促进和解与对话的脚步并没有停下来。因此，1568年于特兰西瓦尼亚的多尔达会议上通过的《多尔达宣言》（Declaration of Torda）规定，牧师们在任何地方都可以自由地"按照自己对《福音》的理解"从事布道和宣传，而且，"任何人无权威胁那些传授《福音》的人们说要监禁或驱逐他们，因为信仰是上帝赐予大家的礼物"。类似的情况也发生在波兰—立陶宛，那里的贵族于1573年通过了《华沙同盟》，一致认可"我们这些信仰不同的人们将彼此和平共处，而且不得因信仰不同或信仰改变而发生流血事件或是以没收财产、羞辱、下狱或驱逐出境的方式对对方进行惩罚"[106]。同样地，在法国，国王亨利四世于1598年颁布了《南特敕令》，就历代君主自普瓦希会谈以来一直寻求的宗教妥协一事定下了基调，允许天主教和新教教徒们只要承认效忠于皇室，各自都可以享受永远的信仰自由。法国就是这样摒弃了此前在宗教战争期间曾损害、破坏过国家的摩尼教式的割裂性观点，而且在17世纪的大部分时间里，法国与特兰西瓦尼亚以及波兰—立陶宛一道在信仰事务问题上采取保持妥协与宽容的做法。[107]

尽管"三十年战争"常常被视为欧洲在信仰与上帝问题上的一场终极冲突，但也进一步表明了所谓铁板一块的宗教身份以及随之而来的敌对与冲突在实践上已经越来越难以合法化或得以持续下去。红衣主教黎塞留（Richelieu）在施行外交政策时奉行这样的观点："国家的利益和宗教利益是两种完全不同的东西。"因此，他不但尊重《南特敕令》的有关条款，甚至在他的国家反对信奉天主教的哈布斯堡家族的战斗中还与新教军队结成联盟。[108]类似的情况还有，黎塞留的同时代人、教皇乌尔班八世（Pope Urban Ⅷ）与信奉天主教的西班牙或西班牙的哈布斯堡家族也不友好，有时甚至还为新教"异教徒"的胜利表示感谢。同样，特兰瓦尼西亚的新教王子拜特伦·加博尔（Gábor Bethlen）为了获得匈牙利的领土，还打算与天主教神圣罗马皇帝进行谈判。因此，宗教差异并不是合作的绊脚石，宗派共性也不是协同合作的保障：当欧洲新教统治者们的同教中人、波西米亚国王的领土遭到神圣罗马皇帝授意下的一支天主教军队入侵的时候，他们中没有任何人前来援助。[109]《威斯特伐利亚和约》清楚地表明，天主教统治者也好新教统治者也好，在他们眼里，治国理政的实用性与考量远胜于对宗教的忠心，就是这一点导致了"三十年战争"的结束。按照"教随君定"（cuius regio, cuius religio）原则，每位君主都有权决定自己国家的宗教，但是居住在各公国里的基督徒们尽管其宗派并非当地国教，也同样有权定时在公开或私下场合自由地从事其宗教实践。[110]

尽管有一些作家如卡斯提留（Castellio）和博丹（Bodin）极力敦促和解，也有特兰瓦尼西亚、波兰—立陶宛和法国等一些反面例子，现代欧洲早些时候的大部分统治者还是花了很长时间才吸取到一个很简单明了的教训：对基督教同仁发动战争绝对是不明智的建议。但是，许多远离神学辩论和尸横遍地战场的卑微民众倒是早就比他们的统治者们拥有更为成熟的想法，尽管他们在一个前所未有的充满宗教动荡与敌意的时期里也要面对生活、奔波和生存的挑战。因为，在新教与天主教改革之后，正如历史学家本杰明·J.开普兰（Benjamin J.Kaplan）所注意到的那样，"数以百万计的欧洲人"不得不面对一个基本问题："那些有着不可调和的、对立的基本信仰的人们是否可以和平共处？""通常情况下，"作者总结道，"在更早些时候答案是肯定的。"尽管这么多证据都指向反面，许多"替代流血冲突的可行性选择"还是被人们采纳并实践，这一点看起来既不可抗拒，又极具吸引力。不像他们许多世俗和宗教领袖，普通的欧洲男人和女人们"不必为了互相杀戮而互相热爱"，而且即使是在宗教迫害和跨信仰冲突的最黑暗时期，他们还是设法成功地做出许多"和平共处的安排"。[111]

其结果是，在宗教改革与反改革期间形成了一种广泛传播的、实用的和互相调适的"对于一些差异的漠然（态度）"。这些态度、行为模式以及由此形成的互动使人联想起"古典时代晚期"的异教徒与基督徒之间以及近代时期基督教与伊斯兰教之间的那些事情再次发生在个人生活的许多非公事层面上，在这里，日常协商的现实必要性成功地凌驾于政治动机或军事需要或神学戒律之上。[112]有关诸如神职的作用或是圣体圣事等形而上问题或圣经的权威地位等问题上所发生的晦涩难懂的学术争论也许在精英阶层和受过教育的天主教和新教徒之间是饱受争议的事情，然而它们并不是不可能解决或妥协的问题，而且对于那些在宗教教条方面只具有初步知识或者是一无所知的大部分民众来讲，这些问题并不那么重要。从这方面来看，王子们和高级教士们为之高谈阔论和言过其实的宗派仇怨，与具有共同人性和共同基督信仰这些由来已久的现实情况相比并不那么重要。正如1579年一本荷兰宣传小册子里的天主教作者所言，"一直有人告诉我们说这些人（新教徒）是怪物。我们被派去驱赶他们就像是去驱赶狗一样。（然而）如果我们站在他们的角度考虑一下，他们也是跟我们一样具有同样本性和境况的人……像我们一样崇拜同一个上帝，向同一个基督寻求救赎，信仰同一部圣经，都是同一个天父的孩子，按照同一部圣约书要求享有同样的遗产"[113]。

换句话说，这意味着，在欧洲基督教世界内部日益分裂的领域内，那些在天主教和新教分裂之前早已存在的行善、慷慨、友好、仁慈和睦邻友好等庄严法则及令人起敬的宗教实践仍然存在；的确，它们比直至相对最近才为致力于该阶段研究工作的历史学家所意识到的更远、更普遍而执着地存在着。波兰的彼得·斯卡加（Peter Skarga）会士在1592年谈及新教徒时就曾对这种情感进行过表述："他们的异端邪说是不好的，但他们是我们的好邻居、好兄弟，通过这个共同国度里爱的纽带将我们紧紧地连在一起。"[114]所以，虽然官方记录以及此后基于此上而形成的天主教与新教历史似乎都指向深刻而全面的极化现象,然而在更广泛、更精细层面上所作的调查研究——包括对那些很少留下或没有留下证据的重大社会空间所作的评估——表明那时候人们的普通生活呈现出更为平和与更具世俗色彩的一面。如果说真有什么固有的、不可逾越的鸿沟,那也只是表现在"对宗派之间的关系采取偏执的观念"与"秉持较为温和与包容的态度"这两者之间。自食其力、自谋出路的大多数民众渴望继续与他们的邻居共同生活,不管他们之间存在什么不能解决的宗教差异,也不管其高级教士和王子们如何劝谏,他们并不想声讨或杀害那些拥抱其他信仰的人们。[115]

为此,人们成功地设计了一整套策略,以应付官场的需求,以超越宗派边界,继续自己的生活并和邻居友好相处。[116]在 16 世纪最后的几十年里,居住在天主教维也纳地区的新教自治民会在礼拜天离开该城前往邻近的庄园以及乡下教堂做礼拜,在那里他们可以自由从事自己的宗教实践。同样地,在乌得勒支的雅各布斯教堂,胡贝特·杜普伊斯(Hubert Duifhuis)牧师欢迎所有的基督徒,不管是天主教徒还是加尔文教徒,来参加圣餐仪式,而他从事这一基督宗教合一的行为是得到该城行政长官的支持的。在欧洲的许多地方,人们建立起众多"秘密教堂"(schuilkerk),允许天主教多数派接纳新教少数派,反之亦然,而且这些建筑物及宗教活动的存在是一个公开的秘密。[117]还有更公开的,天主教徒与新教徒还可能同意共享同一个教堂(simultankirche),或者至少是同城从事礼拜活动,甚至在瑞士、特兰西瓦尼亚、神圣罗马帝国以及自《南特敕令》颁布之后的法国等都市中心地带都举办了许多这样的"双宗派活动"。在有些城市,特别是荷兰共和国,形形色色的宗教派别混杂在一起,形成所谓的"宗教大熔炉";而在其他地方,比如奥格斯堡,宗教自由与其说是建立在宗教一体化上,倒不如说是建立在宗教隔离上,因为不同宗教群体的分离极为鲜明。正是通过这些不同的方式,形形色色的宗教信仰才得以友好共处。[118]

所以，虽然新教与天主教徒基于"他不与我站在一起就是反对我"的训诫也许会听从于其宗教或政治领袖的劝谏而出现整体式的相互对立，但是大多数普通民众更喜欢遵循基督其他的训诫，"就像爱你自己一样去爱你的邻居"并据此寻求共同生活。[119]其结果是，人与人之间的关系因他们之间具有跨越宗教裂缝相互调适与合作的倾向性而深受影响。比如，虽然所有教会都严厉谴责那些不同基督教教派间的异教通婚，但没人否认这样的通婚是"可敬的婚姻状态"，而且，异教通婚常常由加尔文宗、天主教、路德教以及英国圣公会牧师主持。在多种宗教并存的社区，不少家庭习惯性地雇用来自其他信仰的用人，而且这种做法在荷兰、法国以及德国众多城市里尤其盛行，在这里的新教徒常常雇用信奉天主教的用人。在16世纪晚期及17世纪早期，位于法国的天主耶稣会学院的声誉甚隆，以至于它们吸引了不少想要获得最好教育的新教徒学生，尽管这些学院的宗教教义与他们的格格不入。而且，新教徒与天主教徒经常参与一些同样的娱乐活动——在法国这些娱乐活动如此频繁以至于加尔文宗派的牧师对习惯性地参与天主教徒的舞会、狩猎派对、商展会、狂欢节以及圣人庆节节日活动的胡格诺派教徒大加申斥，尽管其申斥是徒劳无功的。

正如异教与基督徒之间、基督徒与穆斯林之间的关系一样，天主教与新教徒之间的大多数来往通常是在个人而非集体层面、是友善而非敌对状态下进行的。在现代早些时候，有关英格兰、法国、荷兰以及神圣罗马帝国的村庄、城镇和城市的近期研究工作有力地支持了这样的观点：至少在普通民众的生活经历方面，用"共存与跨宗派合作"来描述这些来往要比用"普遍存在的冲突与手足相残的倾轧"这种描述来得更为贴切。[121]即便是在哈布斯堡王朝时代的西班牙，自从1478年建立了"宗教裁判所"以及天主教于1492年征服了最后一个穆斯林王国格兰纳达之后而变成最不包容的天主教国家，仍然有证据显示在地方和个人层面上那些拥有不同信仰的人们之间的后期关系实际上已经更为放松与和谐。在大西洋对岸的墨西哥与秘鲁的西班牙帝国，情况可能也大致如此，在那里当地居民与后来的非洲黑奴深受不同信仰体系的影响。甚至有人认为，救赎之路并不严格局限于天主教这一条路子，还可能有其他可选项：按照弗朗西斯科·德·阿莫尔斯（Francisco de Amores）在宗教裁判所为自己辩护的话来说，"每个人都可以用他自己的法则得到救赎，摩尔人用摩尔人的，犹太人用犹太人的，基督徒用基督徒的，路德宗用路德教派的"[122]。宗教改革与反改革时代也许在许多方面都是极为黑暗的时代，但是人性与尊严、合作与妥协一直在发出它们自己的声音。[123]

宗教战争，宗教和平

不可否认的是，在过去的两千年里，横跨整个欧洲、北非和中东地区，在宗派身份与互动问题上的摩尼教思维模式常常具有普遍而牢固的诱惑力与吸引力。关于仇恨与暴怒、妖魔化与负面刻板印象，以及折磨、屠杀与战争问题上的威逼利诱，所有这些都是以一种宗教比另一种宗教更纯正的名义加以实施，这些做法已经被证明是无法抵制的。世俗领袖及宗教狂热分子的煽动不断地宣传一个主张："他不与我站在一起就是反对我的人。"所以，一点也不奇怪的是，历史学家们在这些事情上轮番上阵，极力附和，并且对于复制和证明这些信条互为冲突的合理性方面表现出更大的兴趣，而不是将其置于更为开阔的语境中从批判性角度去解释或审视。然而，这些简化的、刻板的身份划分从来没有详尽地描述其时的男男女女的历史经验，哪怕是那些有信仰的人们。有些领导人，有宗教的也有世俗的，一直在强调信仰节制、对话及妥协的重要性，而与此同时，在日常生活的个人交往中，不同信仰的人常常也在寻求彼此间的和睦，并且也找到了许多友好相处的方法。不管政治领袖或圣经权威们如何唱反调，人们对于共同人性的那种本能的敬畏总会跨越宗教差异，对个人信仰上这些一贯言过其实、极力铺陈的论调起到中和作用。

在宗教身份的模糊性和局限性问题上，许多类似的争论也有可能在其他地方和其他时间发生过，尽管我们在这里仅能再举两个例子。比如，人们很可能会说南亚历史就是印度教徒与穆斯林之间的一部冲突史，而且这种说法对有些人还颇具吸引力，并以1947年在印度独立与分裂期间的抗议和屠杀以及更近的印度人民党兴起之后印度所展现的种种自信姿态作为例证。[124]但是，在这些宗教对抗的背景下却可能是跨宗教接触与对话的另一幅历史画面。一个生动的例子是，在伊斯兰印度皇帝阿克巴（Akbar）统治期间，在16世纪90年代，他支持不同信仰之间的对话，这些信仰包括印度教、伊斯兰教、基督教、印度袄教、耆那教甚至无神论，并勾勒出信仰自由的一些原则，与特兰西伐尼亚和波兰—立陶宛此前不久所采纳的主张极为相似。他主张："在涉及宗教问题上，任何人都不应该受到干预，而且只要自己喜欢，任何人都可以皈依到另一宗教。"[125]同样地，自1948年以来，以色列与巴勒斯坦之间的关系史也被描述为互相敌对的不同宗教团体之间永恒的、不可调和的一部冲突史。然而在那个地区，有关"相互理解、和平共存以及接受共同人性"的呼吁从未停止过，而且到现在依然如此。许多巴勒斯坦人和以色列人尽管有着不同的信仰，但他们都在生活上努力与对方共享共存。[126]不管是过去还是现在，人性与尊严一直在发出声音，人们在妥协、在适应。而且，人性与尊严、妥协与调适有其悠久的历史。

第一章 宗　教

当我们承认宗教身份一直以来（而且现在还是）常常既具有个体性也具有集体性，以及宗教实践的行为模式一直以来（而且现在还是）常常具有自适性而非冲突性的时候，我们应当意识到对于从事任何信仰的相对少数人来说宗教是其存在的全部意义，如此，可避免出现经济学家兼哲学家阿马蒂亚·森（Amartya Sen）所谓的"对于宗教情结的过度关注"，做到这点也是非常重要的。不管是精英阶层还是普通民众，其日常生活、活动及身份问题上的许多方面并不为我们所熟知，或者是通过宗教情结而加以重点解释。[127]在过去（和现在？）的许多时候，统治者们与其他政治领导人一直以来在共同宗教身份认同的迫切性问题上煽风点火，基本上都是为了将它作为其他行为的幌子或出于更为亟待解决的问题考虑，如出于王室野心、民族敌对、经济竞争、地盘占有欲等等，然而，普通民众的生活却从来没有得到合理安排、关照和料理，而是终结于宗教信仰和禁令上。[128]因此，单纯从宗教身份方面来看待、描述和解释男男女女们的行为，不管是个人还是集体，就是否认十分明显的一个问题：一个人的自我意识总是同时由众多身份构成的。正如历史学家、经济学家和政治分析家扎卡里·卡拉贝尔（Zachary Karabell）所指出的，"不管是在'基督教世界'还是'伊斯兰屋宇'（穆斯林对其世界的自称），宗教只是众多身份中的一种。这种身份对于任何特定乡村、城镇、国家或社会的政治、社会或文化生活来说意味着什么是无法概括和归纳的"。[129]他所说的话也许同样适用于异教徒与基督徒、新教徒与天主教徒、印度教徒与穆斯林以及犹太教徒与穆斯林之间的关系。

与此形成鲜明对比的是，近代北爱尔兰的悲剧历史，在集体宗教身份被夸张地用于界定和分割民众，并且为了巩固和延续这种团体对抗也将其制度化时将会发生什么事情这一问题上为我们提供了一个警示性的研究案例。当爱尔兰于1921年分裂的时候，北部设立的教育系统彻底分裂为新教徒和天主教徒两类学校,前者是资金比较有保障的公立学校,后者是得到较少资助的私立学校。新教徒将他们的孩子送进公立学校(即新教学校),而天主教父母们让孩子们在私立学校(即天主教学校)接受教育,这样做都是为了保护和维持他们各自的信仰,也是有意在下一代身上延续这种对立情绪。的确,有关调查表明,从 20 世纪 60 年代至 20 世纪 90 年代,高达 90% 的学生分别进入将新教徒与天主教徒隔离的学校。更有甚者,这些机构将爱尔兰不可调和的历史传授给学生:在新教一方是用一些标志性的事件如波恩战役和 1912 年的厄尔斯特盟约向学生灌输一种强大、严厉、防御的坚定信念,而在天主教一方则是通过强调 1649 年克伦威尔大屠杀和 19 世纪 40 年代的大饥荒将一种充满悲情和受害情结的叙事灌输给学生。其结果是,双方之间蔓延着充满敌意的负面印象,而且各自将敌对的集体身份概念有计划地灌输给整个厄尔斯特地区的孩子们,表达并体现"完全不相容的宇宙社会学说教及彼此间完全不准确的观点"[130]。

当然,自从 20 世纪 70 年代以来厄尔斯特地区确曾有过一场被称为"所有孩子手挽手"的综合教育运动,试图为至今为止因受教育影响而导致的宗教身份边界之不可逾越性展开对话——一场勇敢却基本徒劳无功的努力。[131]这场运动吸引了宗教界与非宗教界各团体的众多人士,虽然他们基本上都是——这一点可能丝毫不出意外——开明人士、中产阶级和虔诚(但包容)的基督徒。1978 年,这场"所有孩子手挽手"的运动促成了"北爱尔兰教育法案"的颁布,准许设立多宗派联合的学校以满足不少父母的需求。但是,这次立法并未影响现行的隔离体制,而且这些学校必须自筹资金,除非它们有了足够多的学生前来注册,但这是一个严峻的挑战,因为北爱尔兰大多数人的意见是支持宗派隔离教育的。[132]所以尽管众多天主教与新教政治家和牧师愈加敦促进行跨信仰对话与合作,而且综合学校运动规模也在稳步上升,但是这些机构目前就学率不足 5%,这意味着即使是 21 世纪初在较为温和而且人口较多的厄尔斯特地区,意欲跨越这些仍然高度制度化派系身份边界的对话在年轻人中得到响应的人数仍然少得可怜。[133]

北爱尔兰令人不快的经历表明,当一种宗教身份由官方强制实施并推波助澜成唯一要事之时会发生什么,也可能酿成什么错误。因为,很显然我们不太可能用宗教信仰和身份对厄尔斯特的这些孩子进行完整而特定的描述:他们还仅仅是男孩和女孩,工薪阶层和中产阶级的孩子,率真而无忧无虑,等等,不一而足。正如历史学家玛丽安·艾略特(Marianne Elliott)在对爱尔兰的新教徒和天主教徒进行调查研究之后所指出的,"在判断人类行为方面,如果认为宗教……身份在所有事情上占首要地位的话,那是荒唐可笑的",且不管那种行为是个体性的还是集体性的。[134]然而,人们不是鼓励年轻人对他们众多不同的身份进行独立思考,相反地,这些建立在信仰基础之上的学校却将他们隔离开来,以至于他们最可能接触到的同时代人也只是他们同教中人。他们受教育的目的在很大程度上不但在强化他们对于宗教身份的意识,而且也在强化他们自身集体宗教身份的优越感。因而,在一个多元世界里,什么才必须算作学校教育最本质的目的之一这一问题上,他们的做法是失败的,也就是说,在培养他们理解其他民众是什么样的人以及他们应该成为什么样的人的教育问题上是失败的。因为,正如人们常常认识到的,与其去拥抱好战的摩尼教式的偏狭与固执的观念,还不如对外来人友善。这一点意味着《马太福音》第 25 章的内容是需要格外小心地解读的。[135]

第二章 民　族

请热爱你的国家。你的国家是你父母生活的地方，是你的心上人羞红着脸、第一次小声对你说出爱的那种语言所在的地方；是上帝赐给你的家园，在那里你努力完善自己并在自我完善中努力向他靠拢。

——朱塞佩·马志尼（Giuseppe Mazzini）
引自《演讲手册：演讲艺术权威百科全书》
(*The Handbook of Oratory*：*A Cyclopedia of Authorities on Oratory as an Art*)，
威廉·拜厄斯编（W.V.Byars）

不仅仅是国家，正义与人性也是我们要效忠的。

——詹姆斯·布莱斯（James Bryce）
《大学与历史演说：作为驻美大使在美国居住期间所作的报告》
(*University and Historical Addresses*)

查尔斯·戴高乐将军在他所著的《和平回忆录》第一卷以他1958年重返政坛为开端，以雄辩而感性的方式来唤醒我们在有关国家历史、地理、"天才"与身份问题上的意识。"法兰西，"戴高乐写道:"已经从过去的深渊里走了出来。她是一个活生生的实体。她对几百年来的呼唤做出了回应。然而,纵使经历了时间的洗礼,她仍旧未变。"因此,虽然看起来有点自相矛盾,"她的边界可能改变,然而不变的是她的轮廓、气候、河流和海洋,这些是她永恒的印记"。"虽然居住在这片土地上的人们在历史的长河中经历了最多元化的体验,但是她在其命运和境遇经过政治实践的一次又一次洗礼后又再次成为一个单一的国家",他坚持认为,她"是一个由过去、现在和将来所构成的牢不可破的国家"。因此,"这个愿意为法兰西担起重负的国家同时承载着昨天的遗产、今天的利益和明天的希望"。戴高乐相信,在过去的1500多年里,墨洛温王朝、卡洛林王朝、卡贝王朝、波拿巴王朝以及第三共和国一直在以法兰西人民的名义履行着这些责任,而他自己两度以"最高权威"投身其中是因为他想寻求"领导这个国家走上救赎之路"。他要为同胞提供的是"没有其他的目标",而只有最高的目标,"没有其他的路子,而只有鞠躬尽瘁之途"。在戴高乐看来,这就是法兰西这个民族——已故的、当代的以及尚未出生的"无数代人"——所拥有的独一无二的"不朽性格"。这就是最重要、最持久形式的集体人性团结的终极体现。[1]

戴高乐生于1890年逝于1970年,他的一生几乎正好与常常被人们描述(有时也被谴责)为"这个民族国家的鼎盛时期"重叠。[2]所以有一种说法认为,自从1648年《威斯特伐利亚和约》签订以来,信仰的宗教身份(以及宗教敌对)渐渐地为"民族"的世俗身份(以及世俗敌对)所取代。因此在18世纪和19世纪会出现列强统治欧洲的局面;因此会有美国作为"一个新的国家"的创立以及紧随其后南部拉丁美洲各共和国的诞生;因此孕育了法国大革命和拿破仑战争,将整个欧洲被抑制的浪漫的民族主义力量解放出来;因此缔造了贯穿整个19世纪直至第一次世界大战时达到巅峰状态的、在欧洲引人注目的"民族缔造"活动；因此诞生了《凡尔赛和约》，以"民族自治"原则为基础对欧洲进行重组；因此触发了第二次世界大战，其时，欧洲、亚洲以及北美洲众多国家重新卷入战争；因此激励了战后的去殖民化运动，在欧洲那些帝国解体后遍布全球的新的独立国家涌现出来；也因此，在戴高乐去世 20 年之后，随着苏联的土崩瓦解，东欧及亚洲地区出现（或重新出现）了许多拥有古老内涵的新兴民族国家。[3] 从这个角度来看，起初在整个欧洲直至后来整个世界各民族都日益将自己看作"民族国家"并按其形式来组建国家。其结果是，按照澳大利亚跨国史研究学家伊安·泰瑞尔（Ian Tyrrell）的观点，现代的集体人性身份虽然看起来是多元的，其实已经变成了"根本意义上的民族身份"[4]。

在戴高乐去世之后至苏联解体之间的这一段时期里，他的同胞费尔南·布罗代尔（Fernand Braudel）着手于《法兰西的特性》（*The Identity of France*）这部多卷本著作的创作，旨在挖掘、探索并颂扬一个其整部历史是"开创与重建自身过程"历史的国家。结合神秘主义、卓异主义及民族主义，通过一种挽歌式的史诗叙事方式，布罗代尔未完成的最后一卷遗作以一种戴高乐主义的风格讲述了法国民族的过去，从"久远的年代"开始，止于对维希政府的蔑视和对战时法国抵抗运动表示敬意。[5] "我一直以来坚持认为，"作者在序言中写道，"法兰西是一个将自己深深埋葬起来的民族，一个沿着自己悠久历史的轮廓线向前滑行并注定会继续向前滑行的民族，不管将来如何。"受公民义务感和长期压抑的爱国主义情感激发，布罗代尔的这项事业是他热爱法兰西的迟到的宣言，是他自己所承认的"一种强烈而复杂的激情"。而在布罗代尔撰写这段"几乎靠本能"去理解的民族的"悠久历史"时，他用人们所熟知的、对于任何集体身份的形成与表达十分重要的附加性术语来定义主题：那就是，将法国与世界对立，"将我们与其他民族相比"。有点类似一场国际比赛的体育节目解说员出于对自己国家队的偏爱而无法在众多细节上掩饰自己的情感一样。这是一部有关法兰西民族身份的历史，也是一部旨在强化其自现在与未来的自我意识的历史，因为，"要定义法兰西的过去，"布罗代尔解释道，"就是要将法国人民置于其自身的存在之中。"[6]

然而，布罗代尔对法兰西的民族身份和卓异主义用过度抒发的、充满爱意却未能完成的文字代表了一个学者晚年生活的一种努力和宣言（或者换一种说法，误导性的改弦易辙）。他曾经靠谴责和超越他此前所贬低的"每个名副其实的历史学家早已不再相信的民族历史的惯常架构"[7]而为自己赢得盛名。因受到富有创见的年鉴学者如马克·布洛赫（Marc Bloch）和吕西安·费弗尔（Lucien Febvre）的启发，布罗代尔在其职业生涯的大部分时间里都在宣称，不应该再沿着排他性的这些民族思维来撰写历史。在他最负盛名的《菲利普二世时期的地中海和地中海地区》（*The Mediterranean and the Mediterranean World in the Age of Philip* II）一书中，他就如何用一种截然不同的方法研究过去提供了一个开拓性的、精妙的例子，蓄意反对民族主义历史学家如利奥波德·冯·兰克（Leopold von Ranke）等人的"直白的传统史学史"。因为布罗代尔深信，有界限的领地、区域性的分歧以及民族国家之间琐碎的纷争实在是些过于狭隘和有限的研究领域和主题；他将其批驳为"事件的历史"，尽是些表面事件和短暂插曲的沉渣浮沫，与有关环境、气候、人口、生产和消费的更深层次的模式、趋势和发展等这些构成"人类过去的本质"[8]相比，实在是微不足道。从这个完全不同的观点来看，历史不是民族身份的虔诚婢女，而是其死敌，因为，"民族国家本身是些抽象概念而不是具体事件，不是一些完全脱节和缩影化的表现形式，其背后是一个复杂得多的整体"[9]。

费尔南·布罗代尔从一种观点转向其极端化的对立面时的那份

热忱、精力、投入和自我矛盾表明，在那个据称在《威斯特伐利亚和约》签订之后出现的世俗的列强世界里，将"民族"视作集体身份（和集体对立）方面最首要的关注点和共鸣形式的做法是既具有优点也具有缺点、既有吸引力也存在局限性的。在他更早些时候、那个勇于打破旧习的年代里，布罗代尔不但作出反应反对当时将"民族"视为历史行为和团体意识的终极单位这一普遍信念，而且表达了他对苦心孤诣地炮制出这些通常具有对抗性民族身份的那些历史学家——不管是过去和当时的——所起作用的敌视态度。[10] 的确，通过否定他所认为的狭隘的、沙文主义式的术语来分析过去，布罗代尔当时主张民族身份不是集体人类团结的唯一重要形式，甚至不一定是最重要的形式之一。然而，在他更偏向传统的人生后期，布罗代尔的确辩解称民族这一重要又古老的身份是早于 1648 年（或者是 1789 年，或者是更迟些时候）出现的。在那个时候，他似乎在暗示这个所谓民族国家和民族身份是集体联合的最重要形式，的确是所有人类历史的终点。像布罗代尔这样一位强大的、不因循守旧的历史学家晚年在所谓"民族"问题上向如此平庸而感情用事的观点转化很好地证明了将"民族"视为人类身份的超级范畴的主张是极具诱惑力的，但也为我们认清这种主张的矛盾性、局限性和模糊性提供了机会。

民族身份的起源

正如戴高乐这个例子所示，近期大部分试图定义民族身份都是围绕以历史、地理、主权和集体忠诚与敌对的语言，以及一个民族文化与民族国家的结盟为核心进行的；但也有学者设想从 18 世纪以来在欧洲兴起并迅速传遍全世界的所谓"民族缔造"（和民族对立）

来处理和描述民族身份。[11]在过去的 20 年左右的时间里,苏联解体为许多独立的民族国家这件事为民族身份的"现代主义"解读增添了新的动力,并在一些学者如本尼迪克特·安德森(Benedict Anderson)、约翰·布鲁伊利(John Breuilly)、厄内斯特·盖尔纳(Ernst Gellner)以及埃里克·霍布斯鲍姆(Eric Hobsbawm)的推动下颇具说服力和影响力。[12]他们所有人都在努力寻求用历史术语来处理这个主题,但是他们所作的研究是在一个相对有限的时间跨度内,而且因为他们对民族身份这一观念均持敌对态度,因此他们似乎将这些问题看作一种已经日落西山的近代的、转瞬即逝的现象。[13]然而,将民族视为人类身份与冲突中一种突然出现而转瞬即逝的核心概念这一做法未必正确,而且,近年来,研究中世纪和近代早期时候的历史学家坚持认为将"民族身份"仅仅与"现代性"挂钩是错误的。的确,有一位学者甚至极力主张正是"中世纪和现代之间在民族身份表述上的共性才是最基本的,它们之间的差异是边缘性的"[14]。这种观点可能有点言过其实,但是在民族身份的各个团体间的那些"基本共性"以及还有关于团体的局限性是十分值得调查研究的。

尽管戴高乐和布罗代尔相信法兰西这个民族是在模糊的"遥远的过去"开始形成的,但是历史学家一直不愿意接受这些集体身份以如此模糊的方式或者说在如此遥远的时间上进行甄别的做法。法老时代的埃及也许因具有共同的历史感和精确的领地感而很像一个民族,但是并没有与之相伴随的公共文化或集体身份感。至于古希腊人,他们共同的语言、荷马史诗以及奥林匹克运动会所体现的有限的泛希腊主义的雄心壮志,因其高度自治的各城邦国家之间互相争吵不休而终致消亡。而那些宣称苏美尔人、波斯人、腓尼基人、亚美尼亚人、巴勒斯坦人、赫梯人以及埃兰人是古代民族国家的观点,或者是对公元初一个千年里的锡兰人、日本人或朝鲜人所作的类似描述,也都同样遭到反对。[15]只有像以色列这样具有明确主权

（虽然有过争议），拥有创世纪和祖先的神话传说，对"出埃及记""征服伽南"以及与巴勒斯坦人交战问题上有着共同的历史记忆，对卓异主义与天命具有强烈的意识，将自己定义成一个反对敌对的"他者"的民族，拥有普通法和公共文化等而被认可是个古老的民族国家才有可信度。在犹太人尚未完成的历史中，上述的一切在过去和现在都是最重要的主旋律，但是这个例子也提供了"一个民族国家是什么这一问题上的一种成熟的范式"。从这个角度来看，《圣经》（在《新约》里）所涉及的不仅仅是被救赎的和被诅咒的两大集体宗教身份和宗教对立，《圣经》（在《旧约》里）也为其自成像和集体身份（和对立）提供了对于变成或成为一个民族国家十分重要的一种原型。[16]

尽管以色列人后来被数度击败，尽管耶路撒冷圣殿遭受破坏，尽管犹太人最终被驱离并散居各地，然而他们在有关创立并维持"这个初始的民族国家"问题上所作的生动而引人入胜的叙述却为罗马帝国灭亡之后中世纪基督教欧洲的民族和政权形态的走向提供了一个有影响力的圣经范例。[17]随着整个欧洲大陆新形成的各个团体出现了强烈的民族意识，以色列的例子经常被人们援引，到了13世纪不同，群体的人开始被冠以各自具体的民族身份。[18]当弗雷德里克二世于1241年写信警告欧洲其他国家皇帝注意来自蒙古人的威胁时，他列举了欧洲大陆各不同民族——或民族国家——如下一些特点：德国人"崇尚武力"；法国人是"骑士精神的孕育者与看护者"；西班牙人"好斗而勇敢"；英格兰"富饶且有舰队可依"。他还用当时已知世界的两极化表述来区分几个不同的地方："沾满血迹的爱尔兰；积极向上的威尔士；水源充足的苏格兰以及布满冰川的挪威。"这些模式化观念对于当时这些新生的民族国家的自治权和领土主权也许有言过其实之嫌，但它们足以表明，在13世纪，这些身份在统治者与其臣民之间的关系问题上以及在对邻里宣示武力之时已经成为一个重要的元素。[19]而且这种俗世的团结意识已经不仅仅局限于其统治者内部,它还是一种集体情感:中世纪各民族的人们用来表达自己对某一民族的归属感并且经常将"种族"(people)与"民族"(nation)交替使用——在拉丁语里则分别是"gens"与"natio"。[20]

这就是"中世纪的世界架构",编年史家普吕姆人列基诺(Regino of Prüm)早在公元9世纪就宣称"不同民族在血统、习俗、语言及文化上各不相同"。[21]独特性也许不像人们所认为的那样随处可见,但是在阿尔弗雷德大帝统治下的英格兰,当韦塞克斯和麦西亚成为联合王国之时,这种独特性确实存在,因为它意味着一种明显具有英国国民性的集体身份开始形成。借鉴古代以色列的先例,通过君主的推动以及人们对过去所持有的共同意识、同一种宗教和语言,以及对异教徒和掠夺成性的丹麦人的反抗,这种英国的民族团结性被人们迅速接受并普遍分享。[22]尽管1066年诺曼入侵带来了精神创伤,但是很快这种民族团结性意识就得以重申并在14世纪完全重建起来。就像阿尔弗雷德大帝从圣毕德尊者富有启发性的《英吉利教会史》(*Ecclesiastical History of the English People*)及《盎格鲁-撒克逊编年史》(*Anglo-Saxon Chronicle*)中汲取其研究成果用以推动英吉利民族身份的认同感一样,20世纪的作家们也同样借鉴这些成果以验证历史。其中包括马姆斯伯里的威廉(William of Malmesbury)、亨廷顿的亨利(Henry of Huntingdon)、纽伯格的威廉(William of Newburgh)以及杰夫雷·盖马尔(Geffrei Gaimar)等人,他们创立了一种解读过去的方法:"得意扬扬的英吉利式的和以英吉利为中心的技术处理手段。"此后的杰弗里·乔叟便效仿他们,是"第一个用英语明白无误地宣称自己的身份是民族诗人",而且此后不断有人宣称英语是该民族的自然语言。其结果是,到了14世纪早期,从未有过如此之多的英国人感觉自己是这个民族集体的一部分。[23]

彼时，在中世纪欧洲大陆，许多国家都可以看到类似于重新活跃起来的这种英格兰"集体团结"与"民族感情"意识。[24]在法国，路易六世和路易九世利用了一种日益增强的民族自觉意识。这种民族自觉意识因所谓"所有的法兰克人都是特洛伊人的后代"这一历史论断——他们伟大的民族史诗《罗兰之歌》也表达了这个观点——而得以强化。同样的情况发生在日耳曼人身上，他们许多人同属一个共同的王国（以及他们自己共同的特洛伊祖先），也同样以优秀的民族文化成就为傲。正如诗人瓦尔特·冯·德尔·弗格尔瓦伊德（Walther von der Vogelweide）在1200年左右所说的："我见过许多国家，而且我爱观察最好的国家，但德国是所有中最好的。从易北河到莱茵河，再从那里到匈牙利边界，生活着我所认识过的当然是全世界最好的人们。"[25]常常为同宗同源的神话传说所强化的、为大家所熟知为"民族"的这种"集体性格"，同样存在于中世纪的波兰和丹麦，而到了13世纪晚期，"帕特里亚"（patria）这个词已经获得了一个很明显的现代含义，不仅指代所标示出来的一个民族的版图，而且表示人们对其作为自己祖国所应有的忠诚度。[26]

如同阿尔弗雷德国王反击丹麦人一样，这些新兴的民族身份往往是在与一个好斗的敌人或"他者"冲突中形成、界定和加强的（之后而得以激增的这些民族身份不断得以锻造、界定和强化）。在英格兰，在反对威尔士和苏格兰人的历次战争中产生了最强硬的、辱虐性的及自鸣得意的作品，歌颂英格兰的民族性。"英格兰人，"一个当代作家说道，"就像天使一般总是征服者……好比猪敢去挑战勇猛的狮子似的，这些肮脏的苏格兰人居然敢去攻击英格兰。""这两个民族，"阿尔玛的红衣主教斐茨拉尔弗（Fitz Ralph of Armagh）评论道，"总是因传统的仇恨而相互角逐。爱尔兰人和苏格兰人总是英格兰人的敌人。"[27]将敌人妖魔化总是能够在自我身份认同上产生奇迹般的激励作用。在12世纪，在英格兰这一方，这种民族团结逐渐演变成具有"优越感和仇外心理"特点的结合体。[28]然而正是出于对这种狂妄与敌意的回应,1290年的伯翰条约坚持"苏格兰与英格兰是分开而独立的",并于1320年在《阿布罗斯宣言》中宣告了他们与英格兰相对立的集体身份。这份宣言是一份强有力的证明,它代表整个苏格兰民众,是作为一个民族在他们自己国王领导下具有自己的团结性和独特性。[29]

但是在一个日益允满竞争的时代里,欧洲没有哪个民族的仇恨能够与英格兰和法兰西之间的仇恨相比。在关于亨利六世统治时期的编年史里,圣德尼修道院的院长苏杰(Suger)记录了1214年国王曾经向"整个法兰西"呼吁保护法兰西不受英格兰(和德国)的侵略,并且在布汶庆祝他后来取得的胜利。内容如下:"不管是在我们今天这个时代,还是在远古时期,法兰西从来没有取得过如此显赫的成就;同样,她从来没有像今天这样靠她成员的联合力量如此光荣地宣示她威力的荣耀:她同时战胜了神圣罗马帝国和英格兰国王。"英法"百年战争"进一步巩固了这种团结的纽带,一些战役的胜利(尤其是英格兰一方获胜的克雷西、普瓦提埃、阿金库尔等战役和法兰西一边的奥尔良战役与卡斯蒂永战役)成了民族叙事发展的决定性时刻,双方各自为自己的标杆式男女英雄(各自有黑太子爱德华和英王亨利五世;圣女贞德和法王查理斯五世)添油加醋、极力渲染。但这仅仅是我们现在已熟知的范例的一种较为极端的加强版:一种不但是以一个民族特有的美德标准进行自我界定的民族身份,同时也是一种在相对关系上将负面的品性与刻板印象归于"另一方"的民族身份,必须与之对抗、战斗并彻底击败,就如历史上早些时候所展现出的那些特征一样。[30]

由于16、17及18世纪早期西欧大部分地区的皇室威权较为稳固,集体民族感情和意识似乎也相应地愈发强烈。[31]"所有民族,"德国神学家兼占星家海因里希·科尼利厄斯·阿格里帕·冯·内特斯海姆（Heinrich Cornelius Agrippa von Nettesheim）于1526年写道："都有他们自己独特的、有别于其他民族的风俗习惯。他们的话语、讲话方式、会话特点、钟爱的食物和饮料、处事的风格、爱与恨的方式或表达愤怒和怨恨的样子，以及其他各方面，都能辨别出来。"他接着用一种独特的风格列举出一些天然的特性，这不由得使我们想起300多年以前的皇帝弗雷德里克二世。通常情况下，阿格里帕·冯·内特斯海姆对自己的民族往往报以严苛的态度，但是更常见他赞颂自己的家乡。1582年英格兰的理查德·马卡斯特（Richard Mulcaster）也是这么做的。"我爱罗马，但更爱伦敦，"他写道，"我比较喜欢意大利，但我更喜欢英格兰；我崇敬拉丁，但我崇拜英格兰……我认为任何语言，不管是什么语言，都不可能比我们英格兰语言更能够用来表达所有的观点，更为切题，更令人满意。"[32]这种对抗性的民族优越感上的文化意识，与日益高涨的超然观和独特感以及天佑感相辅相成。其结果是，正如法国人克劳德·塞瑟尔（Claude Seyssel）在16世纪早期所说的那样，"所有民族和理性的人们都宁愿由自己国家和民族的人而不是外来人来管理他们，因为自己人更了解自己的习惯、法律和风俗，而且和自己有共同的语言和生活方式"[33]。

如在欧洲中世纪时期，通过将好战和掠夺成性的"他者"进行妖魔化的方式而发动的战争是点燃民族意识和身份认同感的主要形式。在女王伊丽莎白一世统治期间，英格兰的敌人不再是法国人而变成西班牙人，这位"荣光女王"在战斗中与英格兰民族打成一片，如在蒂尔伯里所发表的激动人心的演讲中，她"恶意地嘲笑"所有胆敢侵犯她国界的外国人，而在之后为人们所熟知的"迪奇雷"肖像里，这位君主站在她的一张帝国版图边上。与此同时，莎士比亚的历史剧也促成英格兰民族身份进一步得以强化：在《理查二世》里冈特的约翰就曾宣称，"君王们的这个王位，这个君王拥有的岛屿……这块受到护祐的土地，这片土壤，这是英格兰王国"；在《亨利五世》里，与戏剧同名的这位君主回顾早期与法兰西之间发生的战争时发出"上帝保佑亨利、英格兰和圣乔治！"[34]的呼声。《亨利五世》也充满了自12世纪以来就存在的反凯尔特人的刻板印象：叛变和投机的苏格兰人、饶舌的威尔士人以及烂醉如泥、野蛮残暴的爱尔兰人。[35]同样地，作为回应，西班牙人也开始感受到自己一种强烈的民族身份认同感，在"无敌舰队"时代所说的一些话很好地表达了这一点："如果西班牙的荣耀濒临险境，有什么能阻挡西班牙人去追求自己民族的声誉和荣光？"至菲利普二世统治时期，这种情感体验在西班牙人中十分普遍。[36]

1648年《威斯特伐利亚和约》签订之后催生出来的世俗列强体系下，彼此冲突的民族意识既在地理上得到广泛传播，人们也对其注入了更多的情感。从1688年开始以及在"光荣革命"之后，英法之间又发生了"第二次百年战争"——因英王威廉三世和法王路易十四之间极深的私人仇怨而引发的一连串日益加剧的广泛冲突——最后因法国大革命以及可敬的汉诺威王朝国王乔治三世与新上任的法国皇帝相互较量的拿破仑战争而告终。军事侵略助长了相互的刻板印象，法国人将英格兰人描述成粗俗、未开化、背信弃义和无法无天，而英格兰人（以及扩展到不列颠人）则认为法国人是在一个宵小的暴君统治下的一批畏缩不前、承受苛捐杂税的盘剥、专吃青蛙腿的臣仆。其结果是，一个民族主义者总会将美德宣称为是自己的，而将相应的恶行归于对方。[37]但是英法之间的这些对抗仅仅是一种蔓延到整个欧洲大陆的新动向中最强烈、最旷日持久的例子之一，因为在18世纪，普鲁士、俄罗斯和西班牙都深陷于冲突之中，而每一种冲突最终都导致了以君主本人——不管是弗雷德里克大帝、凯瑟琳大帝或者是西班牙的波旁王朝的君主们——为核心的民族身份意识的强化。[38]

毋庸置疑，从某种程度上来说，集体民族身份认同在整个欧洲中世纪及现代较早些时候只是周期性地出现在一些地方。[39]但是这些民族团结和对抗却因人们对忠诚和身份认同的一些替代性主张变得复杂化了。[40]在格列高利三世抑或英诺森三世夸夸其谈的鼓吹之下，普世教会和一些神圣罗马帝国皇帝如查理曼大帝、奥托大帝和腓特烈红胡子大帝所建立的普遍君主国，都强烈抵制新生的民族主义的对抗性主张，而在每个城镇、乡村和个人生活圈子里，普世教会的存在也超越了世俗权势或民族情感。[41]而且即使他们没能使人们产生一种强烈的集体宗教身份认同感，也很可能阻碍了一种替代性的世俗身份团结的发展。到了现代早期，这些普世主义者的主张在事实上（虽然不是理论上）已经为人们所摒弃了，但是德国神圣罗马皇帝和意大利教皇的持续存在却束缚了欧洲那些地方所有强烈的民族身份认同感的发展。

另外，虽然基督教各个不同派别和分支有时也帮助促成民族间的团结并让他们有一种受天之祐的成就感和共同命运感，如菲利浦二世统治下信奉天主教的西班牙或是汉诺威时代信奉新教的英国，但是，基督教也在从内部分裂和削弱其他民族，如在16世纪后半叶的法国，或是17世纪上半叶的匈牙利和波希米亚的哈布斯堡地区。[42]

因而，在欧洲中世纪和近代早期时候，宗教身份与民族身份之间的相互联系极为复杂而微妙，时而互相强化，时而可能互相妨碍。另外，正如神圣罗马帝国的例子所表明的，世俗国家在地理基础和权力表达方面与其说更具民族性，不如说更具有朝代性。一个极端的例子是，最高君主们将大块扩充的、复杂的领土据为己有，成为个人的封地。皇帝查理五世就是这种"复合君主制"的典范，他掌握着包括后来成为奥地利、匈牙利、西班牙、意大利、比利时和荷兰等国家的大片领地，并在美洲获得了大量急剧增长的财产，每个领地有其自己的法律、语言、文化和传统。与此类似，随后的西班牙国王、俄国和奥地利皇帝甚至是大不列颠王国国王,所有这些人都不是单一民族的国家君主。[43]在这些君主所统治的这些"复合君主国"里——有时是因为一连串的意外事件或出于联姻的必要性而匆匆拼凑起来的,或者是由于战争的胜利而得以扩大——人们对于地域的忠诚度远胜过其民族团结性,就像表面上团结的西班牙实际上长期分裂为阿拉贡王国和卡斯蒂尔王国一样。[44]而在这片领土范围的另一端,在意大利和日耳曼土国,许多大城市和小城邦直至19世纪都一直保持着独立,比如佛罗伦萨和米兰或者是汉堡和科隆。[45]

在16世纪初,欧洲有500个这样的"政治单元",而200年之后仍然还有足够多这样的政治单元,表明横跨欧洲大陆的大部分区域里,民族身份的发展从来都只是极其微弱而不均衡的。[46]几个世纪里,这些"单元"互相冲突的原因通常都是出于朝代的角逐及其王室的野心,而非因为对立的民族感情。英法"百年战争"看起来似乎是发生在法兰西与英格兰之间的冲突,但这些"民族"对峙的主流是英格兰君主对于法兰西王位的觊觎。16世纪前半叶,大部分冲突,特别是法国国王弗兰西斯一世和查尔斯五世之间的冲突,都是为了宣示或保卫个人财产及继承权而进行的。[47]即使到了18世纪,所谓"民族"冲突实际仍然是由君主之间得寸进尺的王权宣示和野心主张而导致的,如分别发生在西班牙(1701—1714年)和奥地利(1740—1748年)的王位继承之战。这些冲突本质上是国王之间的战争,而卷入其中的武装部队与其说是代表民族,倒不如说是王室的一部分。这就反过来解释了为什么一旦和平协议签订后土地与疆域就能如此容易地在各方之间易主,因为它们原本就不被当成一种更广泛、更能涵盖一切的民族团结意义上的不可分割的组成部分,而仅仅被视为交易筹码和战利品而已。[48]

即使是在"三十年战争"中,那些确定无疑的恐怖事件也仅涉及欧洲大陆上少部分参加战斗的人员或战区所在的群众。另外,从中世纪至18世纪中期,大部分欧洲人要么忙于十分不易的生计,要么在更高一点层次上,忙于"商业、旅行,以及文化或学术交流"。从这方面理解,正如布罗代尔在其《地中海世界》一书中所坚持认为的那样,人们生活的范围是有限的,内容是具体的,大抵如此,以至于任何民族所在的那些模糊的管辖区域和经常变更的边界对他们的生活很少起约束作用或带来冲击。[49]在中世纪时期(以及此后几百年里),多数人就在他们的出生地附近过完一生,因此他们很少了解那些遥远甚至极端的"民族"威信的观念。同时,意大利和德国汉萨的商人在地中海和波罗的海地区建立了广泛的贸易网点。其中多数人居住在各城邦,并乐意在任何可能找到的市场进行贸易往来。他们基本上具有世界性的眼光和行为。因而,中世纪的西方通过贸易和宗教而紧紧联系在一起,这两方面的活动削弱并超越了基于领土之上的有关民族性的任何宣示,而且这种现象贯穿于现代早期大部分时期的许多欧洲大陆地区。[50]

同样地,那时欧洲大部分地区的绝大多数人所使用的语言并非"民族"语言,而是当地及地区性的方言。不过,不管是在大学或是修道院里,在欧洲大陆基本上是用拉丁通用语进行学术活动,而在王室、城堡或贵族庄园里的日常社会与外交生活中使用的是法语。[51]与此类似,虽然乡野建筑风格因地而异,但不管是在区域性或民族性层面上,哥特式、古典式以及巴洛克建筑风格却超越政治边界而风靡各地。同样的情况也发生在音乐、绘画和文学领域。[52]即使是为王朝利益和领土野心而互相交战的君主和王子们,也对超越特殊身份或民族利益的都市性和欧洲范围内的王室亲戚归属有认同感。还有,到了18世纪,英国、法国、荷兰、葡萄牙和西班牙都已获取了大量海外领地,而那些居住在或工作于海外的人们,他们所恪守的对于本土的忠心主要集中于其"复合君主制"及其具体的君主,或是涵盖整个帝国的一个扩展版的"更大的"民族。[53]所以,尽管民族身份认同与对立在中世纪及现代早期欧洲确是有所发展,但与此后的情况相比并没有实质性的发展或者说是微不足道的。

现代民族身份

在18世纪最后20年及19世纪的头20年里,人们的民族认同感显著地增强,这一点有以下例子为证:诸如美利坚合众国的建立,1789年6月法国三级会议更名为"国民大会",以及19世纪20年代早期拉丁美洲推翻了西班牙的统治等。[54]美国将自己与英国民族(以及英国国王)划清界限;大革命和拿破仑时期的法国也是如此;而拉丁美洲各共和国则与西班牙民族(以及西班牙国王)划清界限。由此,欧洲"革命纪元"开创了"民族主义时代"(该词于18世纪90年代首创),进入了一个民族缔造与民族国家的历史时期:在北美洲与南美洲,建立起了各个新的国家,"旧的"民族国家(法国、西班牙、俄罗斯)得以巩固或演化并以新的形态(如英格兰—不列颠及奥地利—匈牙利)出现,两个新的民族国家(意大利和德国)"姗姗来迟"地团结起来,以及巴尔干各民族(希腊、阿尔巴尼亚、保加利亚、罗马尼亚)从奥斯曼帝国统治下赢得了民族独立。除西班牙与拉丁美洲各共和国以外,所有这些国家后来都卷入了第一次世界大战。随着整个参战人口超过传统有限的武装冲突以及为国家而战死成为最高理想(*dulce et decorum est pro patria mori*——为国而死,死得幸福,死得其所),数以百万人第一次出于共同的民族忠诚与民族身份感自愿投入战斗。[55]

哈佛大学历史学家查尔斯·梅尔(Charles Maier)认为民族国家的鼎盛时期始于19世纪60年代,并认为这种现象是从"领域性"这一概念中催生出来的。所谓"领域性",他指的是对"有边界性的政治空间"的控制,是为在边界内剥削利用物质资源、挥舞世俗权力的指挥棒以及培养共同的民族意识概念而建立起来的一种基本框架。[56]他认为,这种现象并不仅仅是欧洲独有的,同时也是全球性的:内战后的美国有之,1868年明治维新后的日本有之,统一后的德国以及"复兴运动"后的意大利有之,哈布斯堡帝国解体后分裂成的奥地利和匈牙利有之,而且,许多国家如加拿大、墨西哥、澳大利亚和阿根廷亦有之。梅尔认为,在19世纪后半叶,各个民族社会在全球范围内常常以一种突然而猛烈的方式被锻造或一再锻造而成。其结果是,在牺牲本土或地区性领导权威基础上,中央政府的权威得以加强;内供或外供的军事力量得以持续动员起来;金融和工业、科学界与职业界等各阶层新领导人被官方选拔吸纳并与当时仍然强大但不再具有绝对优势的缙绅阶层人士一道为其所在的社会服务;建立在煤炭和钢铁工业技术之上的基础设施建设得以发展,用于货物和人员的长途运输以及由日益增长的庞大工会所组织的劳动力队伍共同组装起来的工业成品得以大宗生产。[57]

因此,由于地理上的特异性与人类团结而产生的巧合与趋同,现代民族就这样成型了。[58]这种趋同性的一个迹象就是人们对界定边界与保卫疆界表现出了史无前例的关心:正如印度总督寇松勋爵(Lord Curzon)在1907年用他自己当初可能并没意识到的预测所说的那样:"边境确如刀锋,上面悬系着事关战争与和平、事关民族生死存亡的诸多现代问题。"[59]第二个迹象是,经过认真界定和管辖的民族边界内的那些地盘上"遍布"越来越多的地方行政区域和邮局、报纸、电报以及最后出现的电力等网络,所有这些既为日常生活也为政治权威服务。因而,这些边界内没有任何地区不在国家控制之下,从而也就相应地导致了民族领域意识的强化。其中尤其重要的是铁路,就像在美国、加拿大、俄罗斯和澳大利亚那样,不但将各民族联结起来,而且将各民族首都与那些被并入"民族领域"的各个省份更加紧密地联系起来,后者如德国、法国、西班牙和不列颠。铁路延伸到哪里,一个越发具有侵入性的民族国家的人力资源和官僚机构就跟随到哪里。这里列举的就是英国记者、评论员和《经济学人》周刊主编白芝浩(Walter Bagehot)适时提请大家注意的那场史无前例的"民族缔造"过程中所发生的行为和事实。[60]

从这个角度来看,随着地区、语言、民族、阶级及宗教团体被置于所谓的"大众的国民化"下的从属地位,作为集体效忠单位的"民族"便湮没并纳入了所有其他形式的人类身份。相应地,1870年至1914年这段时期便成为一个转变期:不但农民转变成了法国人(或是德国人、意大利人、西班牙人、俄罗斯人),而且工人、中产阶级甚至就连贵族和君主们也都转变为民族的效忠者。[61]这种民族同化借由许多机制和程序得以完成:国家资助的普及教育的发展;选举权向赤贫的男人(有时甚至是女人)的逐渐扩展;民众政治党派的兴起以及如格莱斯顿、凯沃尔和林肯等富有魅力的政治领导人的出现;俾斯麦统治时期德国的国家福利项目的实施;自19世纪70年代以来,许多国家保护性关税的强制施行;武装力量不再被视为王室私有而是整个民族所有的社会军事化过程;围绕一个世袭或经过选举的国家领导人,意在聚焦和强化民族意识和忠心而组织的一连串盛会、庆典和节日被发明和一再发明出来。其结果是,诸如德国和俄国皇帝这样的君主不但属于一个泛民族的、五湖四海的、欧洲大陆范围的社会等级,而且日益成为特定国民性的化身。[62]

G. M. 特里维廉(G. M. Trevelyan)指出,这些事态的发展致使人们空前地更"以民族性来进行思考",而且历史学家通过他们那些对新的大众阅读群体极具吸引力的畅销书,对这种史无前例的思维方式起到了推波助澜的作用,由此成就了英国的麦考利(Macaulay)和J. R. 格林(J. R. Green)(以及特里维廉),法国的米什莱(Michelet)和基佐(Guizot),美国的帕克曼(Parkman)和班克罗夫特（Bancroft）以及德国的兰克（Ranke）和蒙森（Mommsen）：每个人都撰写了历史叙事，追溯他们各自民族兴起的历史并主张其民族具有卓异性与天佑之福，因而比起经常与之交战的对手更具优越感，军事上的胜利有效地巩固了其民族意识，维护了其作为同一个民族的与众不同而长久的团结。[63]这些作家提供了经过仔细甄选的集体记忆，成为这种全新而广为共享的民族身份意识的坚强后盾。同这些出版物里所构建起来的同一民族过去的历史一道，这些民族形象、神话、周年纪念日、纪念性建筑以及从日耳曼部族首领阿米尼乌斯、英格兰国王阿尔弗雷德、法国圣女贞德到美国乔治·华盛顿等民族英雄事迹得以放大并深入人心。[64]

于是，人们普遍认为如此创建起来的民族国家是人类历史的最后阶段和人类身份的终极形态，而"世俗信仰"一词已经用于描述第一次世界大战之前的几十年里所激发出来的人们对民族国家的尊崇——对于许多人来说似乎比其他传统圣事更具吸引力，而且比以往早已消逝的任何民族感情更广为传播和更加强烈的一种信仰。[65]因为，在中世纪及现代早期曾经存在过的，尤其是存在于君主、贵族、士兵、作家和牧师之中的民族情感与身份认同，从来就很少为整个民族所认可。正如法国历史学家大卫·贝尔（David Bell）所观察到并指出的那样："不管是……黎塞留还是马札然，都从未敢想象过自己能将所有国人团结起来……并将数以百万计的人来锻造为一个单一民族国家，从语言到利益再到最深入的思想，一切都变了。"他们不曾"想象过（组建）国家教育项目……，或者是（发动）大规模的政治行动来减少地区差异，或是（制定）法律将本民族公民与外来人区分开来"[66]。然而，尽管不能否定这种观点的可信度，也不能过于强调它，因为，正如中世纪及近代早期对民族身份的认同极为有限一样，此后一段时期也是如此，即使这种民族团结比起以前更为成熟和普遍。

首先，所谓1914年的交战国各方是团结的、同质化的民族国家这一观点是经不起认真推敲的。比如，在同一语言这一问题上，人们通常认为这一问题对于任何民族身份认同来说是极为重要的。对于在意大利复兴运动中创建起来的民族国家来说，这一问题当然并不存在。"我们已经创造了意大利，"当时马西莫·阿泽利奥（Massimo d'Azeglio）已经注意到，"而现在我们必须创造出意大利人。"那时只有不到5%的人口在日常生活中使用意大利语，因此有很长的路要走。在法国，几乎有一半的学龄儿童将法语作为外语来学习，而在家里却讲另一种语言：方言和土话被广泛使用。而与其他国家接壤的地区，人们常常讲佛兰芒语、加泰罗尼亚语或日耳曼语。[67]在德国我们也可以发现类似情况，东部地区许多人将波兰语作为第一语言使用，而在阿尔萨斯和洛林地区不少人讲法语。在俄罗斯，受过教育的人讲法语，而工人和农民却广泛使用各种斯拉夫语和方言。在奥匈帝国，人们更是使用各种各样的语言，包括德语、捷克语、意大利语、匈牙利语、波兰语、克罗地亚语，以及希腊语，而且，哈布斯堡皇帝的臣民们具有多语种背景，在学校或工作期间讲一种语言，而在家里又讲另一种语言。就以一种共同语言作为重要考量标准来说，1914年各主要参战国家没有一个算得上一个名副其实的"民族国家"。除了葡萄牙或瑞典，没有几个欧洲国家是语言同质性国家。[68]

19世纪晚期，欧洲国家的势力范围及其号召人们民族团结的能力常常被夸大，因为在这些貌似单一民族国家里，许多人在所谓共同民族的生活行为与风俗习惯上有格格不入的感觉。[69]只有法国和瑞典实现了真正的男性普选权。而在1914年的英国，只有60%的成年男性拥有选举权，所有女性都被剥夺选举权，这就意味着只有不到1/3的人口在选举他们政府的过程中发挥过作用；只有这么多人参与了那些通常认为是构成民族性和民族身份极为重要属性的所谓"共同权利和义务"事务。[70]另外，这些"民族国家"中有些国家的统一问题远没有得到普遍支持。在联合王国，19世纪晚期的苏格兰、威尔士及（尤其是）爱尔兰要求独立的呼声日益高涨。建立一个统一的西班牙民族国家的设想也遭遇到巴斯克人及加泰罗尼亚人的反对，而一个统一的俄罗斯民族国家的设想也同样遭到包括芬兰人、亚美尼亚人、格鲁吉亚人以及立陶宛人的抵制。奥地利和匈牙利虽然同样效忠于哈布斯堡皇室，但在许多方面它们仍然是独立的民族国家，而且在这个帝国的捷克人、鲁塞尼亚人和克罗地亚人的民族主义情绪也在不断高涨。实际上，在19世纪晚期和20世纪早期，欧洲大部分国家是多语言、多民族国家——由各种冲突性身份组成的大杂烩，这些冲突性民族身份常常削弱了要求国家团结的呼声。[71]

确实，第一次世界大战前夕，在那些所谓的欧洲民族国家中，许多国家与近代早期的复合国家和复合君主国仍然有着极大的相似之处，前者只是在后者的基础上稍有演变而已。联合王国名义上虽然是一个统一的政体，但是，苏格兰和爱尔兰仍然保持他们各自的宗教信仰和教育体制，而那些跨越过英格兰和苏格兰边界的君主也不得不临时将他们的信仰从英国圣公会改为长老会。德意志帝国从某种层面上看是一个由一些截然不同的君主国组成的联邦国家，这些君主国具有各自独立的王室成员和立法机构，并因宗教信仰不同可进一步划分：北边通常信奉新教而南部通常信奉天主教。但是，除此之外，一部于1870年强制推行的运转不灵（以及机能失调的）帝国宪法规定：作为统治阶级的霍亨索伦家族不但是普鲁士国王，而且是德国皇帝，因此就使得在这个大帝国中，哪怕是那些加冕的领袖中也出现了互相冲突的王室家族。至于哈布斯堡王朝、罗曼诺夫王朝和奥斯曼苏丹们，他们的领地如此广漠而迥异，以至于只有各君主国实际统治者才能驾驭得了。的确，正如这些统治者的全名所示，德意志、奥匈、俄罗斯以及奥斯曼帝国根本不是单一身份的民族国家，它们只是基于领地之上的帝国，其中众多民族以不同程度的和睦与成功的方式共处一室。[72]

这类情况同样适用于更远的中国——另一个具有大片领土，囊括众多语言、民族和宗教的庞然大物。美国也是如此——外来者通过征服一个大陆并在此定居下来后创建起来的一个帝国，同时，由于美国内战后黑人获得了自由，且在1914年之前的几十年里，有数以百万计的移民从南欧、中欧和东欧蜂拥而入，这个国家变成越来越多元化的一个"大熔炉"。另外，19世纪时的一些帝国，不仅仅有陆基地帝国，还有海洋帝国，这就进一步改变并削弱了原本清晰的民族身份。法国人将其帝国看作他们民族不可分割的一部分，不管是在印度支那，抑或撒哈拉和赤道地区的非洲，或是加勒比海地区。然而，这些海外资产大大增加了其多元性的一面，而且成百倍地削弱了戴高乐或布罗代尔所说的"法兰西"特性。大英帝国辖下形成了四个自治领，但他们无法判断自己到底是英国人还是加拿大人、澳大利亚人、新西兰人，或是南非人。[73]确实，这么多帝国聚居地的存在和扩张促使一些历史学家认为，民族概念已经过时，正如约瑟夫·张伯伦（Joseph Chamberlain）1904年所说："民族小国的时代已经消失，帝国时代已经来临。"[74]兜售"祖国"这一概念也许在十年后获得足够的说服力，使得数以百万计的志愿者前往参战，但实际上第一次世界大战是帝国间的一种全球性冲突，不但跨越而且颠覆了"民族身份"的特定主张。[75]

帝国并不是19世纪时对民族凝聚力和民族身份认同造成妨碍的唯一因素，的确，以服务于民族融合和巩固领土为目的一些技术创新和进步也对其造成了强烈的抵消性作用。以铁路为例，它们确实将各民族维系在一起，但也因此不但成为和平的工具，也成为便利于交战的设施。历史学家泰勒（A.J.P.Taylor）对第一次世界大战曾经有过非常著名的描述，称其为"按时间表进行的战争"：正是通过火车将人员和物资运送到战争前线去；1918年德国人在巴黎郊外的贡比涅森林的一节火车车厢里向法国人投降，而22年后，在同样的一节机车车辆里，法国人向德国人屈膝投降。铁路也是新的国际主义和世界主义的一种载体，以一种前所未见的规模和频率穿越民族边界，在各个国家和大陆之间运送人员和物资。正是通过铁路，托马斯·库克得以带领成百上千的英国旅游者环游欧洲。正是"东方快车"将巴黎与君士坦丁堡直接连结起来。就连维多利亚女王也喜欢火车，荒唐地隐姓埋名并将自己化名为巴尔莫勒尔伯爵夫人前往欧洲各国首都、疗养中心和旅游胜地访问视察。[76]

像19世纪晚期欧洲大部分君主一样，维多利亚女王作为民族身份和帝国伟业的象征而备受尊敬，但和他们一样，她也非常清楚自己是欧洲皇室的一员。[77]皇室当时也许是民族偶像和帝国灯塔，但欧洲各皇室之间仍然互相通婚，并且始终认为自己属于泛大陆阶层，其利益与纽带超越民族边界。维多利亚女王自己几乎完全是德国血统，而她的丈夫是德国的一个小王子。她为自己孩子安排的婚姻都是跨国的，而不是在国内，其中就包括将自己的长女嫁给普鲁士的王储。在她统治的晚期，欧洲几乎没有一个皇室家庭与英国皇室没有关系，其中与德国和俄国的关系尤为亲近。[78]欧洲不少贵族都持有这种跨民族的观点：在其成长过程中，他们始终将法语作为外交和上层社会的语言；不管是在伦敦、巴黎、罗马、维也纳或是圣彼得堡生活，他们都能适应自如；他们中的许多人都因为年轻时拥有过泛欧旅行教育的经历而同样热爱意大利或希腊。像罗斯柴尔德这样的富豪家族也同样是跨国家族，他们在奥地利、德国、意大利、法国、英国都拥有金融机构，该家族各亲支之间的联系十分紧密，以至于批评者们一度认为该家族成员只效忠于财产和他们的家族，而不是任何民族国家。[79]

跨民族特征与国际主义态度并不仅仅存在于社会最高端阶层。[80]

19 世纪资产阶级意识形态中一个极为重要的因素就是对自由贸易、和平与全球和平有一种执念,这种执念超越了任何特定民族的地区性极限。于 1851 年举办的"万国工业博览会"也许可以看作英国杰出工业成就的象征,但它同时也是对共同人性、国际主义以及人类和谐的一种颂扬。[81]欧洲各厂家和商家的子嗣环游全球寻找市场,而这种全球性的人口流动涉及加泰罗尼亚人、巴斯克人、德国人、丹麦人、中国人、巴斯人、犹太人、亚美尼亚人、葡萄牙人、希腊人、荷兰人、北美人、苏格兰人及英格兰人。其结果是产生了一种全球性的贸易社区,其民族性常常十分模糊不清。这种情况并非仅限于地球的远端:在曼彻斯特和利物浦都有一个讲德语的社区,其中有一个叫作阿尔弗莱德·霍恩(Alfred Horn)的商人就曾回忆自己在圣爱德华学院学习时与来自委内瑞拉、哥伦比亚、海地、巴西以及西班牙的年轻人相互交往的情形。"我认为,"他回忆道,"让年轻的英国人与来自其他地方的伙伴们混居在一起的传统观念就是为了使其成为具有世界性视野的人,而且我们当然很快就学会了彼此的语言。"[82]而在此十几年前,马克思和恩格斯曾在《共产党宣言》里同样提到这一点:"资产阶级,由于开拓了世界市场,使一切国家的生产和消费都成为世界性的了。"其结果就是产生了一个具有"所有民族普遍相互依赖"特点的新的世界秩序。[83]

所以说,19 世纪的国际主义和帝国主义以不同的方式都在妨碍和削弱民族国家以及建立在这种领土区划基础之上的特定民族身份意识,而且民族边界越来越难以阻止我们这个时代之前的所谓全球化进程。[84]在这方面我们可以来看看北大西洋地区的情况。在这里,人员、物资、资金、生产技术以及各种观念都随着所谓"水银的流动"而"滑过民族边界"。以人口为例,它首先指的是,19 世纪 40 年代"马铃薯大饥荒"之后,大批爱尔兰天主教徒移民美国,紧接着,来自南欧和东欧的人们凭借着刚刚发明出来的蒸汽船和游轮,以创纪录般极短的时间跨过大西洋来到美国。在这些定居在美国数以百万计的移民中，有不少人与他们原先所在国家的家族保持着紧密的联系，寄钱回国，有时回家探亲，并把他们的远房亲戚一起带到美国来。其结果就是一张错综复杂而持久的横跨大西洋两岸的亲属关系网被创建起来，这张网远远超越了任何欧洲民族的界限。这种情况反过来意味着，这些新来的移民并非通常所说的"大熔炉"给人的感觉那样，他们很少能融入美国社会。[85]

这些跨民族的人口流动往往伴随着同样史无前例的跨民族的资金和物资流动，由此产生了一种在工业上相互依存的全球秩序，从伯明翰延伸到多伦多，从旧金山延伸到柏林，在这个秩序中，民族边界与民族差异似乎常常消融于此。到了19世纪晚期，访问过老欧洲与新世界那些工业发达地区的人们印象深刻的往往是这些地区明显的相似性而不是其差异性。这些地区通常是分布在含煤的矿层地带，从鲁尔区延伸到比利时和法国北部，穿过英吉利海峡到"黑乡"、曼彻斯特和克莱德河，然后穿过大西洋，直至宾夕法尼亚西部、俄亥俄州和伊利诺斯州。[86]它们形成了一种全新的大城市或者都市聚居地，越来越多的新移民来到欧洲和北美洲这些地区居住下来。比如在1890年的德国鲁尔地区，有超过1/4的矿工讲波兰语，而在20年之后安德鲁·梅隆的匹兹堡，几乎同样比例的城市人口来自在外国（即欧洲）出生的移民。[87]由于伴随而来的、致力于解决雇主与工人之间更为激烈争端的工会制的发展，有组织的劳工们也具备了前所未有的国际视野。19世纪80年代"美国劳工骑士团"（American Knights of Labor）的组织者们在英格兰中部地区极力游说，征召新人，在此后几十年里，英国和美国的兄弟代表团代表们在他们各自的年度工会聚会时不断变换地方。

同样地，当政客、教授、决策者和精英在谈到工业化和城市化产生的社会问题时，他们之间的对话也更具有国际性而非特定民族性的特点。19世纪40年代,英国首倡的工厂立法被19世纪70年代的法国和德国照搬照抄;丹麦的养老金制度经由新西兰被引进到英国。对其他民族立法制度的借用在当时是极为流行的做法,形成了一种"跨民族影响与借用的百衲被"[88]。上述情况仅仅是其中的两个例子。在一些当代社会问题上具有特定利益和专长的人们从一个民族迁移到另一个民族,也会从一个大陆迁移至另一个大陆。其中就有19世纪晚期新西兰劳工改革中的建筑师威廉·彭博·里维斯(William Pember Reeves)。1896年被迫离开新西兰政府之后,他前往伦敦并在那里加入费边社,广泛宣扬新西兰的福利政策。另一个人是英国经济记者威廉·道森(William Dawson),他于19世纪80年代被派往德国并撰写了系列丛书,将德国的福利改革介绍给英国读者。在英格兰和德国的美国进步人士和决策者们同样有着紧密的联系。所有这些人没有一个会将所谓民族视为用于处理、分析或评估当代社会问题的集体生存或集体身份的最好单位。他们用超民族和全球视野来看待问题。[89]

正如弗雷德里克·杰克森·特纳(Frederick Jackson Turner)于1891年所指出的:"各种观念、商品,甚至于对民族界限的抵制……在有着复杂商业往来及各种学术联系的现代社会里,这些都是真实存在的。"[90]其后20年,在回忆约瑟夫·张伯伦的一段话里,富兰克林·詹姆森(Franklin Jameson)也表达过同样的观点:"民族不再是当今世界的主要结构形式;跨越民族边界的各种组织机构越来越多,越来越有效。"[91]他的这句话贴切地表达了一个时代的精神。这个时代里,人们目睹了众多国际机构的诞生,其中有1860年设立的最初的欧洲共同市场,成员有英国、法国、比利时、意大利、普鲁士及奥地利;有三年后设立的并从19世纪80年代开始将总部定在瑞典的国际红十字会;还有于1865年设立的拉丁货币同盟,其成员有法国、比利时、意大利、希腊和瑞士。[92]的确,这些跨民族的举措和机构并没能阻止第一次世界大战的爆发，但他们确实提醒了我们，在19世纪的世界历史中，不是只有民族国家这一现实以及与此伴随而来的民族身份与民族仇恨，而是有更多的历史史实和思维习惯。[93]

通向后现代的民族身份？

这个带有多民族帝国和复合君主国特征、同时又有跨洋过海乃至全球性的相对不受阻碍的人员往来、货币流动、物资交换、思想交流的互联互通的世界，于1914—1918年随着四个庞大的跨民族、多语言、多种族的陆地帝国——俄罗斯、德意志、奥匈帝国及奥斯曼帝国——的失败与解体而焚毁殆尽了。正是幸存下来、同时人口组成日益多元化的陆地帝国之一的美国总统伍德罗·威尔逊坚持认为1914年前欧洲问题的根源在于帝国太多而民族国家太少。[94]因此，和平使者们的任务是应该按照"历史上既定的效忠度与民族性界限"、通过在此前帝国的废墟上创建起具有集体人类忠诚与身份的最令人信服的民族国家来重建欧洲及中东地区，在这样的民族国家里，所有的公民都讲同样的语言，都来自同一族群。威尔逊认为，在理性原则及民主理想的基础上对具有民族身份的民族国家进行更合理的调整，这样一定能让世界变得更新、更好、更稳定。[95]因此中东欧地区出现了（在有些情况下是重现）芬兰、爱沙尼亚、拉脱维亚、立陶宛、波兰、奥地利、匈牙利、捷克斯洛伐克以及南斯拉夫（在更远些的西边还会有爱尔兰自治邦），而在中东地区创建起了土耳其以及叙利亚国际联盟托管地、黎巴嫩、外约旦、伊拉克和巴勒斯坦。

此前在欧洲和中东地图上从未出现过（或再现过）如此众多的名称，但实际上这些地区的人民仍然高度混居在一起，以至于不可能以威尔逊所构想出来的那种过于简单而貌似伟大的民族自决原则去创建所谓纯粹的民族国家及与之相伴的民族身份。美国国务卿罗伯特·兰辛1919年曾经自问:"当总统谈到'民族自决'时,不知道他脑子里出现的是一个什么单位?他是指一个人种?一块领土区域,还是一个社区?"[96]这些问题问得好,是人们永远也无法提供准确的表述或令人满意的答复的问题。有时出于迫切的战略及外交考虑而不得不迁就于民族性的主张,比如德国的一些地盘落入法国和波兰之手,奥地利之于波兰、捷克斯洛伐克和意大利,匈牙利之于罗马尼亚、捷克斯洛伐克和南斯拉夫,以及当德国与奥地利之间出现的任何联盟因其违抗民族自治原则而受到明确禁止。正是出于这些理由,法国和意大利获得了(位于阿尔萨斯-洛林和南蒂罗尔地区)大量讲德语的人口,而罗马尼亚获取到特兰西瓦尼亚以及匈牙利大片领地,这致使当地居民的人口从1914年的92%下降到1920年的70%。[97]但是迄今为止,更大的障碍是那些重新建立或新近创建起来的民族国家自身也不可避免地成为多种族和多语言的国家。比如重建后的波兰容纳了超过200万的德国人以及300万的乌克兰人和白俄罗斯人;根据劳合·乔治(Lloyd George)的说法,捷克斯洛伐克是一个由捷克人、斯洛伐克人、马扎尔人、罗塞尼亚人以及日耳曼人组成的"多语种的、难于厘清的"混合体;而南斯拉夫境内居住着塞尔维亚人、克罗地亚人、斯洛文尼亚人、阿尔巴尼亚人和匈牙利人。我们可以看出,这些就是伍德罗·威尔逊大肆宣扬的"民族自决"原则的实践,作为重新划分战后欧洲边界的依据,这一原则完全不切实际,也不起作用。[98]

当奥斯曼帝国内部由于对彼时的部族团结或民族身份的低度认知而解体时,中东地区各战胜方开始着手创建新的民族国家,但情况也不尽理想。当经由达达尼尔海峡横跨欧亚大陆的土耳其独立的时候,其境内还有库尔德人和亚美尼亚人等重要少数族裔,他们曾于1920年短暂地建立起各自自治的国家,但最终还是失败了。[99]黎巴嫩、叙利亚、伊拉克、巴勒斯坦和约旦等一些新兴国家当时作为国际联盟托管地由法国和英国托管，但是他们仍然是实质上的殖民地而并非拥有共同民族团结意识或历史意识或集体身份认同感的真正意义上的独立民族国家。伊拉克——由阿拉伯人、库尔德人、逊尼派和什叶派人仓促捆绑在一起的一个国家——的首任统治者费萨尔国王很清楚地认识到这个问题：

> 这里仍然没有伊拉克人民——当我说到这里的时候，我的心是悲凉的——有的只是令人难以想象的形形色色的人类组合体，他们没有爱国思想，各种宗教传统思想和谬论大行其是，没有共同纽带，轻信邪恶，流于无政府主义，永远准备着随时起来反对任何形式的政府。[100]

在巴勒斯坦地区，情况就更不容乐观了。根据1917年的《贝尔福宣言》，英国人决定在那里建立起"一个犹太人的民族家园"，但同时却对当时本地居民的公民权和宗教特权不加干预、没有作为，其中90%的当地人是信奉伊斯兰教的阿拉伯人。[101]

这种庸人自扰的规划产生的结果是，变化很多，但又很少。在1914年以前，欧洲及中东地区的一些大陆政体与其说是一些民族国家，倒不如说是拥有众多民族、语言及宗教信仰的帝国聚合体；而在1919年之后，欧洲及中东地区的新兴国家是一些较小的政体，但由于每个政体都是多种族、多语言和多种宗教信仰组成的，这就使其很难在切实可行的身份和集体团结意识问题上有所作为。同时，由列宁创建起来的苏维埃社会主义共和国（15个）联盟以一种新的共产主义专制形式，成功地延续了沙皇帝国时代大部分多民族和多种族的传统。[102]同样，人们也不相信，所谓的民族国家缔造运动就其完成程度而言将足以解决和平问题。当初因皇室血统关系及共同防务需要而建立起的、由几个帝国所组成的那个更为简单、僵化的世界早已证明,和平如此脆弱。即使是伍德罗·威尔逊,尽管在民族自治原则上的信仰有误差,也认识到在民族自治中存在一种需要审慎对待的民族侵略危险,而他也致力于建立民族国家联盟,以期能为全球治理提供一些框架。[103]此后接替威尔逊的共和党政府也以自己的方式表现出同样国际主义的一面,就像他们在1914年以前所做的那样,寻求重建基于金本位的全球金融和贸易体系,以使货币、物资和人员得以在国家边界之间自如流动。换一种完全不同的说辞,埃格兰泰恩·杰布(Eglantyne Jebb)女士于1919年设立"救助儿童基金会"的初衷主要是想帮助缓解战后由于同盟国封锁而在中东欧广泛爆发的饥荒灾情,但从更广泛意义上来说,她的做法是"一份对于人类一体和……我们共同人性的有效声明"[104]。

因此,具有缺陷性的民族国家作为人类团结的一种救赎形式几乎从其复苏伊始就遭到人们的质疑;但是在华尔街股灾及随后而来的"大萧条"之后,这些跨民族形式的努力立即就遭到了人们的抛弃,而且人们通常认为在20世纪30年代,那个协调世界政治与经济抱负的全球性努力于事无补、无力回天的时代,外交、军事及经济上民族利益论调再次甚嚣尘上。"国际联盟"并没能制约民族侵略者们,特别是德国、意大利和日本,而随着自给自足政策和国家自立自强理念成为新的经济原则,人们在20世纪20年代辛辛苦苦重构的国际金融体系土崩瓦解。实际上,与其说是民族利益,倒不如说是帝国利益再次得以重申,第二次世界大战接踵而至的敌对行动终于酿成了又一场并非民族之间的争斗,而是由帝国发起、为帝国而战的全球性战争。不管他们那些令人振奋的民族主义说辞如何强烈,德国、意大利、日本寻求的就是如何各自在东欧、北非与远东地区扩大他们的版图。同时,英国和法国寻求保护他们在非洲的帝国利益不被墨索里尼和希特勒侵占,并想夺回他们已落入日本手里的远东殖民地。[105]战胜一方的美国和苏联得以急剧扩张，不但凭其统辖几个大洋的强大舰队成为海洋强国，而且成为大陆帝国霸主，西欧那些表面上的自由国家在金融援助及军事防卫上越来越依赖美国，而东欧的那些新兴国家成了共产主义势力范围内的附庸国。第一次世界大战表面上看起来是民族之间的冲突，实际上是帝国之间的争斗，而第二次世界大战同样是这种情况。

正像 1919 年之后欧洲和中东地区的民族与民族身份的创建出现了问题一样，1945 年之后的 30 年时间里，人们目睹了相似的情形，只不过这次时间跨度更大，覆盖地区更广，涵盖亚洲、非洲以及第三世界的任何地方。在南亚英属印度赢得了独立，并且分裂为印度和巴基斯坦；英国、法国和荷兰在远东的统治土崩瓦解；欧洲列强在非洲建立起来的帝国走向终结；加勒比海的大部分岛国和拉丁美洲的几个殖民地也获得了独立。毋庸置疑，一种后来为大家所熟悉的模式就此诞生：为自由与解放而战的当地领袖都会通过利用人们对帝国大都市及其地方总督代理人的抵制来寻求定义他们新的民族并将其追随者团结起来，并且在大部分情况下，众多前殖民地都会以大家所熟悉的、必不可少的民族自治和民族身份为由走上独立之路：其中不仅仅有国家体系和政府官僚机构，也有国旗、国歌、邮票、货币和礼仪，还有建国神话和开国之父，所有这些都将在新的雕像和国家历史中得到赞美和歌颂。[106]特别具有讽刺意味的是，这些新兴国家和后殖民地身份的模式正好与 1914 年前的几十年里欧洲民族和身份的模式一模一样，他们致力于要推翻的恰恰就是这些欧洲民族对他们的统治。

然而，正像 1919 年之后的欧洲和中东地区那样，1945 年之后，这些人为创造出来的、昙花一现般的第三世界国家的民族性几乎没有实现人们所希望看到的团结一致或者集体身份认同。英属印度被粗暴地分割了，而这种仓促的分割基本上基于（似乎很明显的）宗教信仰差异而非（表现得很不明显的）独特的民族团结。在非洲，后来变成民族边界的那些殖民地边界是欧洲列强在19世纪晚期瓜分这块大陆大部分地盘的时候就已经确定好了的。这些边界很大部分是他们随意和人为划分的，根本不顾历史惯例、当地实际情况或是部族、种族或宗教群落。比如，在英国殖民地肯尼亚，利沃夫、马萨伊、吉库尤和图尔卡纳各部落混居在一起，从种族、语言或历史等各方面来看都绝无理由将其视为一个民族国家。这也绝非一个典型案例。正如1945年阿瓦洛瓦酋长——尼日利亚一个主要民族主义者——在回忆早他一代的伊拉克国王费萨尔时的一段话中所指出的那样："尼日利亚不是一个民族国家。它只不过是一种地理上的名称而已。"（的确，尼日利亚境内有200多个种族语言群落。）因此，当非洲殖民地变成非洲民族国家时，他们并没有任何典型意义上的历史、语言或身份认同意识。如果说有，那也只是他们之前的殖民国家草率地强加到他们头上且后来由倡导独立的民族主义者们重拾起来，因为这是他们所能达成一致意见的唯一问题。[107]

意料之中的是，事实已经证明那些负责这些后殖民地国家的掌权者们想要促成民族统一或集体团结是何等艰难。想要立刻在英国殖民地上一厢情愿创建起联邦制的努力很少能获得成功：不管是在中非（北罗德西亚、南罗德西亚和尼亚萨兰）、东非（肯尼亚、乌干达和坦噶尼喀）、马来西亚（马来亚、新加坡、婆罗洲和沙捞越），还是加勒比海各岛国。上述三个地方的努力都以彻底失败而告终，而且即使是在马来西亚这个还算部分成功的案例中，其中的新加坡后来也还是独立出来了。[108]当人们本以为宗教能将一些民族维系在一起，最终却发现失败了，当人们本不认为宗教能将其他一些民族分离出去时，它却做到了。即使西巴基斯坦和东巴基斯坦的人们同样拥有伊斯兰教信仰并因此而憎恶印度教信仰占主导地位的印度，他们之间也没有什么认同感（甚至除了英语之外他们连一种共同的语言也不认同），最终还是分道扬镳，后者于 1971 年变成了一个独立的国家——孟加拉国。尼日利亚和苏丹两个国家都分裂成了信仰伊斯兰教的北部和信仰基督教的南部两个地区：在尼日利亚，原先的联邦制很快解体了，比夫拉地区有一段时间分裂出去了，而在苏丹，几十年里内战成了家常便饭，并于最近正式分裂为两半。[109] 同时，部族与种族分裂常常导致旷日持久的内战，有时甚至最终产生分裂和种族屠杀，比如在扎伊尔、斯里兰卡、柬埔寨和乌干达。

最近一轮的民族国家缔造运动也是紧随着一个帝国的瓦解而产生的，这次是苏维埃社会主义共和国联盟的解体导致华沙公约组织的终结和共产主义的没落。1989 年柏林墙倒塌以来所产生的这些民族国家作为后帝国的继承者明显地分为六类。第一类是原先在东欧就已经存在但在第二次世界大战结束以后受制于苏联而现在又重获自由与独立的那些国家，即波兰、匈牙利、罗马尼亚和保加利亚。第二类是经过重大调整和解体后而诞生的那些国家，其中有经过重构的东德（后与西德重新统一）；捷克斯洛伐克分裂之后所形成的国家（以和平的方式两分成捷克共和国和斯洛伐克）；南斯拉夫解体后的那些国家（被残忍地肢解为波斯尼亚、黑塞哥维那、塞尔维亚、黑山、斯洛文尼亚、克罗地亚和马其顿）。第三类是波罗的海地区的几个国家，这些国家建立于 1918—1919 年，在 1940 年被迫加入苏联，现在又重新获得了独立，即爱沙尼亚、拉脱维亚和立陶宛。第四类是从苏联解放出来的濒临东欧和黑海及里海地区的那些国家，即摩尔多瓦、乌克兰、白俄罗斯、亚美尼亚、格鲁吉亚及阿塞拜疆。第五类是中亚地区从苏维埃共和国独立的那些国家，即哈萨克斯坦、吉尔吉斯斯坦、塔吉克斯坦、土库曼斯坦和乌兹别克斯坦。最后一类国家就是继承苏联主要遗产的中流砥柱——俄罗斯。

这是一次极为突然而迅速的转变，那时，新一代的欧洲和亚洲领导人寻求动员其人民集体反对共产主义的统治。然而，如果将这些革命运动的动机、轨迹与结果描述成所谓民族梦想与身份的成功实现，甚至是民族政体的运转，未免又是一次过于简单的做法。实际上，始于1989年的那些巨变在许多方面并不是民族意义，而是跨民族意义上的事件，这一点从那些革命领袖和革命运动参与者之间复杂的互动与协作来看尤其如此。发生在波兰和乌克兰政治活动家之间的联系就是个例子。[110]还有一点也很清楚，民族主义兴起和共产主义没落之间的因果关系并非同向而行：在其加盟国激起民族感情、团结和身份认同而产生巨变的问题上，（西方分析家基本上没有预料到的）苏维埃权力与意志的瓦解与想要推翻苏维埃共产主义的民族主义情绪至少起了同等作用。在中亚的苏维埃各共和国之间情况显然是这样。它们原本就是20世纪20年代初一批苏维埃知识分子的人为建构体，而并非这些中亚国家人民的初衷。在这里，民族主义情绪是苏联解体的产物而非原因。[111]

的确，东欧部分地区有较为明显的民族团结情感：比如，爱沙尼亚、拉脱维亚和立陶宛当时的情况确实是这样，而且现在也还是这样。在苏联占领的几十年里，这些身份认同一直存在，并且在1989年时他们对苏联的仇恨最为强烈。[112]同样地，1956年匈牙利和1968年捷克斯洛伐克暴动的失败在当地人民心中成为民族灾难与为民族独立运动而努力的经历一致。但是，在1989年重新赢得独立的这些国家中，没有几个是在此前（比如1938年）基础上的边界内这么做的，而且当时产生的这种民族梦想与民族团结通常并不简单或直接。在波兰，他们在极大程度上是倚仗天主教会的帮助和当地出生的教皇约翰·保罗二世的支持。在苏联的中亚地区，在苏联刚刚解体的最初阶段里，更为团结的伊斯兰教的影响力要远比民族主义情绪的影响力更大。如果说有这种民族主义情绪的话，也是后来才发展起来的。[113]而在一些新兴国家如白俄罗斯和摩尔多瓦，民族身份充其量是一个概念而已，同时，格鲁吉亚和乌克兰的独立"与其说是民族自决倒不如说是出于自我保护"[114]。至于1992年捷克斯洛伐克的进一步分裂以及从1991年至1999年之间南斯拉夫惨不忍睹的四分五裂,甚至哪怕是较小的所谓民族群体,也无一不是多民族、多语言和多种宗教并存。他们所拥有的这些特征与欧洲和亚洲大部分新兴民族国家是一样的。[115]

这些新兴国家自身所存在的各种矛盾、局限性及不确定性也许可以从更宽泛的地缘政治角度解释。因为它们都是诞生于作为主权最基本单位,同时也是集体身份最核心部分的民族国家越来越遭到质疑和深陷困境之时。查尔斯·梅尔(Charles Maier)发现自从20世纪60年代以来这种趋势十分明显,而且随着有边界的自治主权这些传统观念已经被严重削弱,几十年来这种趋势变得愈发突出。[116]政治权力与普遍隶属意识在历史和地理上的巧合——他认为这两者的接合在民族国家和民族身份全盛时期是极为基本的——然而,却随着民族主权让位于一再激增的超国家机构和世界组织(包括联合国和欧盟到世界货币基金组织和世界银行)而被严重削弱了。被严重削弱的原因还有:从墨西哥到美国、从东欧到西欧,在民族边界进进出出的移民比以往任何时候都多;媒体大亨和多民族银行及跨国公司的活动已经超出国家司法或规章制度的仲裁范围;诸如气候变化和国际恐怖组织等全球性威胁需要跨国合作解决;重工业已经为各种半导体新技术及基于数字数据传输的全球经济所取代;以及信息可以在世界各地瞬间快速地传播。[117]

从这个角度来看,而且尽管民族国家和民族身份的数量在近年来以前所未有的速度在增长,几乎达到近200个,但人们普遍认为民族国家和身份与至今仍在出现的后共产主义、后殖民主义和世界一体化等现象同属当今最具威胁性的事物。我们来看看本尼迪克特·安德森此前著名的(并颇具吸引力的)观点:民族不应被视为领土主权和集体团结的永恒且精确定义的单位,而应该只可视为

"想象性的共同体"——一种涉及大量变动中的边界和主体身份的暂时的、临时性的、短命的、虚构的、永远不可能长久的团体。综合这些观点,对于19世纪末或20世纪早期欧洲的民族国家或从那时起百多年来在全球各地突然冒出的那些国家来说,没有什么东西是绝对的、千篇一律或者说永恒不变的。恰恰相反,所谓"民族"只不过是用于组织、管理和界定一大群人身份的一种短暂的、临时性的形式,这种形式是基于经过加工的无可查考的神话和杜撰出来的传统之上的事物,它并非早期那些历史学家(或后来如查尔斯·梅尔这样的学者)所乐于坚持的所谓具有同质性或坚如磐石的事物。[118]自20世纪70年代以来,许多历史学家不再像先前学者们那样去关注如何强化民族身份问题,而是着手于粉碎这些神话和削弱这些传统。这些历史学家决不奉它们为永恒的真理,而是将此前学者所主张的所谓民族及其身份和忠诚视为有争议的、会碎裂的、可辩驳的现象,而且,通过以如此怀疑的态度去研究这些此前颇为神圣的主题,他们以自己的方式在强化许多国家、民族和政府正在经历的正统性及身份认同的危机。[119]

从长远观点和全球性角度来看,很清楚的是,在近段时期,就民族国家和民族身份而言,其大部分的出现、消失、再出现得如此频繁和如此多样化,以至于人们不得不严重怀疑过去和现在关于民族性的一些论断,这些论断将其视为类似柏拉图理想论中的人类隶属关系甚至是一种卓越的和最持久的人类团结形式。[120]有些国家是多民族的庞大聚合体,如美国、中国和后共产主义国家俄罗斯,它们是以统一国家的形式出现的领土帝国。[121]有些国家是"老"的和新近出现的欧洲国家,比如英国、法国、西班牙、德国和意大利,但是它们都面临分裂主义者或是一些宗教小团体或其他尚未同化的群体或未完全统一的民族对其自身身份的严峻挑战——这些问题有时得到官方体系层面上的承认,就像法国总统萨科奇设立了"移民、融入、国民身份和共同发展部",其名称虽笨拙,却直接且耐人寻味。[122]有些是新兴或重新创建起来的国家,如在中欧和东欧地区的国家以及在俄罗斯周边的亚洲国家,其凝聚力和可持续性具有极大的不确定性。也有在中东地区人为构建起来的一些国家,一个标志性的例子就是伊拉克,其身份"是伊斯兰教徒,还是世俗主义者和军事人员,以及是突厥人还是库尔德人的争议始终存在"[123]。在非洲也有同样人为构建起来的一些国家,有些民族很少能捆绑到一块,而在亚洲的一些殖民地和拉丁美洲的一些较早的共和国也仍在竭力寻求一些集体团结的认同感。[124]还有一些国家,如加拿大、澳大利亚和新西兰这些帝国自治领,它们已经放弃了"从殖民地到民族国家"的范式,而且现在正在努力用一种全新的、更为包容的民族说辞欲将其土著纳入体系,获得了不同程度的意识和成功,等等,不一而足……

埃里克·霍布斯鲍姆于1992年说过的一段话,如今看来更正确,他说,我们生活在"这样一个世界里,在180个左右的国家中也许只有十几个国家可以理直气壮地宣称他们的国民是真正意义上名副其实的单一民族或来自单一语言群体"[125]。这样就自然产生了两个结论。其一,没有几个国家是"真正意义上符合单一民族或语言群体特点的":在1914年之前的几十年里,民族同质性与民族身份团结性很容易被夸大,而在那之后人们更是错误地这么做。我们必须承认,从来就没有存在过什么民族国家和民族身份的黄金时代,甚至——实际上特别是——在当今这个时代,世界上拥有比此前任何时候都要多得多的民族国家和民族身份,而同时也有比以往任何时候更多的国家正在经历"失败"。[126]第二个结论是,按照第一次世界大战之前在北欧与西欧初创起来的模式来看,在中东、非洲、亚洲以及东欧,新的民族国家和民族身份的大量涌现并非迟来的对世界其他地区的"奋起直追"。20世纪早期世界上的民族国家并不具备同源性,其民族身份也不具备同质性的特征,21世纪初同样是这种情形。正如已故的克利福德·格尔茨(Clifford Geertz)所正确指出的,"用我们政治图谱的传统绘图手法炮制出来的重复单位将这个世界从头至尾铺平的幻想……充其量就是一个幻想"[127]。那么,我们还能认真地认定所谓"民族"现在是(或曾经是?)集体人类身份的卓越形式吗?

什么是民族?

1882年,就是法国在普法战争中屈辱战败的第十年,戴高乐不到10岁的时候,另一个法国人,宗教学家欧内斯特·勒南(Ernest Renan)在巴黎索邦发表了一个题为《民族是什么?》的著名演讲。其间,他列举了19世纪有关民族意识和民族身份中大家所熟悉的几个定义,并对它们(除了其中之一)进行了体无完肤的批评。他一开始就指出,一个民族(nation)与一个种族(race)不是一码事,因为所有的现代民族国家(modern nations)都是多种族混居的:德国曾是日耳曼人、凯尔特人和斯拉夫人的血统,而生活在法国的人们也都是具有凯尔特人、伊比利亚人和日耳曼人血统的。接着勒南又指出,一个民族不等同于它的语言,否则的话美国从英国分裂出去,或者,南美洲的殖民地从西班牙统治中独立出去又如何解释呢?或者,反过来说,瑞士尽管有各种不同的语言,它又怎么能统一在一起?也不能将一种共同的宗教视为重要的、统一的民族基础,因为宗教边界与民族边界很少吻合或一致。至于"共同利益",一种海关同盟或者说关税同盟也并不等同于一个"祖国"或"父国"。而像由所谓"自然边界"体现出来的"地理",即许多民族国家的"居住地",是一直处于变动之中的。

驳斥了这些含混不清的有关民族意识的定义之后，勒南提出了自己的定义，其观点与后来戴高乐所拥护和宣扬的主张极为相似。他认为，一个民族首先是人们心理上的一种状态和集体意志的一种表达，那就是，从过去的历史中提取出一种共有的"记忆储蓄"，尤其是对"已经付出的牺牲"的记忆；表现在现在就是"愿意并希望继续一种共同的生活"；而展望未来，就是接受并认可像以前一样"愿意再为民族去牺牲"。[128]

在探讨五种错误的民族意识定义并加以驳斥后提出他自己的观点之前，勒南勇敢地指出，"忘记，而且我甚至敢说哪怕是历史上的错误，都是创建一个民族国家十分重要的因素，也正因此历史研究的进展经常会对民族性产生威胁"。[埃里克·霍布斯鲍姆对他这些评论的开头部分翻译得过于生硬，说成是"getting its history wrong is part of being a nation."（弄错历史是形成民族国家必不可少的过程。）][129]勒南认为，人们对民族进行定义所采用的大部分标准在历史上是没有说服力且站不住脚的，这个观点是对的，但是他认为自己给民族国家所下的定义是不会有这些问题的，这一点他是错的。对于过去的共有记忆、延续一种共同生活的愿望以及愿意为未来付出牺牲，所有这些在勒南看来是构成民族和民族身份的更为合理的要素也可能会被证明是片面的、局限性的、有选择性的及有时限性的，而且它们跟勒南自己推翻掉的"历史研究的进展"一样没有牢靠的基础。因为，从一种表现形式来看，在创建民族身份和颂扬民族意识时，历史常常就是一个心甘情愿、沆瀣一气的婢女；从另一方面来看，对于为了在一段时间里激励集体意志和维系民族团结而炮制出来的有选择性的神话、净化过的历史记忆和经过精心编辑的历史叙事来说，历史就成为不依不饶的敌人。正如迈克尔·霍华德爵士（Sir Michael Howard）所指出的，在群体身份认同上，那些令人愉快的臆想和受之天佑的叙事遭遇到历史的拷问是令人痛苦的，但它同时也是成熟和智慧的表现。对于民族团结和宗教团结,这一点同样适用。[130]

然而,像我们在此处所讨论的一切一样,宗教与民族在其特点和本质上也是有明显区别的。[131]宗教身份的魅力来自它们对普遍真理而非特定真理的主张,这一点(至少从理论上来说)对愿意皈依和信奉的每个人来说都是适用的。比如说,圣·保罗就声称基督教是包容并凌驾于所有其他次要身份之上的。"既没有犹太人也没有希腊人,"他认为,"既没有奴隶也没有自由民,既没有男人也没有女人,因为,你们在耶稣基督眼里都是一体的。"的确,基督给其十二门徒的最后使命就是"出发去教化所有的民族"[132]。相比之下,而且确实从定义上来说,一个民族从一开始就有意将所有那些没有生活在其边界的人们(偶尔还包括那些生活在其边界内的人们)从其集体中排除出去。而且这意味着对于其他大部分人来说,不管一个民族有多庞大、多富有、多强大或者多有帝国气派,其结果是它也只能容纳微不足道的人口。所以,宗教集体身份的主张是跨民族、全大陆的或者实际上是全球性的,并且一千多年来一直都这么奉行,而民族身份却更具区域性、特定性并有时空界限性。因此,这两者之间在许多方面是人类集体团结的不同形式。[133]

这些差异有助于解释为什么身份不像帽子那样一次只能戴一个,而不能同时戴几个。历史上大部分人,像今天的大部分人一样,同时拥有几种忠心、依恋和团结(宗教与民族仅仅是其中之二),而当情况需要时,上述任何一种在任何时候都可能在人们心中成为首要的东西。[134]请伊恩·特瑞尔(Ian Tyrrell)原谅我这么说,这一点意味着所谓集体身份在现在是或曾经是"最主要的民族身份"的观点绝非不证自明。只有在整个战争中那些相对最近的时期和极为罕见的某些时候,民族主张(或者至少是一些民族领袖提出的类似"民族"的主张)才变成最首要和压倒一切的身份。不管政客还是地方行政长官可能宣称一个民族的需求和迫切之事是什么，对于大部分时候的大部分人们来说，他们日常生活中的主要关注点并不是这些。的确，在每个"成熟的民族共同体"里，有一种"纵横交错的忠心"构成人们个人与集体生活的经纬线。[135]在和平时期，民族身份认同感就会消退，而其他需要效忠的团结身份、意识及行动呼声就可能显得更为迫切和更有号召力。这其中包括其他的集体身份，如阶级、性别和种族。不像宗教身份，这些集体身份所关注的是世俗的东西，也不像民族身份，其影响力——至少原则上——是全球性的。这些其他的身份形式就是我们接下去将要论述的内容。[136]

第三章　性　别

不管你是哪个种族、哪个民族、哪个地区、哪个党派或是哪个家庭，你首先是个女人。

——杰梅茵·格里尔（Germaine Greer）
《完整的女人》（*The Whole Woman*）

女性主义是来自不同地区、阶级、民族和种族背景的女性的关切点和利益的政治表达……由于不同女性有不同的需求和关切，相应地就有也必须有各种各样的女性主义……与"妇女团体"的良好愿望相反的是，并非所有女性都有相同的利益。

——玛格丽特·沃尔特斯（Margaret Walters）
《女权主义简史》（*Feminism: A Very Short Introduction*）

在1825年，即离《共产党宣言》两位作者宣称阶级是人类团结最杰出的形态之前近1/4世纪的时候，一个出身名门并受过良好教育的爱尔兰人威廉·汤普森（William Thompson）发表了一篇非常另类的辩论文章，强烈要求将另一种集体身份置于优先地位。这篇文章的题目为《人类的一半——女性——的诉求，反对人类的另一半——男性——在政治上、公民权利上及家庭地位上将女性奴隶化》

（以下简称《诉求》）(Appeal of One-Half of the Human Race, Women, Against the Pretensions of the Other Half, Men, to Retain them in Political, and Thence in Civil and Domestic Slavery)。像马克思和恩格斯一样，汤普森也拒绝接受其特权家庭背景，不过他那逐渐形成的激进主张也受一个名为安娜·苇勒（Anna Wheeler）的女人的影响。他承认安娜激发了他的灵感，而他这篇文章就是献给她的。"将你我二人的思想分开，"汤普森写道，"对我来说是不可能的，我们两人的思想是融合在一起的。"[1] 安娜·苇勒 15 岁时就已经结婚，但是在生育了 6 个孩子之后，她离开了酗酒的丈夫，去了法国并在那里加入了一个圣西门社会主义团体。1820 年，丈夫去世，安娜回到了英格兰，在那里接受激进政治观点并与威廉·汤普森相遇。同年，詹姆斯·穆勒（James Mill）发表了《论政府》(Essay on Government) 一文，其中，他极力倡导男性普选制度，但反对赋予女性选举权，因为她们全都不可避免地依赖男性，而这一点意味着她们无法形成自己独立思考的观点，也就不该有选举权；而且，由于她们的利益已经由其父亲或丈夫代言，因此没有这种必要。[2]

1825 年初，穆勒《论政府》一文再版，激起了汤普森以其《诉求》一文进行回应。[3] 针对穆勒所宣称的给予妇女选举权既不合理也无必要这一观点，汤普森在回应中直言不讳地指出，妇女之所以系统性地屈服于男性，是因为妇女在知识界和政界被不公正地排除在所有知识或政治活动和机构之外。"商务、行业、政治要事、地方事务，整个科学与艺术领域都是向团结一致、相互同情的男性开放的，"汤普森写道，"但是，由于获取知识文化的所有手段和对生活中所有真实活动事件表达自己观点乃至参与其中的机会都将（妇女）拒之门外，"她们"就像家禽家畜一样，被束缚在家里和日常琐事之中。"当已婚妇女们"被关在家里……和家禽、小猫小狗、针针线线或小说为伴的时候，她们的丈夫却在外面吃吃喝喝，享受着男人的快乐"，而在这一点上，不管她们是"这个国家里最富有的人妻还是最贫穷的人妇"，情况都是如此。[4]汤普森接着揭露政治王国里清一色的男性世界，向人们展示"独立"和"才智"是如何被男性所定义、占有并运用于对妇女的压迫之中，他还将自己独特的愤怒指向所谓"公众意见"这一时尚用语，认为这个词语根本未能体现所有人的明智和客观公正的意见，而是"男性创造与男性支持"的一种游说之词，是"压迫者们的公众意见，是人类中有利于男性的公众意见"[5]。

正如汤普森文章题目所提醒我们注意到的那样，将人类划分为男人和女人这截然不同的"两半"是自有人类以来全世界就已经存在的一种几乎普遍的现象。与此相对应的是，常常有人宣称男人和女人在生物学基础上天生就不同，也就是说他们构成了两大互不相干的性别体系，而不是体现共有身份或普遍人性。他们还进一步主张说，这些解剖学上的差异通过法律、规则、价值观、风俗习惯、社会规约以及性别文化而赋予其权力和意义，而且，这些生理上的差异和社会结构相结合的结果自然就产生了（出类拔萃的）男性统治（卑微低劣的）女性的现象。[6]不过，也有人认为男女之间的生物学差异以及他们所谓真实体现出来的关系，与两性之间解剖学上的普遍相关性和天然互补性相比是微不足道的，而离开其中一方人类就无法生存这一事实也提请全社会注意应该给予双方在道德上的平等权利。从这个完全不同的前提出发，如果将性别差异、性别等级和性别压制上的人为构想物搬除并抛开一边的话，那么很自然地，男性与女性将不再成为两大完全不同和敌对的身份，从而各自都会因此在一个更大的人类整体中充分发挥潜能。[7]

然而，自相矛盾的是，这种性别区分的普遍性实际上反而使其作为集体认同与动员基础的凝聚力与生命力受到了削弱。世界上有如此众多的男人和女人，由于他们在地理上如此分散，具体情况如此复杂多样，以至于相比较其他的身份，他们对自己作为"男人"和作为"女人"的身份意识更薄弱，也更想当然。[8]就低劣的"一半"和"第二性"而言，西蒙娜·德·波伏瓦（Simone de Beauvoir）对此有十分清楚的认识。她写到世界各地的女人时说："她们分散地生活在男人中间，出于居所、家务、经济状况及社会地位等原因，依附某些男人——父亲或丈夫——这种依附关系比起她们与其他女人的关系牢固得多。"[9]其结果是，比起在宗教、民族和阶级团结方面在某些地方和特定时期里已经构想、创建起来并通过斗争取得的身份形成、共同意识和集体斗争来说，女性方面在此等问题上并无多少建树，而在男性方面几乎不存在这些问题。采用马克思和恩格斯发明的阶级分类术语来表述的话，可以说由于人类顺其自然而被动地将其自身划分和定性为男人和女人，虽然早已存在大量的"自在"性别，却显著地缺少"自为"性别，因为很少有哪些女人曾对自己作为女人集体身份意识有过觉醒，而在男人一方，如果说有的话，也只有为数不多的人意识到这个问题。[10]

差异与劣势

"男人和女人，"《纽约时报》专栏作家莫琳·多德（Maureen Dowd）在其千禧年后的评论性文章《要男人干吗？当两性冲突时》中（*Are Men Necessary? When Sexes Collide*）写道，"比我们已知任何时候都更加不同"，并引用三个权威人物，其中每个人都坚定认为人类"两半"的决定性差异基本上是生物学的产物。第一个是她自己的母亲："女人可以站在帝国大厦的楼顶。"她在女儿31岁生日的时候警告说："向天空喊叫要与男人平等并解放出来，但是除非她们与男人有相同的身体结构，否则都是睁眼说瞎话。"第二个人是埃德加·弗·伯曼博士（Dr.Edgar F.Berman），他是美国副总统休伯特·汉弗莱（Hubert Humphrey）的私人医生，同时也是民主党国家政策委员会的一名官员。1970年，伯曼宣布他的"科学立场"，说"女人在身体上、生理上和精神上都与男人不同"。第三个人是教皇本笃十六世（Pope Benedict XVI），2004年，他作为拉辛格时宣称，女人的角色就是"以生物学名义赋予她的角色"，而且，根据天主教会的观点，贞操与母性是"她得以实现其最重大使命的两项最崇高的价值"[11]。此处也许还应该加上一个经济学教授拉里·萨默斯（Larry Summers）。他在担任哈佛大学校长时，在拉辛格枢机主教上述讲话不久之后，曾经公开质疑妇女的脑子比起男人来是否较不适宜从事科学研究。由于这不明智的想法，他被迫离开岗位，其职务后来第一次被一个女人接替。[12]

因此，家庭、医学界、宗教界（以及学术界）联合起来哀叹、宣布或者宣称（或者提出假说）男女间的差异是事物的自然之道，因为男人有阴茎、睾丸、睾酮、强健的上身以及男性头脑，而女人有子宫、卵巢、雌性激素、纤弱的上身和女性头脑。这个观点认为或暗指女人天生就是低男人一等，因此也就否定了女性与男性的共同身份。这是自西方思想诞生以来就已经存在的观点。亚里士多德常常强调男女之间的关键差异是生物学性质的，他认为女人是一种残缺不全的、不够完美和不够完整的男性版本。她们不论身体上还是心智上，都是弱小的，因此，在古希腊社会里，女人的地位很低，仅仅比奴隶好一点。亚里士多德还认为，女人的身体比男人要冷一些，又因为他将体热与生命和灵魂联系在一起，因此他总结说，女人在上述两个方面都比男人要差——这也进一步表明了女人在身体与智力上是处于劣势的。这意味着是男人而并非女人创造人类新的生命，因为是男人贡献出胚胎的形态或本质，而女人只不过贡献了孕期维持新生命所必须的子宫和营养而已。既然在身体与头脑方面都比男人差，亚里士多德认为，希腊妇女比男人少接受教育是合理的，应该强制她们接受基于他人安排的而非建立在情感基础上的婚姻；拒绝妇女们积极参与公共领域事务、使其活动范围仅限于家庭也是合理的，她们应该待在家里从事无穷无尽的家庭琐事，隔三岔五地为生物学所决定的生育活动而付出。[13]

《圣经》以一种截然不同的传统说教和语言风格同样宣称两性之间存在差异和尊卑关系，认为这是神的旨意。[14]按照《创世纪》这本书的叙述，上帝首先根据自己的形象创造了男人，只是在后来才想到从那个男人（亚当）多余的肋骨中抽出一根创造了女人（夏娃），从而在时间和身体结构上将女人锁定在第二性别和次要性别的地位上。这个生物学上的根本性差异产生了极为重大的行为后果，因为在亚当明智地拒绝了罪恶的诱惑之时，夏娃却愚蠢地听命于大毒蛇罪恶的恳求和馋人的诱惑物，吃下了分辨善恶之树的禁果，从而使所有男人和女人都沾上了原罪。在《新约》里，圣保罗指出这其中的道德寓意："亚当先被塑造出来，其次是夏娃；亚当没有被骗，但那个妇人却上当受骗并成为罪人。不过，女人若常存信心、爱心，又圣洁自守，就必在生产上得救。"这些观点和教条在男人与女人之间的本质差异问题上很自然地产生了以下几条，成为基督教布道基石的结论：不像男人，女人在思想上和身体上是弱小的；她是导致男人堕落的始作俑者和替罪羊，为此作为惩罚她必须承受生育的痛苦；为了预防她滥用没有思想的大脑、难以驾驭的本性和反复无常的性格，她必须在所有事情上服从于男人。[15]

对男人和女人的本性及排序问题上的这些传统所勾画出来的并带有神定性质的说教也得到后来一些世俗主义思想家的支持。在《爱弥儿》（*Emile*）中，让-雅克·卢梭坚持认为女性的顺从、谦恭及家庭责任感是与公共利益背后的自然法则相一致的，因为妇女比男人弱小，也没男人聪明。[16]临近18世纪末，托马斯·潘恩（Tom

Paine）颠覆性地提出废止所有世代相传的等级区别，并敦促实质性地扩大选举权，然而他却维护传统的性别等级制度，在其《常识》（*Common Sense*）一书中宣称"男性与女性是天然存在区别的"。1871年，查尔斯·达尔文在其《人类的由来》一书中持相同观点，他主张男人"与女人相比更勇敢、更好斗，精力更充沛，也更有发明天赋"，而且，与人类女性相比，男性头脑"绝对更大"。[17]弗里德里希·尼采接受类似的观点。"有关女人的一切都是个谜，"他在《查拉图斯特拉如是说》（*Also Sprach Zarathustra*）一书中写道："而解决女人所有问题只有一个办法：它的名字叫怀孕。"另外，正是西格蒙德·弗洛伊德杜撰了"解剖决定命运"这一说法，并将人类划分为"男性—主动"与"女性—被动"两大相对立的类别。在弗洛伊德看来，性生物学决定一切，并用他所谓的她们出于"嫉妒"男人阴茎而产生的"阉割情结"来解释女人是如何又是为什么被这样定义和归类的。[18]

男人与女人之间存在这些"实质性差异"的想法——这些差异总被视为解剖学上的、精神上的以及行为上的综合体——一直存在于整个20世纪直至我们当今这个时代，不管是通俗读物还是学术文章里都可以看到。在前者——通俗读物里，就有一个叫约翰·格雷（John Gray）的人，他在1992年出版的畅销书《男人来自火星，女人来自金星》（*Men Are from Mars, Women Are from Venus*），将心理自助与大众心理学混合在一起，并将"亚当和夏娃"二分法高效翻新——尽管他自己并没有明显意识到这一点——引进我们现代这个世俗的世界里。格雷描述一种基于"生物学差异"的人类性别二分法，并且认为这种分类是永恒的、不可改变。他写道，"男人和女人""理应是不同的"，似乎他们分别来自不同星球，结果是他们的"思想、感受、感观、反应、回应、爱心、需求以及品位都是不同的"。"如果你记住，"他自命不凡地总结道，"男人来自火星而女人来自金星,那么一切都可以解释了。"[19]而在上述另一类更高深层面的书籍里,剑桥大学发展心理学家西蒙·巴伦-科恩(Simon Baron-Cohen)在其《关键的区别》(*The Essential Difference*)——书名就带有提示性——一书里,也认为男人与女人的大脑由于"心智上的实质性性别差异"从根本上就是不同的,因此"男性头脑与生俱来的压倒性优势就是用于理解和创立体系",而相比之下"女性大脑在共情方面具有与生俱来的优势"[20]。尽管有大量的实验研究作为支撑,他的这个结论其实与亚当和夏娃、伊甸园以及那条大毒蛇(夏娃对它明显表现出太多的共情)的故事并无多少不同。[21]

如果这些观点是正确的话,那么按照双方不同的生物特点、大脑结构及行为方式而勾画出来的男女之间的这条分界线,比起宗教领袖在被救赎者和异教徒之间,或是政治领袖在其民族和敌人之间所划的分界线,或是马克思和恩格斯所认为的他们在19世纪中叶曼彻斯特纺织厂里看到的那些(男性)雇主和(男性)雇员之间的分界线更为离谱。对这条另类的且显然更具根本性的人类性别分界线的一种描述是,男人(不管他们的经济地位如何)首先是为从事生产的目的而设计出来的,而女人(不管其社会地位如何)是为了繁衍后代的目的而构造出来的,那么这里就存在人类之间最难以逾越的分水岭,哪怕是重新进行性别分配也无法完全在这两者之间架设起桥梁来。(荷尔蒙可以用于改变身体脂肪和头发,乳房可以增大或缩小,但是阴茎和子宫——迄今为止——还无法制造出来,就算是变性人,他们每个细胞里的 DNA 仍然"知道"自己生来是什么性别。)[22]但是,正如这种男性—女性、生产—繁衍的二分法所表明的,以及正如约翰·格雷自己都承认的那样,将男性与女性进行区分并排位的"生物学差异"并不是唯一的因素,当然也不一定是最重要的因素,因为在性别的身体差异和解剖学上的不同特点之上,还应该加上文化差异和性别的社会构想等因素。[23]

第三章 性 别

在西方世界里，影响性别的社会构想的因素包括宗教、法律、政治、教育以及就业，所有这些都与男人的特权和机会相呼应，而妇女却被有意和系统性地剥夺了这些权利和机会。另外，还应考虑诸如作为双重标准之类的社会习俗，这些社会习俗使男人可以尽情享受性自由，而女人却被要求婚前必须保持处女贞操（现在的教皇本笃十六世还是这样认为）。[24]可以反映将这个世界进行性别化排序的一个迹象是建立在"男人包含女人"（man embraces woman）前提下的无所不在的"虚假普遍主义"的语言表达，因此我们现在会用不具性别色彩的"humanity"一词来表示"人类"，而以往人们却习惯性地使用"mankind"。妇女的确被包含并合并进"mankind"这个词，但其结果是妇女完全丧失了自我（比如在"the seven ages of man"，"man the measure of all things"，"all men are created equal"或"the rights of man"这类表述中）。[25]有关系统性的男性优越论和女性低劣论之间关系的第二个方面，爱德华·吉本根据自己的观察作了很好的总结："在每个时期和每个国家，两性中较为聪明的，或者至少是较为强大的一方，不仅霸占国家权力，并使另一方囿于家庭生活的忧乐之中。"[26]因此才产生了为男人和女人而划定的"两分领域"问题上的说教和实践，部分是因为他们不同的生物功能，也因为在许多其他方面两者之间的差异被强调、构建并制度化。

尽管吉本认为将男性和女性分别划分到公共和私人生活领域的现象在"每个时期和每个国家"都存在，但许多历史学家认为工作和家庭之间的这种性别两极分化出现于特定时期（在18世纪晚期和19世纪中期之间）和世界上一些特定地区（快速工业化的西方国家），而且值得注意的是，吉本以及威廉·汤普森在这个问题上的评论其实就是从这个时期开始的。这些观点认为，在那之前，男人与女人在相对平等的条件下共同生活和工作，而且在私人生活和公众生活上都容易发生互动。但是，由于工业革命，这些秩序和关系都被扰乱了,而这就是使女人落入不利境地的一种变化。[27]因为,随着生产不再以家庭为基地而移至工厂,家庭和工作场所的物理性分离成为一种新模式,其结果就是妇女们此前所拥有的政治、职业及商业机会日益遭到剥夺,其活动范围局限于家里,沦为私人生活领域的囚徒,而男人们继续在有偿工作、社交、政治及政府等公共领域享受着不受约束的机会。[28]这种建立在更加严格的性别划分基础上的两分领域的构建在英国和美国尤其突出,而且这与重申男人和女人由于不同的解剖学特点以至于各自独立且大相径庭这一观点不谋而合。[29]

按照这种解释,在1780年和1850年之间生物学与文化结合起来,以前从未达到的程度将男人与女人区分开并让后者服从于前者。然而,这些变化并没有在英国或美国社会所有层面发生,它们仅限于既是工业革命的发起者也是其受益者的中产阶级层面。这是试图将女性纳入男性以及马克思主义者所描述的阶级形成与阶级意识的一次尝试,认为资产阶级在这个形成时期通过为男人和女人精准划定各自独立的领域与角色而塑造自己。结果是,当精力充沛、快乐无忧和怀有热切期盼的男人走出家庭进入广阔的世界里去挣钱、发明新技术、转变经济模式、修建铁路、治理国家以及发动战争之时,妇女只能不情愿地去接受日益强加给她们的一大堆家务活并且忠实地专注于妻子、母亲和家庭主妇的职责:她们是家里的天使,却是翅膀被坚实地钉牢在家中的天使。如此一来,英美中产阶级在性别和文化上被两极化的男女双方在其各自独立的两个领域里生活并以完全不同的方式行事,他们是约翰·格雷于一个半世纪后发现的那些火星男人和金星女人们的急先锋。

像爱德华·帕尔默·汤普森(E.P.Thompson)有关英国工人阶级形成的英雄编年史一样,最近一些关于工业资产阶级形成过程的论著也不该受到批判,其中描绘了来之不易的救赎,这是通过缔造共同身份和意识所产生的集体行动而实现的。从工人阶级的例子中，据说原先农业社会里那种无忧无虑的田园生活已被突如其来的可耻的工业革命毁灭，而且只有当他们开始理解自己已经沦为被剥削者和无产阶级劳工的境地时，他们才能够组织并动员起来去夺回已然失去的自由，改善他们的状况并改变这个世界。与此相类似，对于中产阶级的女性来说，她们长久以来享受着的拥有平等性别关系的田园生活也被工业革命的分裂性冲击力粉碎殆尽，而且只有当她们开始理解其作为被动、被孤立、被异化及被囚禁的妻子身份这一状况时，她们才能培养起一种性别群体团结意识。这种意识最终在维多利亚中期的女性主义论述里被表述为一种纠正错误并打破"两分领域"约束的尝试。[30]依此理解，女性主义是对家庭生活受挫与禁闭的新的统治方式的一种必要而勇猛的反动，在这种统治方式里，性与生物学、性别与文化紧密结合，使妇女更加彻底地归附于男人并将她们从公共领域里排除出去。的确，正是直接从那些处于可悲境地的劣势群体里才催生出所谓庄严而鼓舞人心的"性别压迫，姐妹情谊体验和女性主义意识"叙事[31]。也许是这样，但也可能不是这样。

一致性与平等

1967年11月7日，联合国大会发布《消除歧视妇女宣言》，在其前言中声称"人皆生而自由，其尊严及权利均各平等"，这就意味着应该做到"男女享有平等权利"。[32]针对妇女的歧视是"与人类尊严不相容的"，因为这是"充分发展妇女服务其国家与人类潜力的障碍"，而且阻止了"妇女以与男人平等的条件参与其国内政治、社会、经济与文化生活"。然而，这种参与与平等却是不容置疑的，因为"一国的充分与完全发展，世界的福利及和平大业"需要"妇女与男子同样尽量参加所有各方面的工作"。因此，前言总结道："鉴于在法律上与事实上均必须确保男女平等原则的普遍承认"。其后的十一项条款声明，针对妇女的歧视是"根本不公平且构成侵犯人格尊严的罪行"，其中呼吁废止现行阻碍妇女地位的法律与习俗，男女不论性别在教育上享有平等权利，妇女享有充分的政治和宪法权利，在民法上完全平等，以及领受与男子平等的工作待遇。这些原则和提议在1979年联合国大会上通过的《消除对妇女一切形式歧视公约》得到了重申和扩展。

对妇女及其与男人关系上的这个观点完全不同于此前西方亚里士多德或《创世纪》，或是查尔斯·达尔文或是弗洛伊德等作品中的一些基本主张。这是建立在"所有人类"本质上的一致性而非解剖学上的差异性的一种观点，是一种建立在人类天生平等基础上的观点。从这个角度出发，男女之间生物学上的差异被视为相对无关紧要的因素，两者之间的相似点与同一性远比体力差异或是阴茎与子宫、睾丸与卵巢、睾酮与雌性激素以及男性与女性头脑差异来得重要。[33]然而，两性之间共有的——而不与其他物种共享的——普遍人性并未转化为上述文件所预期的那种平等，这种现象再平常不过了。而且，男女之间在性别问题上所存在的这些毋庸置疑的不平等与差异更可能受文化因素而不是生物学因素制约。这就意味着，不像两性之间在解剖学上的差异那样，性别问题上的文化差异可以通过联合国宣言里所列举的那些措施进行消除并宣布为非法。另外，以这种方式来审视两性关系并不是20世纪人们灵光一现的一时冲动，而是自古就有其根源，类似观点一直以来都与强调男女之间具有终极性和实质性差异的观点相生相伴、齐头并进。

我们再次从古希腊开始讲起。在《理想国》第五卷里，柏拉图辩称，说妇女较为低等，并不是说这是一种建立在身体与大脑天生差异基础上的不可改变的他性的表现,而是对男女生而平等、彼此互补这一自然状态的一种歪曲。在柏拉图看来,女性的生物学特点不应该成为解决她们命运问题的方法,只是因为男性权威在教育、法律、宪法和文化等方面所做出的安排将两性分开并排序,才导致人们这么看。柏拉图坚持认为,妇女本性中没有任何东西可以阻止她们作为积极的、有为的公民参与到所有社会和政治运作中去,而且他认为人类中的一半人口只是居家履行妻子和母亲职责是一种人类资源的浪费。相反,柏拉图认为,为社会普遍利益着想,都应该让妇女们全面参与公众生活,废除核心家庭体系,以便减轻阻碍她们发展的繁琐家务,而且如果允许女性在一个更为平等的世界里接受教育、发挥才能的话,那么女性甚至可能成为哲学家-统治者。[34]

这种建立在共同人性与个人潜力之上的男女天生平等的思想,随着西方犹太基督系教义的盛行而黯然失色,但在启蒙运动和法国革命时期较为世俗化的氛围里再度复苏。在 17 世纪 70 年代,受到勒内·笛卡尔主义影响的弗朗索瓦·普兰·德·拉·巴雷(François Poulain de la Barre)提出人类大脑没有性别之分,不管是男性还是女性,即没有理由认为女性大脑天生比男性大脑低一等,这一点证实了柏拉图的说法。[35]1791 年,著名启蒙思想家孔多塞侯爵(Marquis de Condorcet),出版了《关于承认女性公民权》(*A Plea for the Citizenship of Women*)。在这本小册子里,他反对托马斯·潘恩的观点,为女性应该跟男性一样享有充分的政治权利作辩护。他的依据是人类的推理能力是普遍存在的,不因性别而异:"既然男人的权利来源于他们是感性的动物,能够获得道德观念并进行两性思考,那么,同样具备这些品质的妇女们也必须拥有平等权利。"据此,孔多塞总结道:"要么人类都没有真正的权利,要么所有人都要有同等的权利。"他所说的"所有"(all)非常清楚地包括妇女和男人。[36]同年,奥兰普·德古热(Olympe de Gouges)发表了《女权和女公民权宣言》(Declaration of the Rights of Women),再次反驳潘恩,坚持认为要让妇女加入当时完全为男性话语权所主宰的激进的政治辩论中。她向带有虚假普遍主义色彩的"man"一词提出批判性的挑战,建议使用"men and women"来代替它,并强调"妇女生而自由并有权与男人平等相处。"[37]

几乎是与此同时,英国作家玛丽·沃斯通克拉夫特(Mary Wollstonecraft)发表了《女权辩护》(A Vindication of the Rights of Woman),其中大部分内容都是对卢梭和潘恩所谓女性(与男性)的差异、低贱及依赖性是自然之道这一观点进行点对点的批驳。但是,沃斯通克拉夫特也坚持认为造成男女差异甚至所谓女性比男性低贱的原因并非来自其生物学特点,而是因男性威权的运作所产生的无处不在的社会约定(social arrangements):女人并非天生与男性不同并屈从于男性,而是人类整体的一部分,然而女人打从出生起就被教育和约束,终至异化和依附,也因此成为孤立的、独特的、次要的人类的另一半。所有这些,沃斯通克拉夫特认为,都可以也应该通过赋予女性与男性一样的教育和理性培养来改变。"引导女性履行她们独特职责的唯一办法,"她主张,"是将她们从一切桎梏中解放出来,允许她们享有人类固有的权利。"另外,沃斯通克拉夫特还提出了一个很有见地的观点,后文我们还将谈到,即允许妇女发挥她们所有的潜力,这也将有利于男人自身的完善。"让她们自由,"她提倡说,"她们将很快成为聪明与美德兼备的人,同时男人也会变得更聪明更有美德;因为,进步一定是相互促进的。""我的确真诚地希望,"沃斯通克拉夫特在其他场合写道,"社会上性别之间不再泾渭分明。"而且她确信,只要给予适当的条件和教育,这一点是有可能发生的。[38]

在内战之前的美国,还有一个例证是,男女生而平等是建立在宗教教化而非世俗观点上的——不管《创世纪》如何教导。因为,尽管基督教会教导人们说女人天生是低贱的，但也宣称所有灵魂——不管其性别为何——在主的眼里都是平等的。虽然圣保罗敦促妻子们应该"服从于你们的丈夫，因为这才符合神的旨意"，但他也主张，"不分犹太人希腊人，不分奴隶或自由民，不分男性或女性，你们在基督眼里都是一体的"[39]。在上帝眼里的这个人类"都是一体"（all one）的意思可以看作蕴含了人类在这个世界上应该共享道德平等，而对共同人性的这个信念证明了反对奴隶制度运动和美国妇女积极参与该运动的正当性。然而，基于众生——不管白人还是黑人——道德平等上的反对奴隶制度的理由很显然也同样可以延伸到男女道德平等的观点上，因为，正像平等主张战胜了外部的生物学上的肤色差异一样，同样它也超越了内部的繁殖机制差异。"这项职责方面的规定，"废奴主义者兼女性参政运动倡导者安吉莉娜·格里姆凯（Angelina Grimké）写道，"只是建立在性别情况之上而非道德主体的基本原则之上，导致有关男女美德的反基督教义中冒出了一连串五花八门的罪恶。"她的姐妹莎拉（Sarah）也持相同的观点："男人和女人，"她对《创世纪》持不同看法，并在其《关于性别平等的信函》（Letters on the Equality of the Sexes）中主张，"被创造出来时就是平等的。他们都是有道德和理性的存在物，男人可以做的，女人也同样可以"[40]。

1848年，一定程度上受到欧洲革命运动的启发，美国历史上第一次妇女权利大会在纽约的塞尼卡福尔斯（Seneca Falls）举办。在这次大会上，理性主义和宗教色彩这两大美国传统交织出现在新的"独立宣言"中，推翻了1776年原《独立宣言》版本中所含有的"虚假普遍主义"，代之以一种更为恰当和包容的语言，承认人类另"一半"的存在和对等："我们认为这些真理不言而喻，即所有的男人和女人都是生而平等的；创世主赐予他们某些不可剥夺的权利"，以及"妇女与男人平等，这是创世主的旨意，人类的至善要求她们应该得到这样的承认"[41]。但是，这种固有的平等并没有得到承认，"宣言"继续列举了一长串在法律、教育、经济、职业、政治以及风俗习惯上施与妇女的可悲的束缚，使她们在这些束缚下劳作。要对这种状况承担责任的正是男人，他们篡夺了"耶和华本尊的特权"，声称有权给予妇女"一个属于她们自己的良知、属于上帝的活动范围"。这是在男女道德平等、普遍权利和普遍人性以及他们的共有身份上所作的一个贡献，为120年后的"联合国宣言"开了先河。[42]

男女之间生而平等的有关著述不仅仅局限于美国。1869年，约翰·斯图亚特·穆勒（John Stuart Mill）——詹姆斯·穆勒（James Mill）之子，所持观点与其父完全不同，在他的《女性的屈从地位》（*The Subjection of Women*）一文中，他竭力为两性平等辩护并公开谴责一个事实——人类一半的人口由于贿赂、恫吓及法律制裁的综合运用而处于屈从地位。[43]十年之后，亨利克·易卜生（Henrik Ibsen）在其戏剧《玩偶之家》（*A Doll's House*）中也触及类似问题。在剧末，（女主人公）娜拉（Nora）离开了她钟爱的孩子们，也离开了喜欢她但将她幼儿化的丈夫。"我在这里一直是你的泥娃娃妻子，"她对他说，"就像我在家里一直是爸爸的泥娃娃孩子一样。"面对丈夫承认她的确首先是妻子和母亲为由并哀求她留下来，娜拉拒绝了。"我再也不相信这些了，"她告诉他，"我认为我首先是人——就像你一样……无论如何，我要尝试成为一个人。"[44]在马克思逝世几年之后，弗里德里希·恩格斯开始研究两性关系并得出结论，认为男人与女人之间的差异与不平等既不是生物学上的，也不是永恒不变的。相反，"一夫一妻制婚姻中的男女敌对关系的发展"是人类历史上随着私有财产、资本主义和资产阶级的产生而出现的一种特有现象。在现代社会，丈夫是资产阶级，而妻子是无产者，其意思是恩格斯所认为的早已存在于前资本主义时期的"男女之间真正的平等"只有"当两者之间的资本剥削被消灭，家庭中的私人劳动转变为公众产业"之时才有可能重新建立起来。[45]

恩格斯自然相信这种"男女之间的真正平等"只能通过无产阶级革命才能实现,但是在19世纪末20世纪初,大西洋两岸都有人提出更为温和的观点,主张两性之间在本质上的同一性和平等可以通过给予妇女投票权而得以实现,这是最高效的一种办法。妇女们,像男人一样,也是完整的人,因此,拒绝将早已赋予男人的政治和宪法权利也给予妇女的做法在本质上就是不公正的。[46]在第一次世界大战期间,持有这些观点的队伍力量得以壮大:当时数百万男人远赴战场,而待在后方家里的妇女成功地接过大量男人的工作,并因此在更现实的层面而且常常是在体力上展示她们与男人的平等。在伍德罗·威尔逊总统看来,这是一个令人信服的例子,正如他在1918年倡导将投票权扩大到妇女时向国会做出的解释:"我们所能为她们做到的最小的贡献就是使她们享有与男人平等的政治权利,因为她们已经证明了在她们参与的每个领域的工作中,她们跟男人是有平等能力的。"[47]至此,出现了一些女性主义者,她们坚称男女之间平等的伙伴关系将产生一个单一的、无所不包的"人类性别",这个性别只有在极为偶然的情况下才分为男性和女性。在这个"人类性别"的家园里,男女之间的差异与不平等最终将烟消云散,其结果,按俄罗斯出生的无政府主义者爱玛·戈德曼(Emma Goldman)的话来说,将会产生一种"真正的同伴和一体"的局面。[48]

"真正的同伴和一体"正是西蒙娜·德·波伏瓦后来认为她与让-保罗·萨特(Jean-Paul Sartre)所达到的状态:一种基于他们之间共同人性认同感上的平等关系。但是,在《第二性》里,她争辩说大部分的妇女都在获取完整人性的路上被那些将妇女当成"他者"并将其作为劣等性别而进行主宰的以男性为中心的男人们拒之门外。她所说的"完整人性"指的是创造权、发明权、一种超越单纯的生存状态,在范围不断扩大的活动中去寻找生活的意义的一种权利。

男人是绝对的人类，是定义和区分女人的参照物；她只不过是后来一时兴起的产物。然而，波伏瓦反对《圣经》以及从亚里士多德到弗洛伊德等西方一些作家，坚信解剖学不能决定命运。"女人并不是生就的，"她提出十分著名的观点，"而宁可说是逐渐形成的；任何生物学、心理学或经济学意义上的所谓定数都不能决定作为人类的女性在社会中所展现出来的形象。"[49]与社会分配和文化制约相比，解剖学意义不大，而且，不像生物学，社会和文化是可以改变的。通过重申从沃斯通克拉夫特到柏拉图的观点，波伏瓦认为由生物学特点构成的妇女的生物性别比起文化所赋予女性的社会性别要次要得多，这一富有洞见的观点对于后世的女性主义者是至关重要的。[50]

然而文化安排和社会制约已被证明是有争议的，就像据说发生在18世纪末和19世纪初的突然将男女区分为互不相干的两个部分的做法一样。[51]首先，这种观点夸大了两性在某些"失落的平等主义伊甸园"里平等共处的程度：因为两性之间早就存在一定程度的分割，而非资本主义和（或）工业社会的特有产物。同时，它也夸大了工业革命期间经济与社会变革的速度：就像以前一样，那时候男女之间关系的变化以及男性与女性之间工作模式的变化似乎是很缓慢的，几乎是经过了几百年时间而非在几十年里骤然发生的。[52]"两分领域"的解释也依附于马克思主义关于阶级形成和阶级意识的叙事，虽然这种叙事已似乎不合时宜。[53]另外，将女性的家庭属性当成中产阶级特有的现象忽略了一个事实：许多工人和贵族也赞同女性的家庭属性。实际上，用于支撑"两分领域"观点所引用的很多资料在本质上是规约性和说教性的，而非描写性和实证性的。还有一点似乎也很清楚：对男性与女性之间身体差异的重申纯属巧合，并非那么突然、那么重要。赞同这种直线式转变的观点又一次是建立在所出版的文本的狭隘基础之上的，它对于指导我们了解人类行为的实际情况是不完善的。[54]

其实，许多来自不同背景的英国和美国妇女是坚定自信、生机勃勃和颇具才干的人，她们远非那种被压制、被边缘化和被束缚在家庭里的被动的牺牲品。在18世纪末和19世纪，她们也曾作为有产阶层和生产者积极参与到逐步工业化的经济中去，并且她们还参加许多公共事业，英国反对奴隶贸易运动和美国反对奴隶制度运动只不过是其中最突出的两个典型案例而已。[55]这就很难将早期女性意识和女权主义动员运动的萌芽解释为妇女想要从"两分领域"这种意识形态和实践所体现的孤立、郁闷和束缚中解放出来所做的努力。相反，更有可能的情况是，一些相对富足且受过良好教育的妇女开始发起争取平等权利的运动，部分原因是来自女人参与公共领域的悠久传统，也因为她们自身的境遇在许多方面已经在改善，以至于有史以来第一次，两性平等的理想似乎是值得斗争的，甚至可能是胜券在握的。[56]以此观之，那些英语国家之所以出现争取平等权利的女性主义，不是因为工业革命束缚了她们并降低了她们未来的希望，使其境遇恶化，而是因为工业革命给了那些本就认为自己与男人生来就是一样的妇女更高的期望和似乎能够实现的希望：她们可能很快就能实现与男性平等。

混乱与矛盾

这就是有关威廉·汤普森的所谓人类男女"两半"问题上的两种普遍的传统看法。第一种看法将生物学差异性置于首要地位，并承认文化差异的强化作用，极力证实一种性别优于另一种性别。第二种看法贬低生物学上的差异，强调天生的共同点，倡导男女平等，但承认在性别差异及等级差别问题上的文化构建阻止了两性之间的真正平等。但是有关男女方面的这两种观点一直以来都极为混乱和矛盾。[57]比如，考虑一下男性与女性一些生物学上的决定因素这个问题。男女之间的解剖学差异真的十分重要吗？约翰·格雷的主张是它们很重要，但也有人争辩说这些"细小的性别差异"是"程度问题而非二元论问题"：男人和女人并不是来自宇宙不同地方相互独立的物种，而是来自同一个星球，即地球。[58]人类大脑真的有截然不同的男性大脑和女性大脑两个版本吗？西蒙·巴伦-科恩（Simon Baron-Cohen）曾经强调过这种"根本性的生物学差异"，但是也有人曾争辩说这又是一种肤浅的观点，因为这些"实质性差异"远不如"实质性相似"重要。[59]在上述这些问题上，所有有关男性与女性身体与大脑及其共同性与差异性的思想、著述和言论到目前为止从未有过一致意见。

这些悬而未决的疑问也导致其他同样一些令人不安的问题。比如，关于性（生物学上的）和文化（性别）在决定和界定一些人所坚信的男女巨大差异方面具有相对重要性这一点，人们从未有过共识，而且这些问题在许多不同学科内仍然众说纷纭、莫衷一是。基于"原始生物性别"之上的男女之间不可否认的解剖学上的划分是如何被人们以宗教和（或）道德平等的名义加以否定，或是如何被拓展和细化成基于他们"社会性别"之上的更为重要的文化区分与不平等性？[60]甚至连西蒙娜·德·波伏瓦都似乎对生物学与文化之间的关系感到困惑。确实，她坚称"女人并不是生就的，而宁可说是逐渐形成的"，其意是"任何生物学、心理学或经济学意义上的所谓定数都不能决定作为人类的女性在社会中所展现出来的形象"，因为文化和制约决定一切。然而，她在其他地方又说妇女"是由于其解剖学和生理学特点才成为妇女的"并认为"两性的分割是一种生物学事实"，而且她花费了大量时间详细阐述有关女性解剖学及身体功能方面许多令人不愉快的问题。实际上，在解释男人与女人如何不同以及为什么不同时，要想分清"性差异"与"性别差异"是极其困难的,而这一点已经引起心理学家梅莉莎·海恩斯(Melissa Hines)的注意,她认为"生物学与社会(或文化)等诸因素所导致的区别"是一种"假象"。[61]

到目前为止还坚持读这本书的任何读者都至少应该意识到这一点:那些认为由生物学和文化决定的男性与女性身份比任何其他集体身份都更为重要的所谓主张,充其量不过是有偏见的观点。因为,如同那些为宗教、民族和阶级代言的观点一样,这只不过是误导性的但又是广为流行的被称为"整体化"(totalizing)做法的又一个例子而已,即,认为个人在某个单一群体中的成员身份比他们任何其他集体身份,甚至是他们可能同时拥有的所有其他身份都更为重要和更具普遍性,并仅仅以此来对这些人进行描述和定义的这一习惯性做法。正如朱丽亚·T.伍德(Julia T. Wood)所公正地指出的那样,"当我们想到人的时候,我们首先或者完全只想到女人或男人",那么,其人性和身份中的所有其他方面"除了性,就都被推进后台并被实质性地抹掉",因为,"他们被不加区别地扔进两个各自分离的类别里去,其间人们只看到了人类身份的一个侧面",即生物与性别。非洲裔美国女权主义者伯妮斯·里根(Bernice Reagon)从相同的角度对杰梅茵·格里尔——本章开头的引文之一就是她的整体化观点——进行了强有力的反驳:"每次你看一个女人,你实际上是在看只有一个方面像你而也许在三个或四个其他方面跟你完全不同的一个人。"[62]

的确,从古希腊以来人们就普遍意识到,作为人和人类身份,其实还有更多的东西,而不仅仅只是一个男人或者一个女人。尽管在许多方面观点有所不同,柏拉图和亚里士多德两人都注意到,男人和女人不仅仅只有那些为性和性别所决定的身份,还具有其他身份。柏拉图的理想社会并非以男人和女人为主来进行划分,而是基本上按他们的公共功能划分为三个层面:生产者(经济上的)、卫国者(军事上的)以及守护者(政治上的),而所有这些人都依赖于奴隶这个底层阶级的供养。[63]所以,当柏拉图在表达他的希望——如果妇女们接受适当的教育,她们可能会像男人们一样有能力在最适合她们从事的任何领域里发挥作用——之时,他实际上是在主张两性之间的区别将会也应该会变成多余的和无关紧要的东西。至于亚里士多德,他除了将人类划分为独立的和不平等的男女两类以外,还将其切分为独立的和不平等的自由民与奴隶两个类别,他认为这些身份是有根本性区别的,这些区别是建立在不同的社会、经济、法律和政治处境基础上的。简而言之,柏拉图和亚里士多德都注意到导致希腊社会分级化和分层化的其他方式都大大削弱了仅以单一的、简单均质化的标准将人类分为男人和女人这种做法的根基。[64]

这就意味着,过分强调所有男人的相似性(相对于与女人的相似性)和所有女人的相似性(相对于与男人的相似性)的这种倾向性做法,忽略了每种性别内部一直以来就已存在的实质性差异。因为总是有许多同时存在的不同形式的女性类别,以不同方式展现和表现自己是一个女人,她们常常是通过与其他女人作比较而不是与那些男人相比而被定义的(比如在性取向方面);同样的道理,总是有许多不同形式的男性类别,以不同方式展现和表现自己是一个男人,他们同样常常是通过与其他男人作比较而不是与那些女人相比而被定义的(也比如在性取向方面)。[65]简单地说,既有多种多样的女性形式,也有形形色色的男性模式,这一点意味着——正如历史学家亚历山大·谢帕德(Alexandra Shepard)所注意到的——我们必须理解"性别身份的多样性本质",它是大大"超越对男人和女人的二元对立的。……要完全分辨任何社会里性别运作的复杂性,我们必须既要清楚地看到两性各自内部的性别差异,也要清楚地看到两性之间的那些性别差异"。我们必须知道,尽管有《圣经》或托马斯·潘恩或者约翰·格雷之类的主张，性别并非只有绝对的男性—女性二分法。[66]

两性内部的这些差异在中世纪的男人和女人中有很清楚的记录。在一篇经典短文中，艾琳·鲍尔（Eileen Power）辩称说，所有的中世纪妇女都是"基督徒的妻子"，但是她也承认她们按阶级和地理位置被划分为封建仕女、城镇女人或乡下妇女，并且还用许多其他方式将她们进行区分。比如，按她们的婚姻状况所经历的变化方式区分：有些人一生都是单身女性身份，有些人早婚以至于她们的成年生活都是作为妻子度过的，有些人早早就失去了丈夫以至于大半生受制于寡妇身份，而有些人则在这三个阶段中缓慢度过一生。宗教情况下也分为很多种身份，并不仅仅只有基督徒、穆斯林和犹太教徒身份，还有在俗女教徒、公开承认的修女、虔诚的神秘主义者、真正的信徒或是异教徒。法律地位状况也将人们深深地切割开来，将自由民与农奴、农奴与奴隶各自区分开来。还有在民族、地域以及性取向上都有区分。[67]同样，在涉及中世纪男人的不同性别化的身份和多重男性身份问题上，情况也是如此，而且将他们进行区分的许多标准跟那些妇女们的情况一样，围绕着相同的一些轴线，即年龄、阶级、婚姻状况、宗教、法律地位、民族、区域性以及性取向。一个年长的、爱好和平的独身主义僧侣与一个年轻的、好斗的同时也是猎色狂魔的士兵相比，是极为不同的一种男性类别。所有这些都使形形色色的男性和女性呈现出一种令人眼花缭乱的阵列，这种现象常常与大部分中世纪作者所坚持的单一的、神定的两性之间的极化形成鲜明对比。[68]

同样模糊不清的情况也存在于现代早期时候，其间那些明显的、壁垒森严的男人与女人的类别界限被年龄、婚姻状况、物质资源、宗教信念、法律地位、语言、区域性和性取向等竞争性差异不断打破、搅乱、覆盖和削弱；而且，不同的行为模式又进一步将其复杂化，因为人们用许许多多方式打扮成或表现为一个现代早期的男人或女人。至18世纪末，修女、神秘主义者和女巫的数量比16世纪初变少了，而女教师、女作家和家庭女教师的数量在增加。还有情妇、妓女和未婚妈妈以及虔诚的福音派女教徒。[69]同样，现代早期男性也有许多典型，从年轻人的不守规矩到老年人的依赖性等不一而足。有些人通过有意识地表现出强壮、勇敢、谨慎和理性以及信奉某种合适的宗教信仰、选择合适的工作和妻子来展示自己男性的一面，而另一些人却是通过自我放纵、放荡不羁、挥金如土、酗酒、目无法纪甚至滥施暴力等方式来展示。男性身份与女性身份的社会实践因此显得"极其多样化"，以现代早期性别身份体现出的多重性方式打破了严格的男性-女性二分法。[70]

到了19世纪，两性之间所谓的极化局面在都市化和工业化的冲击下再次被打破。比如，不再是所有男人都去从事生产而所有的女人都去繁衍后代。许多工人阶级的男人们在经济低迷时经常失去工作，或者只是偶尔从事劳动，要么就是由于疾病、受伤或年老而不再适合工作。大部分中产阶级的男人们，不管是经商还是成为专业人士，他们并没有生产出任何东西，而许多上流人士和贵族并没有从事手工劳动。相比之下，许多妇女不但生儿育女，她们还有工作，甚至加入工会组织，而有些妇女一如既往地无法生育或没有生育孩子。同样，19世纪我们也没有出现所谓的占支配地位的资产阶级男性特质能够最终代表整个男性群体。有些中产阶级男人确实是有事业心、有个人主义精神和宗教信仰，但绝不是他们所有人都这样。另一方面，通常被人们视为维多利亚中产阶级男性所特有的"强烈的社会责任感、目标感和努力工作的决心"，也存在于所有阶级中，无论男女。这意味着，我们当然有理由质疑是否"性别身份已经战胜了阶级身份，成为社会身份的基础"。[71]实际上，这两种身份都并非普遍存在——尽管这并不能阻止后来的一些女性主义者如杰梅茵·格里尔仍然拥抱这种观点。[72]

这些对于将人类实质性地区分为两大性别身份来说极为重要的诸多限制条件，使人们对那些建立在"这就是一直以来的情况并且现在仍然是这样"的假想基础之上所作的众多解释产生严重怀疑。[73]人们所认为的无处不在的男女极化现象只要经过更为仔细的审视就会发现绝非如此，实际上男人和女人一直以来的生活方式至少是一半割裂一半抱团的，一半将两性团结起来，一半使他们互为对立的情况。因此，一点也不意外的是，遍布全球数十亿的男人和女人们就绝大部分而言从未对自己作为男性和女性有过敏锐而积极的自觉性，具体表现就是他们在生物学和文化上的性和性别是"自在的"身份，却没有赋予其活力并动员起来使之成为"自为的"身份。[74]正如西蒙娜·德·波伏瓦所指出的，妇女们缺乏"具体的措施将自己组织成为一个整体，能够直面另一个紧密相关的群体（她指的是男人）"，因为她们没有"工作和利益上的团结身份"，而这种团结身份本可能为她们提供一种共同和共享的经验，从而帮助她们获得一种身份认同感。[75]只有在"某些时候"，正如琼·斯科特（Joan Scott）所注意到的，"'妇女们'团结起来才成为一个身份群体"。"妇女的身份，"她接着说，"与其说是一种不言而喻的历史事实，不如说是——从某个特定历史时期来看——某个人或某个群体努力去界定并以此组织成一个集体的证据。"[76]

还有一个障碍影响了将妇女成功地组织成一个群体，那就是所谓的"差异与平等"困境。[77]因为，如果说关于妇女的首要推定是妇女与男人有本质区别的话，那么她们的特殊需求是什么，应该如何认识到这些需求，以及应该如何满足她们的需求？然而，如果首要前提是妇女与男人并没有什么显著差异的话，那么作为道德上与男人平等的人类，她们该如何着手去界定并获取平等权？这是她们的共同权利，也应该成为她们的共享财富。在过去的一个半世纪里，妇女运动一直在她们共同的历史和身份、动员策略以及集体抱负等问题上所选择的两条相互排斥的途径之间摇摆不定。[78]同时，另外一些女权主义者已经找到另一条解决当前困境的途径。她们倡导有必要既承认男女差异，同时也争取到两者之间的平等地位，以期实现一种既将更加幸福也更加有成就感的妇女，同时也可能将同样的男人一起包容进去的新型的共同人性。[79]

女权主义者所面对的"差异与平等"困境也迫使她们在如何实现这两种目标上所采取的策略之间做出选择。被组织和鼓动起来而成为具有自我觉醒和自我意识的妇女应该是改革者还是革命者？她们应该去寻求与男人合作从而实现其目标，还是要保留自己的性别团结并单独行动？妇女们是愿意在男人们的帮助下逐步地、渐进式地获取利益，还是应该寻求通过一次性的、英勇的和自力更生的努力去推翻男权政治，从而建立起女性主义乌托邦？她们是想在男人已经享有的利益里分一杯羹，还是想要只有通过创建一个崭新的后性别化世界才能取得的真正解放？妇女们是想要通过更多地参与到资本主义工作中而使其变得更好，还是更偏爱以投身社会主义的女性主义名义去推翻它？她们愿意加入男性资产阶级，还是将自己视为竭力要消灭它的女性无产阶级革命者？对她们来说，是贝蒂·弗里丹（Betty Friedan）著述里的合作主义观点，还是杰梅茵·格里尔的颠覆性论述可以为她们提供更好的灵感？[80]还有一个问题更有力地揭示了女权主义运动的模糊性：除了西方中产阶级里那些受过良好教育和生活优裕的女性之外，世界其他地方还有多少妇女跟她们一样与这些问题有着直接和实际的关联性？有谁会出来为她们代言或为全体女性代言？[81]

意识提升与动员

被动员起来改善妇女地位并表达集体身份的妇女运动的历史还不到150年的时间。确实,早期历史上偶尔也会有一些小插曲,其时有些妇女负责过一些公共事务并因其特定的性和性别需求而被组织起来。在古希腊,根据阿里斯托芬(Aristophanes)的戏剧《吕西斯忒拉忒》(Lysistrata),妇女被组织起来拒绝与她们的丈夫和情人发生性关系,以迫使他们停止在伯罗奔尼撒战争中的战斗;而在古罗马,根据李维(Livy)和普鲁塔克(Plutarch),萨宾妇女曾试图阻止罗马男人和萨宾男人互相残杀。妇女后来也曾经参与过欧洲现代早期时候的一些骚乱,但她们主要是为了食物,而且是与男人团结合作,并不特别关注妇女问题或妇女权利。直至法国革命时期,同时也部分受诸如奥兰普·德古热(Olympe de Gouges)等作家启发,才有了一群带着明确的女性主义议程的妇女发起的一场仓促的政治运动。她们寻求妇女或者说是一小部分妇女能够有更多机会参与政治。然而,她们内部也产生分裂;她们也说出平等之类的语言却将其与生物学差异的意识搅混在一起;她们的运动持续时间不长,而且在短期内一无所获。[82]

自那以后,妇女的集体动员实际上只局限于西方世界,通常出现在工业化、城市化和发达国家,在那里,已婚和受过良好教育的女性已经成为一支重要的劳动力量,而且力图为自己进一步发声,并对此有了更高的期待。[83]在19世纪末和20世纪初达到巅峰状态的,发生在美国、澳大利亚和新西兰以及欧洲许多信奉新教地区的所谓第一波女权主义基本上属于改良派,主要(而不是完全)关注的是赢取法律和政治权利。[84]在一个能够投票的男性比以往任何时候都多的时代里,将选举权扩展到妇女层面不但本身是一件十分重要的事情,而且被认为是进一步进行改革的必要前提。19 世纪最后 25 年里出现了更多向妇女开放的受教育和就业机会,许多为选举权而参加运动的妇女们都从中获益,而且她们在以前所未有的规模组织起来。1897 年,英格兰有五十几个运动团体联合起来组成"全国女性参政运动社团联盟"(National Union of Women's Suffrage Societies)。在法国,所有妇女团体团结起来组成一个女权主义理事会,其成员从 1901 年的 21000 人至 1914 年增加到将近 10 万人。次年,在 1890 年就通过合并两个敌对组织而成立起来的美国全国妇女选举权协会(National Woman Suffrage Association),号称其成员高达 200 万人。[85]

这些是庞大的国家组织机构,而下一步是创建国际妇女参政团体。1888 年《塞尼卡·福尔斯宣言》(Seneca Falls Declaration)发布四十周年庆典之际在美国成立了"国际妇女理事会"(The International Council of Women);1904 年在柏林成立了一个协调性和决策性的团体——"国际妇女参政联盟"(International Women's Suffrage Alliance)——旨在推动国家各组织机构共同努力与合作。[86]这是因为,就像妇女参政运动既要聚焦国内关注点,但也要有国际规模一样,因而妇女争取选举权的胜利同样既需要国家立法,也需要有相应的国际模式的制约。妇女争取选举权的胜利始于 19 世纪末的澳大利亚和新西兰,最后蔓延到第一次世界大战之后大西洋两岸的一些国家。在所有的西方国家里,新西兰在 1893 年成为第一个授予妇女投票权的国家,随后澳大利亚联邦于 1901 年建国之初也将投票权授予妇女(虽然不包括土著居民)。在欧洲,芬兰于 1909 年率先授予妇女完全选举权,而其他的斯堪的纳维亚国家紧随其后:挪威于 1913 年,丹麦和爱尔兰是在 1915 年,而瑞典则是在 1912 年。到那时,英国和美国,以及在战前德国、俄国和奥匈帝国的废墟上新建起来的许多中欧国家中，妇女已经获得了投票权。[87]

　　这是一项了不起的成就，被动员起来而产生性别意识的妇女人数众多、史无前例，但是也有严重的局限性和限制性条件。领导妇女参政运动的那些人只是所有妇女当中的极少数，她们常常在将要提出什么样的立场问题上意见不一，因为她们发现自己——第一次但不是最后一次——在"差异困境"的问题上进退两难。有些妇女参政主义者组织争取投票权的运动是基于这样的立场：妇女与男人完全相同并且在所有方面都与之平等，所以赋予妇女选举权是天经地义和自然公正的事情。但是其他人却争辩说妇女与男人平等而且决不比他们低劣一等的同时，两者又有其差异，而正是这种差异使她们有能力为国家的政治生活做出独特而应有的贡献。在美国，男女平等权利的观念从塞尼卡·福尔斯大会以来就一直十分活跃，但到了1900年代，妇女的独特品质不断被强调，就像一个妇女运动领导人所说的："极具女性气质的妇女，给这个国家打上了我们本性中的女性气质的印记。"[88]在英国，赞同男女差异的观点更为盛行，大部分妇女参政运动的支持者都在强调妇女在政治文化上将会做出特殊的贡献，认为她们热爱家庭的特性有助于软化威斯敏斯特过于刚烈的男性世界；她们比男人更有道德感，将会提升政治的主旨与基调；而且她们对妇女、儿童和穷人的福利十分关切，将会把这些问题提交议会。[89]

　　妇女运动的领导者还在其他一些方面无法达成一致意见。比如，选举权应该给单身、有产阶级妇女（基本上指寡妇和老处女）还是给所有妇女，不管是已婚还是未婚，有产者还是无产者？获取选举权的手段应该是渐进的、改良的、平和的，并和男人合作，还是激进的、好战的、不合作主义的、博取公众注意的、颠覆性的甚至是暴力的（英国女权主义者就属于第二种情况）？[90]还有一些意见分歧涉及投入程度、婚姻状况、政党取向、宗教、区域、就业、阶级与种族。[91]比起单身女人和没有孩子的妇女，有家庭事务和抚育孩子任务的已婚妇女抽不出那么多时间。许多参加女权运动的人是自由主义者，但令人预想不到的是也有很多有保守主义倾向的女性主义者以及被吸引到当时正在欧洲大部分地区广泛发展的各种社会主义政党里的激进主义者。[92]另外，许多区域性的女权主义组织与它们的国内总部只有松散的联系，并且常常只是围绕宗教或行业团体组织起来的。在英国，一些大工业城市——如曼彻斯特——的女权主义者往往比在伦敦的女权主义者更为激进，而在美国也发生过类似情形。亨利·詹姆斯（Henry James）所在的波士顿的女权主义者就比伊迪丝·华顿（Edith Wharton）所在的纽约的女权主义者更为保守。包括贵族和财阀阶层女士、拥有大学文凭的中产阶级妇女以及工人阶级妇女在内的跨阶级联盟，总是有固有的不稳定性，而在美国、澳大利亚和新西兰还存在一个棘手的问题，那就是该不该将选举权给予有色人种的妇女。

但问题并不仅仅是女权运动者内部出现了分裂现象，因为尽管她们常常宣称在推动整个女性事业的发展，但她们却不太可能为所有的妇女代言。有些坚定的女性主义者认为，获得选举权并不是最重要的事情，她们更偏向于关注实质性而非她们所认为的象征性的问题，特别是改革离婚法律（这些法律在财产、程序及孩子监护权方面严重向男性倾斜）或者是废除有关性传播疾病的立法（因为她们明确指出妇女性从属地位与政治从属之间的联系）。[93]有些妇女反对将选举权给予她们自己一方的任何成员，这其中有维多利亚女王，她认为女权运动的整个事业是"疯狂的、邪恶的蠢事"；有小说家汉弗莱·沃德夫人（Mrs. Humphry Ward），她发表的《反对妇女参政权的呼吁》（*An Appeal Against Female Suffrage*）有许多地位显要的妇女在上面签字；还有大量信奉天主教的妇女，这就使人看清了为什么女权运动在非新教国家声势很弱，如法国、西班牙和意大利等。[94]

还有工人阶级妇女，她们经常觉得自己得到受过大学教育的中产阶级女权主义者的庇护，因而更加专注于她们所在阶级而不是其性别集体的境遇的改善。她们宁愿为工人阶级男性（通常还没有获得选举权）而不是为生活舒适优裕的妇女争取选举权，或者宁愿为提高薪酬、改善劳动条件而努力。[95]

还有忠心于国际性别身份与忠心于包含两性在内的国内团结身份的两种互不相容的主张。作为一场全球性的运动，"第一波"女权主义远远谈不上有凝聚力；它被分割为温和的"国际委员会"（International Council）和较为激进的"女权运动联盟"（Suffrage Alliance）；其各种代表大会和其他会议仅仅表达了最模糊的目标；而且最终证明，关于民族的强有力主张更有吸引力。当第一次世界大战爆发时，大多数女权主义者宣誓效忠于她们的祖国；即使是最坚定的英国女权主义者，也因为这场冲突持续太久而放弃了她们那些颠覆性的运动。的确，有一小部分人更喜欢全球性反战主义而不欢迎民族主义者的好战行为，她们于1915年4月聚集在海牙召开的"国际妇女大会"（International Congress of Women），试图说服各股好战的男性力量停止战争，但她们没有成功。[96]这个时候，第一波女权主义早已风光不再，而许多国家在1918年至1920年间同意授予妇女投票权使这场运动彻底平息了下来。现在看来，没有什么证据显示那些年间将投票权如此广泛地授予妇女是女性主义游说的结果，更可能的原因是第一次世界大战以后，欧洲大部分地区需要重建或者是为了支持在美国日益处于困境的盎格鲁-撒克逊中产阶级白人。但是，自那以后，给予妇女投票权的问题基本上被搁置了，直到1945年后，大部分拉丁美洲国家、法国、意大利、葡萄牙、中欧国家、共产主义中国以及欧洲各帝国迅速瓦解后所产生的新兴独立国家才又开始将投票权授予妇女。[97]

从20世纪20年代至20世纪50年代，除了给予妇女投票权以外，在有关妇女问题上几乎没有其他什么运作，因为西方世界正在被经济萧条、战争和经济复苏等问题困扰。[98]但是就像西方出现的第一波女权主义是应19世纪后半叶西方国家出现的前所未有的经济繁荣而生一样，"第二波"女权主义也是1945年之后的和平年代里出现的消费型社会的空前繁荣所孕育出来的产物。贝蒂·弗里丹将西蒙娜·德·波伏瓦在其《第二性》里首次提出的观点加以发挥，把20世纪50年代美国郊区居民的生活状况描述成女性在一个可怕的年代、可怕的地方被家庭事务孤立和隔离而成为奴隶——她们的丈夫在工作的时候，女性却由于缺乏受教育和就业的机会而被监禁在家庭"舒适的集中营"里，忍受着"心理与精神的缓慢死亡"。然而，实际上，深受《女性的奥秘》（*The Feminine Mystique*）一书鼓舞的第二波女权主义运动，与其说是因为机会减少、自由受限而感到沮丧，倒不如说是因为妇女对希望与挑战的期望值在提高。因为，贝蒂·弗里丹在许多方面都夸大了她书中家庭主妇的困难处境。实际上，在20世纪50年代，美国中产阶级妇女在操持家务上所花的时间和精力比之前几十年里要少得多，她们比以往任何时候都更有钱、更有闲暇，而且由于预期寿命的延长，妇女在抚育孩子成人之后还有很长岁月可以发挥其他作用。那么，剩下的时间里她们要干什么？[99]

这些事情和问题到了20世纪60年代初开始浮出水面并且由于受到那个年代里黑人和学生中间突然爆发的普遍动荡的影响而获得动力。随后出台的1964年的《人权法案》不但在种族问题上也在性别问题上禁止歧视。同时，由于在男性同事眼里她们常常不过是"煮妇"、秘书和随营人员而已，那些黑人和白人妇女活动家深感屈辱，变得激进起来，这也是产生女性主义的一个原因。许多女性大学生在当时的学生抗议活动中经历了后来所谓的"男性沙文主义"，这对她们产生了类似的影响。对她们来说，杰梅茵·格里尔激进的

《女太监》(The Female Eunuch) 一书比贝蒂·弗里丹带有改良主义色彩的《女性的奥秘》更有吸引力，同时，她们还从马克思和恩格斯的观点和分类法里获取灵感。有些人甚至开始相信她们有能力发动一场她们自己的革命运动，相信资产阶级男权社会将被那些自豪地宣称自己既是女权主义者也是社会主义者的妇女推翻。[100]这反过来导致了美国一些表达女性团结和提升女性集体身份的新组织的诞生，其中包括1966年创建的由贝蒂·弗里丹担任第一届主席的"全国妇女组织"(NOW) 以及创建于1971年的"全国妇女政治党团"(National Women's Political Caucus)。此前一年，"女性平等行动联合会"(Women's Equity Action League) 开始共同起诉大学和职业院校的一些歧视性做法，效果立竿见影：进入医学类学校的女性新生从1969年的9%上升到1975年的20%以上。[101]

由于几个阶段的"意识培养"(consciousness-raising)——该词组和概念来自马克思和恩格斯——使得美国妇女从波伏瓦和弗里丹生动描述和公开谴责的家务桎梏中解脱出来，美国妇女就是这样在空前规模上被动员起来，找到一种集体身份和性别团结的认同意识，并且联合起来讨伐并参加女权主义组织机构的运动。[102]其中一个结果就是美国国会于1972年通过了《平等权利修正案》(Equal Rights Amendment)——尽管各州从不认可；另一个结果是次年美国最高法院对"罗诉韦德案"(Roe v. Wade) 的裁决，认定在怀孕的头三个月里，只要有诉求即可堕胎是合法的。到那时为止，广大妇女也已经可以拿到避孕药，并且最后一个禁止使用或销售避孕药的州法律也已撤销或废除了。到了20世纪70年代，常青藤联盟院校已经向妇女敞开了大门，这意味着此前全是男性的行业里女性的数量很快增加，日托中心为职业妇女提供的帮助进一步促进了这一发展，以及妇女们对工作场所的性骚扰问题的意识也在逐渐增强。"姐妹情谊力量大"，罗宾·摩根 (Robin Morgan) 宣告。这是在那个时代最为引起共鸣的口号之一,也是当时女性自己构思、撰写、编辑、汇编、勘校、设计以及阐释的最有影响力的众多著述里最有名的一句话。到了 20 世纪 70 年代末期,西欧许多国家的妇女已经组织起来,她们成功地通过运动争取到堕胎权和避孕药的使用权、更多的高等教育和就业机会、同工同酬以及工作权利和工作条件的改善。[103]

妇女运动不只是在美国和欧洲有影响力,而且在规模上也日益国际化,延伸到第三世界国家的妇女。鉴于这些进步,联合国指定 1975 年为"国际妇女年"(International Women's Year),并于当年 6 月在墨西哥城召开了一个为期两个星期的会议,有 133 个国家的代表参会,其中包括贝蒂·弗里丹、杰梅茵·格里尔、伊朗的阿什拉芙·巴列维公主(Princess Ashraf Pahlavi)以及斯里兰卡的西丽玛沃·班达拉奈克(Sirimavo Bandaranaike),后者成为世界上第一位女总理。其间还有一些非正式研讨会,大约有 6000 名妇女参会,其中大部分来自南美和北美,她们研讨的是一些诸如健康、营养和教育等这样的现实问题;而且她们还在于哥本哈根(1980 年)、内罗毕(1985 年)和北京(1995 年)举行的会议上为"联合国妇女十年"(UN Decade of Women)商定了行动计划。这一连串会议有助于传播信息、提升意识以及建立国际妇女网络;她们还将"妇女问题"变得更加重要,鼓励西方政府和慈善家支持关注第三世界发展的妇女组织。[104]结果,一个对性别身份的忠诚度超越了对其民族身份忠诚度的全球性妇女团体得以创建。这种前所未有的全球性妇女身份意识得到罗宾·摩根的极力颂扬,她在宣布"姐妹情谊力量大"的 15 年之后,于 1984 年宣称姐妹情谊也是世界性的。就这样全世界妇女们受到鼓励而团结在"一个巩固的跨民族阵线的女性主义网络里"。[105]

随着这些事态的发展,世界上许多地方的众多妇女接受了更好的教育,更有能力掌控她们自己的身体和生活,享受更令人满意的性,更大程度上摆脱了男性暴力的威胁,经济上更加独立,并且在私人领域和公共领域从事的岗位比以往任何时候都更有权力。即使妇女们在生物学意义上永远与男人有差别,在许多国家性别等级的文化构建已被显著摧毁,在这些国家里妇女不再被视为"第二性"。[106]这些事态发展的部分原因和部分结果已经迅速成为女性历史和性别历史研究的重要内容,这是过去50年里学界最显著的现象之一。其他的暂且不说,这些历史使迄今为止鲜为人知的人类"另一半"的生活从被遗忘的角落里重新获得生命力。人们还探讨了女性主义和男性主义观念是如何得以构建的。这有助于他们为巩固妇女集体身份意识和女权运动的议事日程做出贡献。这些变化是如此重要,以至于罗宾·摩根最近总结说姐妹情谊不仅仅力量强大,也不仅仅是全球性的,而且还是"永久性的","女性主义是21世纪的政治",还说"全新的世界妇女才刚刚开始"。[107]

然而,尽管有这些毋庸置疑的成功之处,第二波女权运动从一开始就已出现分裂。许多已经成为标准的女性主义权威的女作家并不重视广大普通妇女,虽然她们宣称要改变这些人的命运。早期的玛丽·沃斯通克拉夫特(Mary Wollstonecraft)就是这样的,而后来的西蒙娜·德·波伏瓦和贝蒂·弗里丹也是这样:她们脱离其著述提到的普通妇女,而且像男人们常常所做的那样,她们对妇女的描述并没有多少同情心可言,既提及妇女毫无吸引力的解剖学属性,也涉及她们智力和性格上的缺陷。[108]一些特别成功的女性专业人士和政治家也是如此,比如美国历史学家露西·萨尔蒙(Lucy Salmon),尽管她看到妇女在其所从事的职业中的一些恶劣条件,但是她坚持认为这些情况"必须依靠妇女个人而不是集体力量去消除"。还有玛格丽特·撒切尔,她不是女性主义者,而且对人们的集体类别不以为然,尤其是对女性。[109]而且大部分早期的女权运动领袖都是相对富足的、受过高等教育的中产阶级妇女,因此在其有关女性的著述里常常能反映她们在经历、共情及想象力等这些方面的局限性。贝蒂·弗里丹笔下的那些沮丧的和被异化的家庭主妇只局限于大纽约的富足的郊区；杰梅茵·格里尔后来承认"《女太监》只是以富人世界的女性为描写对象，并不涉及贫穷女性（因为我当初在写这本书的时候对她们并不了解）"；而莫琳·多德（Maureen Dowd）最近的一本书里的人物只局限于那些生活在华盛顿特区高雅的政治界及新闻界里的男人和女人。[110]

正像此处我们所看到的一样，有些女权主义者声称要代表所有妇女，并且要对刚有自我意识的妇女团体进行动员，使之发展成一种共同的集体意识，这一主张就算在西方也不成功，因为即使在20世纪70年代和20世纪80年代期间西方女权运动组织的成员人数达到巅峰之时，也只有一小部分的妇女被吸收进去。[111]大部分积极参加女权运动的人都是二十几岁和三十几岁的年轻妇女，从她们的议事日程及优先关注的事情上就可以看出这一点：她们对中年和老年姐妹特别关注和投入的事情几乎不感兴趣。她们还往往是世俗自由主义者或激进的活动家，厌恶右翼政党的政治主张，也同样憎恨家长式的天主教会，但是当妇女被授予选举权之后，许多人将选票投给保守派，像虔诚的天主教徒一样定期上教堂做礼拜，赞同"家庭价值观"并且反对堕胎。[112]即使是在受过良好教育的西方中产阶级女性中，也有许多人觉得她们与妇女运动中那些较为年轻的、激进的成员之间没有认同感，而大部分黑人和工人阶级女性主要关心能否维持生计，对于那些在她们看来是自我放纵的特权团体的行动与抱负基本上漠然处之，在她们眼里，这些人所关注的议题本质上是利己主义的，只是偶尔才会纡尊降贵地接纳一下比自己不幸的人们。所有这些都有助于解释为什么像贝尔·胡克斯（Bell Hooks）这样的黑人女权主义者会去谴责受过良好教育的西方中产阶级白人女性活动家，称她们是居高临下的种族主义者。[113]

同时，关于如何为女性在工作和社会中争取平等权利，西方第二波女权主义者内部产生了争执：这种诉求是应该建立在女性与男性实质上并无差异的观点基础之上，还是应该建立在两者之间差异性的基础之上？如果是后者，那么为了使公众领域的公平公正成为可能，私人领域的补偿性调解是必需的。[114]在美国，贝蒂·弗里丹和"全国妇女组织"的成员是"优雅的"改良主义者，她们的路径是取消性别隔离和主张平均主义：她们想要寻求男人的支持——尽管这个组织的缩略词是 NOW，"全国妇女组织"（National Organization for Women），但它是有针对性和有意地"为"（for）妇女而设立的组织，其中男人是受欢迎的，而不是"妇女的"（of）组织，其中男人是不受欢迎的——以便两种性别的人们都能以共同人性的名义享受公众生活中的平等权利。然而，让弗里丹感到沮丧的是，她们很快发现自己被年轻的激进女权主义活动家"包抄"，这些人受杰梅茵·格里尔"不文雅的"著述鼓动，而且更关心的是妇女身体与性的具体问题（所谓"个人的即是政治的"）；她们将男人看作问题而不是解决办法，并倾向于分裂主义而不是平均主义，要求设立专门的妇女机构以避免被家长式制度"收编"。更为激进的是那些被弗里丹轻蔑地称为"厌男者"的同性恋女权主义者，更倾向于与追求男同性恋权利的同性恋男性一起合作，而不是同那些追求妇女权利的异性恋姐妹一起合作。这些裂痕起初出现在美国女权主义者中间，但是也开始在欧洲女权主义者中间蔓延。[115]

这就是西方妇女运动自 20 世纪 70 年代出现以来，本身所存在的诉求上的局限、深深的裂痕以及互相矛盾的议程，而当这种姐妹情谊雄心勃勃走向全球的时候，这些裂缝与裂隙就变得更为突出。正是在 1975 年于墨西哥举行的联合国大会上，跨民族敌对现象开始出现。的确，后来有人声称，这种敌对现象具体表现在贝蒂·弗里丹与都蜜提拉·巴里欧斯·春加拉（Domitila Barrios de Chungara）——来自玻利维亚一个激进的工会领导人——两人之间一次愤怒的对峙。有人说这次争吵暴露了第一世界妇女和第三世界妇女之间存在着巨大的裂缝。来自第一世界的自由主义中产阶级白人妇女最基本的关注点是与性别有关的一些具体问题，比如生育自由、薪酬平等以及妇女受教育与就业机会等问题，而第三世界信奉马克思主义的、非白种人的工人阶级妇女更关心的是经济不均与贫穷的结构性问题。事实上，这两类女人之间此前并没有发生过这样的对决。但是，新生的国际妇女运动中存在的深刻分裂却是十分真实的，这些分裂存在于富人与穷人之间、发达国家与欠发达国家之间、北半球与南半球之间、西方与非西方国家之间、资本主义者与马克思主义者之间、中产阶级与工人阶级之间、改良派与激进派之间、异性恋者与同性恋者之间、白人与非白人之间。[116]

这些裂隙继而又破坏了此后人们在维持和加强跨民族女性主义意识方面所做的努力。正如美国黑人诗人奥德丽·洛德（Audre Lorde）在1983年所论述的那样，所谓强大的、全球性的姐妹情谊概念太容易掩饰"种族、性别、阶级与年龄上的差异"。[117]这样一些对抗性的主张、冲突性的身份和"多元化的女性主义"也削弱了作为一种全球性与统一性象征的"共性妇女"（universal woman）概念的基础。但是，正像"man"这个通用称谓是错误的一样——因为它被宣称是涵盖和包含了所有女人在内的一个词，女性主义通用称谓的"woman"一词也同样是误导性的，因为它企图"跃过阶级与种族、贫困与富足、悠闲生活与苦力劳作之间所存在的几乎不可逾越的鸿沟，从性别共享的一些条件当中去抽取出一些基本的共同点"。在19世纪，女性主义者用女奴、妓女和贫困的女缝纫工等具体意象来填充"共性妇女"的轮廓；而在我们这个时代，"异想天开的共性论者（universals）将手伸向全世界，挑选出第三世界的性工作者、柬埔寨的创业者和非洲的女农场主，连同其他人，一起添加到凭空想象出来的妇女轮廓中去"[118]。即使所有妇女在生物学上是大同小异的，同时也都是由文化建构形成的歧视的牺牲品，用表面上包含所有姐妹的代词"we"（我们）来表达这种共性概念的努力也从来就没有实现过。到了20世纪90年代末，政治哲学家朱迪·迪恩（Jodi Dean）不得不承认，再也"没人真正知道'我们'到底是谁"。[119]

不知道"我们"是谁的人里面就有研究女性的历史学家，他们发现很难在这段历史是什么、关系到什么人、应该怎么写以及它向我们展现什么等问题上达成一致意见。[120]这里面有关于妇女身份构建的肯定性叙述，颂扬女性集体意识和公众地位的提升，但是其他一些历史学者却对这种"臆想出来的叛逆性妇女宗系"的构想提出质疑，并指出这些妇女组织都是昙花一现的，她们所取得的胜利十分有限。[121]有些学者完全专注于妇女的生活而忽略男性；而另外有些学者关注两性关系及其相互联系。有些历史学家聚焦于现代时期的第一波和第二波女性主义研究；而另一些关注更早时期的人则不认同这种"现时论"和"现代主义自我关注"。有些女性主义者用富有技巧的语言进行著述，只是为了相互附和而已，而另外一些人则谴责女性主义从现实世界的紧迫问题和混乱状况退缩到高高在上的学术殿堂里，退缩到晦涩难懂的专门术语和曲高和寡的散文体文章创作中去。[123]正如丹尼尔·T. 罗杰斯（Daniel Rodgers）在认真审视最近满目疮痍的女性主义学术研究之后所指出的那样，"关于妇女的一些构想"已经变得"愈发复杂与断裂"，而基于共同经历之上的"共同姐妹情谊的愿景"，由于"一连串的解体"、解构及其独特性而被人们所摒弃，甚至连一些执着的女性主义者也承认女性身份并不是她们唯一的身份，女权运动也不是她们一定要为之付出终身的一项事业，而是可以建议妇女暂时将其搁置一边的事情。[124]

警示与局限

"睁着眼睛走路，"西蒙娜·德·波伏瓦在附和威廉·汤普森的时候说过，"足以证明人类分为两种个体，其衣着、脸型、身体、笑容、步态、兴趣与职业都明显不同"。的确，人类总体上是如此，人类个体也是如此。[125]在他们之间，人类两性构成整个人类群体的方式是任何两种宗教、两个民族或两个阶级都无法比拟的。但是，这一事实对两性团结和共同身份塑造的可能性一直以来不但没能提供帮助，反而在起阻碍作用，而且，男人和女人"作为男人"和"作为女人"的身份在人类历史的大部分时间里很少被强调，也少有政治意义。今天也许比以往任何时候都有更多的男性类型和女性版本，而且由于他们的多样性和不稳定性，他们不断地在削弱、动摇和复杂化这样一种单一、纯粹的两性划分基础。用唐娜·哈洛维（Donna Haraway）的话来说，"身为'女性'，没有什么东西能够将妇女们天然地绑定在一起"（就像没有什么东西能够将男人们天然地绑定在一起）。[126]将所有妇女按照她们共同的性别基础动员起来永远是不可能的，哪怕只是想把一些妇女动员起来都是很困难的，而要按这种方式将所有男人都动员起来还没有发生过。所以毫不奇怪，"作为女人"的妇女从来就没有过一次属于她们的革命胜利时刻，虽然她们自己将1917年的父权制和男性统治力量不可逆转的土崩瓦解归为她们自身革命的胜利。同时，的确也看不出来这样一场革命究竟会如何发生或者实际上将会以什么形式发生。

在历史的长河中，尽管有许多不足，但在宗教信仰、民族自豪感或阶级身份基础上将人们动员起来显然要比在性别基础上将人们动员起来容易，而且即使在20世纪后半叶，也只有极少一部分妇女成为女性主义组织的成员。诚然，女权运动使已经取得的一些对妇女有利的重大变化显得格外引人注目。正如杰梅茵·格里尔承认的那样，"在过去的30年里，妇女们走过了漫长的岁月"，并宣称，其中一个迹象是"女性主义意识如今潜移默化地影响着每一种关系、每一次社会和职业交锋"[127]。真的是每一种关系？每一次交锋？这显然是夸大了事实：在世界上很大一部分地区还有很多妇女（甚至有更多男人）没有受到女权运动的影响，而且即使是在受到女权运动冲击的地方，它所谓的"潜移默化的意识"也更多的是妇女个人或基于阶级之上的意识，并非她们普遍的集体身份意识。另外，这样有限的动员可能只是世界上一些地区的一些妇女地位近来有所改善的众多原因之一而已。法律的实质性变更需要男性主导的立法委员和同样以男性为主的法官的一致同意。男性主导的重工业的衰落，加之促使男女双方更加平等共事的服务业及知识经济的兴起，极大地推动了工作模式的变革。避孕药是扩大妇女自由权的又一次技术革新，且不管她们的意识是否有所提升。以上这些并非否定妇女运动的组织、动员、发起和有关著述在改善妇女境遇方面所起的重要作用，但是，正如第一波女权运动和选举权的扩大一样，第二波女权运动有限的集体行动当然并不是唯一的甚至可能不是主要的原因。[128]

然而，人们还是一再认为，出于女权运动目的而对妇女进行的动员"为世界人类幸福所作的贡献大于它所夺走的，而且消灭了一些最陈腐的和许多最不可容忍的压迫，却没有显著增加其他形式的压迫"[129]。西方世俗的自由人士没有人会去否定这一点，但是这也不是唯一的观点。在天主教会看来，一些最保守和最具家长式统治的机构（就像教皇本笃十六世所列举的那些机构）、现代世俗主义、自由主义和女权主义是一种诅咒，它们削弱了圣经教义并颠覆了事物的自然秩序，其中女性服从男性以及她们作为处女、妻子和母亲的天定角色是最为重要的。[130]另外，主流伊斯兰教也一样保守和信守男性宗法，其最为激进的一些主张，如瓦哈比教义，禁止妇女在公众场所开车或抛头露面，只允许她们露出手和眼睛。从这些完全不同的角度来看，西方妇女有限的却被误导的动员运动，以及她们将女权主义输出到世界其他地方的行为并没有提高人类幸福的总和。所以，这里要指出的是，女权运动不但没有给她们带来成就感和满足感、自由与解放，反而导致许多妇女否定了她们的本性，并使她们走上罪恶、自私以及自我放纵的错误道路。[131]

最后还有一个局限。许多女性主义者声称，虽然妇女取得了长足进展，但仍然还有很多事情要做，并认为在保护身体、开化大脑和为妇女增加机会方面的任务还远远没有完成。在这一点上，她们当然是对的。但是其他人却坚称整个妇女运动的道路目前为止都偏离了方向，而且取得胜利的是一种错误的女权主义，因为让女性与男性更加平等的种种努力并没有给她们带来其所渴求的那种完整的、令人满意的人类身份，这种身份只有在男性宗法制被彻底推翻的情况下才有可能实现。[132]虽然这两种解读在目的和目标上有着显著的不同，但是它们都认为妇女要继续组织、发动并维护自己的集体身份。然而，她们是否会这么做还远远不明朗。20世纪60年代出生的那一代积极的女权主义者不愿意再往前走了，而即使她们这么做，她们也越来越失望地发现，她们之后的那些妇女在享受着至少部分是因前辈的努力而换来的更多机会的同时，对继续参加战斗、组织和动员却并不热心，要么因为她们看不到其意义所在，要么因为她们看不到必要性。没有经历过1917年那样的胜利，女权运动也不可能再遭受1989年那样的失败。但是罗宾·摩根最近声称被动员起来的集体姐妹情谊是将会"永久"存在的、杰出的集体身份，如今看起来不过是言过其实的论调。[133]

第四章　种　族

现在隔离！明天隔离！永远隔离！
——乔治·华莱士州长（Governor George Wallace），1963

我们都是上帝的孩子。所有上帝的孩子都是平等的。
——乔治·华莱士州长（Governor George Wallace），1973

19世纪40年代末，一个不光彩的苏格兰医生罗伯特·诺克斯（Robert Knox）在英格兰北部进行了一次巡回演讲，谈及"人类种族"（the races of men）的问题，并在后来以该话题作为书名出版了一本书。[1]他作为一个成功的医学研究者和解剖学教师的事业已成为过去，他的名声由于他跟两个盗墓贼有牵连而受到永久的破坏，这两个盗墓贼向他提供了他们新近谋杀的人类尸体。[2]被苏格兰医学机构拒绝之后，诺克斯从医学和解剖学角度，同时也从他在好望角当军医时与数量众多的黑色皮肤人种所接触的早期经历中汲取经验，转向人类历史研究。他在有关人类身份的历史内涵、当今特性以及未来轨迹方面所得出的结论与马克思和恩格斯同时期所得出的结论一样无所不包，但两者又如此不同，甚至可以说是大相径庭。因为在诺克斯看来，迄今为止所有现存社会的历史并非围绕阶级集体斗争而建立起来的，而是围绕敌对的种族团体斗争。"在人类所有事务中种族就是一切，"他在其书中极为浮夸的开头部分对《共产党宣言》大唱反调时写道，"这是一个事实，是哲学上已经明确宣告的最突出、最全面的事实。""种族"，诺克斯再次强调，就是"一切"。[3]

尽管诺克斯承认，人类在创世纪之初就已经知道人类身上有某种原始的一致性，但他坚持认为贯穿整个历史的形形色色人类种族是由来自遥远的栖息地上彼此独立的物种构成的，他们在生物学与行为学上存在差异；他们在才能或素养上是不平等的并且注定会发生冲突，这是自古以来就存在的情况。在欧洲，他认为有四个主要人种并按其复杂性从高到低排列：撒克逊人，主要居住在不列颠、德国北部及斯堪的纳维亚地区；凯尔特人，居住在法国、西班牙、意大利部分地区、大部分爱尔兰地区以及大不列颠西部偏远地区；斯拉夫人，主要居住在中欧和巴尔干地区；以及住在更东边的萨尔马提亚人或俄罗斯人。在这些人种之后，诺克斯还加上一些其他的次要的种族，比如哥特人、拉丁人以及（他特别不喜欢的）犹太人。更低级别的人种是被一条巨大鸿沟隔离开来的蒙古人和尼格罗人。黑人是比白人低贱的人种，不仅仅是因为肤色，而且是在各方面。诺克斯说："他与白人的差别就好比一头驴与马或斑马的差别一样。"这些人种彼此各异的独特性是不可改变的，因为就像"自然界不会生产骡子"，所以人类中也不会有"杂种人"。出于这样的理解，诺克斯认为，人种与其自然等级是集体身份"唯我独尊的决定性因素"。[4]

虽然诺克斯的书在他那个时代并没有多少人读过，但是他在种族意识、人种排序以及种族冲突方面的观点却要比马克思和恩格斯关于阶级的观点更广受赞同。基于众所周知的原因，本杰明·迪斯雷利（Benjamin Disraeli）并不接受诋毁犹太人的观点，但他的确也赞同诺克斯总体上的看法。1847年在他的小说《坦克雷德》（《新十字军征伐》，*Tancred*）中，他通过书中一个人物表达自己的观点："所有的一切都是人种问题，别的都不是真的。"两年之后，他又在英国议会下院详细阐述了自己的观点："人种意味着差异，差异意味着优越性，而优越性通向支配权。"[5]法国人约瑟夫·阿瑟·戈宾诺（Comte Joseph Arthur de Gobineau）的观点与诺克斯的观点更为接近，他在1853年和1855年之间出版的《人种不平等论》（*Essay on the Inequality of Human Races*）一书中建构了"一座配置齐全的知性大厦，在这座大厦里过去、现在和将来的一切都可以从人种角度得到解释"。他在致汉诺威国王乔治五世（King George V of Hanover）的献辞里宣称："人种问题使历史上所有其他问题黯然失色，它掌握了开启所有其他问题大门的钥匙"，还说，"人种不平等"是事物永恒秩序的一部分。[6]与此同时，美国作家拉尔夫·沃尔多·爱默生（Ralph Waldo Emerson）也同意诺克斯对盎格鲁-撒克逊种族的尊崇，他在《英国人的特性》（*English Traits*）（1856年）一书中用了整整一章的篇幅谈及这个话题，辩称人种决定历史并胜过所有其他身份，因为"在人种的深刻特性里……刻写着各民族的命运"。[7]

从新近这些关于人种的文学发展体系来看，诺克斯的著作无疑为加勒比海和其他美洲地区继续保留奴隶制的做法披上了合法的外衣，而且，在接下去整整一个多世纪里将人种类别和身份作为人类行为的一个"总体解释体系"的优先地位将会持续成为人们理解这个世界并治理这个世界大部分地区时的一种强有力的和极其有害的力量。[8]然而，围绕肤色和其他外部特征而构建起来的这种关于人类身份的形态学观点并非从未被质疑过——即使是在其巅峰时期。部分原因是，总有一些对抗性的宗教、民族、阶级和性别等集体身份对人种优先性提出过挑战并削弱其根基。但也可以说，虽然人种问题对大部分未经深思熟虑而产生的人类差异意识有吸引力，人种问题也激发了大部分同样是未经深思熟虑而提出的反对意见的产生。

因为，正是在专门针对人种的分割与负载价值判断的等级划分做法做出回应时，现代有关共同人性的普遍主义主张才第一次发声并活跃起来。从一个侧面来看，这些反驳意见具有宗教性质，从圣经教义中援引上帝按自己的形象造出平等众生的观点。但从另一个侧面来看，这些主张又是科学的，因为人类学家和遗传学家越来越多的研究发现并揭示了一个事实：尽管有一些表面上的差异，所谓的各个人种在相似性上是远远超过其差异性的。

人种身份的起源

与宗教或阶级身份不同的是，种族身份的存在基础一直以来是通过更多形形色色的文集（常常自相矛盾）得以强化（或削弱），而前者是衍生或依赖于有限的圣言文本，即《圣经》和马恩著作。这有助于解释为什么在种族变为集体感知、身份、地位和敌对的重要形式时，历史学家众说纷纭、莫衷一是。[9]但是，人们似乎普遍接受的观点是，在古代社会，用这种方式对人类团体进行概念上的构建和对比的做法并不流行。的确，古希腊和罗马帝国是建立在奴隶制基础上的社会，但是并没有用诸如肤色这类的生理差异将奴隶与奴隶主截然分开，因为奴役只是个人自身历史的问题而非集体种族身份的事情。[10]古希腊人也许认为他们比其他人群更优秀，但他们从未以优越或低贱的等级次序企图将人分为希腊人和非希腊人。而非洲黑人——通常被称为埃西欧匹亚人（Ethiopians）——在古代并非默默无闻，他们并没有因肤色问题而被视为劣等人。不管是古希腊人还是罗马人都没有这样去看待居住于地中海、小亚细亚和北非的许多民族，而后来试图将19世纪那些种族身份与排序的观点以及稍后的罗伯特·诺克斯及其同时代人的观点强加于柏拉图和亚里士多德头上的做法是罔顾史实、不合时宜的。[11]

《圣经》基本上也是无视肤色差异的，对"种族差异事实并不敏感"：《旧约》对不同部落和人群之间相互接触的叙述总体上没有蕴含有关人种问题，而且基督教义的一个基本信条是人类的实质性团结，因为正如《创世纪》一书说得很明白的那样，每个人都来自人类共同的两位始祖——亚当和夏娃。尽管有关共同人性的这条教义在宗教战争和宗教迫害期间常常被粗暴地抛弃在一边，但是"上帝所创造的同属一种血缘的人类各个民族都居住在这个地表上"这一指令却一直深深地嵌入人们的内心。[12] 圣奥古斯丁（Saint Augustine）就明确表达了以下观点：

> 不管是谁、出生于何处，也就是说，一个理性的、有道德的生灵，不管他在肤色、运动、声音上表现出什么样的与众不同，也不管他在某个部分或者是在他自然的品质上如何殊于他人，没有一个基督徒会去质疑他也是同样来自同一原人……只要他们是人类，都是亚当的后代。[13]

像皮肤色素这样的解剖学差异只不过是表面上的差异，而且由于所有人类都是同宗同源，在上帝眼里他们都是平等的。4世纪时的基督教作家卢修斯·拉克坦提乌斯（Lucius Lactantius）在这一点上说得很清楚：

> 所有人并无生而不同，每个人都具备推理和感觉能力，没有在年龄、性别或尊严方面的优先权……创造人类并赐予其生命的上帝希望所有人必须是平等的……在他眼里，没有奴隶，没有奴隶主，因为所有人都拥有一个共同的祖先，我们都是享受平等权利的孩子。[14]

在罗马衰落和早期欧洲启蒙运动之间，古希腊罗马异教徒遗留下的不歧视肤色的观念与基督教一源论教义中所体现的共同人性观相互结合，抑制了种族思维、分类、等级及冲突的兴起。的确，后来在西方遭到诋毁的一些种族在当时是受尊敬的。比如，当时向婴儿基督敬献礼物的智者之一通常都被描绘成黑色皮肤的人；早期基督徒向非洲人皈依基督教表示祝贺也可以看作众生信仰平等的证据；而在中世纪末，"好黑人"（le bon Nègre）这一提法也反映了黑人受欢迎的形象。[15]黑即是美，而无关种族说的（race-blind）行为表达了无关种族说的态度。的确，有些非洲黑人被强行带到欧洲或航运到美洲为奴，但其他黑人却能作为大使和朝圣者自由旅行，或者自己也与欧洲人合作做起奴隶贸易。这一点并不是奴隶制里始终无关种族的唯一方式：因为在长达一千多年的时间里，从维京人到奥斯曼人，奴隶贸易绝大多数是在来自东欧和亚洲的白人当中进行的。如此看来，是地理而不是人种因素决定了谁是奴隶。这一点在西班牙和葡萄牙的美洲殖民地也是如此，在那里殖民者与当地人之间的通婚是很平常的事。[16]

但是在这期间也有一些相抗衡的苗头出现，而且正是在中世纪，种族刻板形象和对种族敌意的表现开始变得突出起来。在古典时代晚期，非洲人被普遍认为是含（Ham）的儿子迦南（Canaan）的后代，而因为含曾经对父亲诺亚有不敬行为，因此他们的后代受到诅咒并受罚变为黑色皮肤和从事伐木、汲水的奴仆。"血的纯洁"（即伊比利亚语世界里有名的 Limpieza de sangre）在一个据认为被伊斯兰教包围的大陆上成为广为流行的观念。犹太人就属于那些被认为缺少这种纯洁性和魔鬼共犯的人种之一。当犹太人被看作既不可皈依也无法被同化为更大范围的人类之中的另类人种时，千年来的宗教异议就演变成了种族仇恨，而这种歧视性的思维似乎也使雇佣非洲黑人为奴成为天经地义的事情了。[17]其结果是许多针对犹太人的暴力事件激增,从1096年起圣战士屡次进犯圣城到犹太人在400年后被驱逐出西班牙。而从15世纪中期葡萄牙人开始奴役非洲黑人,将其中一些人航运到欧洲为奴,再将其他一些人横跨大西洋运送到他们的美洲帝国充当劳工。欧洲的种族态度和人种划分就是这样开始的,并持续到20世纪,通过血统或肤色建立起一种欧洲基督教白人至上而所有其他种族低贱的优劣体系。[18]

但是,在18世纪中期之前,每次出现趋向现代人种概念的苗头时,就会有一种同等的反对性的趋势与之抗衡,从而阻止了人种成为西方知识界的一种核心组织概念、一种主要的政治文化成分,或者是构建人类身份与差异的重要手段。[19]然而,自那时起,人种分类、排序和人种身份开始变得更尖锐、呆板与举足轻重。关于这种事态发展的原因曾有一些解读。其中,部分原因是欧洲启蒙运动新古典主义情感的一种表现,它来自古代希腊和罗马展示的一种对白种人的排他性偏爱;部分原因是欧洲人与非洲和南亚各民族之间日益增加的往来与接触,这些人的生存状况(以及外表特征)是一源论的圣经故事和关于迦南遭诅咒的传说中不一定阐释过的;还有部分原因是大西洋两岸奴隶贸易的扩张,到现在为止许多欧洲国家还在参与其中,并且使得自由、优越和白皮肤的一方与受奴役、低贱和黑皮肤的另一方之间的关系得以确立并制度化。到了18世纪下半叶,这些人种分类法在美洲东部沿海和加勒比海地区也开始变得更为突出,在那些地方,奴隶制社会和奴工经济体以二元对立的方式将白人置于黑人之上。[20]

将世界上的人类按人种类别和身份进行划分的观点看起来似乎与启蒙运动的理性潮流相抵触,然而这种观点在启蒙运动思想家中却相当普遍。1753年,大卫·休谟(David Hume)就认为"黑人"现在可以视为"天生比白人低贱",而20年后伊曼努尔·康德(Immanuel Kant)在《人类的不同种族》(*The Different Races of Mankind*)

中也提出了相同的观点。"白人与黑人，"他争辩说，"不是两种不同的物种，然而却是两种不同的人种。"[21]这里所说的是欧洲启蒙运动的一种重要（和无心的？）推论，而这些导航灯式的人物一直在试图推翻宗教、信仰和迷信，并用理性、观察和科学取而代之。在对现存的宗教教义进行贬低（以及经常嘲讽）的同时，启蒙运动思想也在挑战基督教由来已久的一源论和共同人性的基本教义。经验和观察似乎验证了这种观点，即这个世界存在许多种人，他们分属形形色色的人种，而且他们的祖先可能是来自不同时期和不同地方的人。于是就有了人种多元论的新主张，这种新主张得到英国、法国、加勒比海以及美国的理性主义者如凯姆斯勋爵（Lord Kames）和伏尔泰（Voltaire）等人的拥护。[22]这一主张支持了白人与黑人之间具有不可逾越的裂缝这一观点："对于一源论者来说，人种可以看作偶然的变体，而对于多元论者来说，差异注定是绝对的。"[23]

这还不仅仅是启蒙运动导致人种思维和分裂得以强化的唯一方式，因为如果地球上各个群体的人类源自不同地方并存在永恒不变的差异的话，那么就有可能按照其各自的集体先进性或落后性将迥然不同的本性与独立身份分配给他们并将他们进行优劣排序。因现代分类学的开拓性工作而著称的瑞典植物学家卡尔·林奈（Carolus Linnaeus）也因首倡这种做法而闻名。1735年，他将人类划分为四个不同的人种并进行排序：欧洲白人种、美洲红人种、亚洲棕人种和非洲黑人种。尽管他并没有将他们明确按等级秩序进行排位，但是他对人种的描述清楚地表明了他的好恶：他将欧洲人描述成为"敏锐、善于创新……（以及）通过法律治国理政"，而非洲人是"诡计多端、好逸恶劳、漫不经心……通过奇思怪想治国理政"。[24]与此同时，林奈的同时代人，乔治-路易·勒克莱尔（Georges-Louis Leclerc）即布丰伯爵（Comte de Buffon），喜欢六分法：北极拉普人、鞑靼人、南亚人、欧洲人、尼格罗人和美洲人，但是他也同样认为欧洲人在智力上优于其他人种，尤其是在他眼里"头脑简单和愚蠢的"非洲人。[25]约翰·弗里德里希·布鲁门巴赫（Johann Friedrich Blumenbach）在其1775年出版的并经过两次修订的《论人类的自然多样性》（*On the Natural Variety of Mankind*）一书里最后总结归纳出五个人种：高加索人种——他杜撰的一个用于指称独立于中、西欧其他居民的具有高贵种族血统的人种术语——以及一些次要人种群体如蒙古人种、尼格罗人种、美洲人种和马来亚人种。[26]

在这样一个到处充斥着有关人种语言、身份与等级差异论调的时代，美洲的英国殖民者起来反叛并建立一个决心要践行"人人生而平等理念"的国家，却在这一宣言中将其民众中第五种人——黑人奴隶——排除在外之时，这种自相矛盾的言行通常不会引起人们的关注。J.赫克托·圣约翰·克雷夫科尔（J. Hector St. John de Crèvecoeur）正是在这个时期发问："那么，什么是美国人，这种全新的人类？"他的回答很清楚："是由英格兰人、苏格兰人、爱尔兰人、法国人、荷兰人、德国人和瑞典人的后代组成的一群人……他要么是一个欧洲人，要么是欧洲人的后裔。"[27]这个新兴国家的这一人种等级观点得到托马斯·杰斐逊的肯定，他认为黑人与白人之间的"差异"是"先天所定的"，是不会发生变化或调整的。[28]基于此，当美国国会于1790年通过《美国归化法》（*Naturalization Act of 1790*）之时，它只将美国公民权授予那些所谓"自由白人"的高贵的人种，而且这一立法在此后的80年里一直持续生效。（在1857年的德雷德·斯科特诉桑福德案中，美国首席法官罗杰·布鲁克·塔尼后来就是按照这种理解维持原判并声明黑人不可能是美国公民，因为他们"没有白人都要尊重的那些权利"，从而使他们这一人种不能成为美国只限于白人才享有的"政治家庭"的一部分。）[29]

在18世纪后半叶，整个西方世界建立起来的人种态度、身份与等级制度由于一系列后来被称为"科学种族论"的伪学术活动的发展而得以强化。18世纪70年代，荷兰的彼得·坎珀（Peter Camper）和瑞士的拉瓦特尔（Johann Kaspar Lavater）建议人类可以按照其头颅的不同尺寸、角度和容积量进行种族分类和排名。由此，一个全新的领域——颅测量学——就这样被创立起来，并很快在整个欧洲和美国盛行一时。[30]其结果是一时间涌现出大量著述，声称所谓研究成果显示黑人的前额比白人前额往后缩小得多，因此他们的脑容积要小得多，影射他们的脑子也是如此，也就意味着，他们的智力不高。所有这些形成了结论性的证据：黑人属于一个另类的、低等的人种。颅测量学一直到19世纪初的几十年里依然十分盛行，而且那些年也是同源学科颅相学发展的鼎盛时期，从事颅相学研究的人甚至试图更系统地将脑容量与颅骨轮廓联系起来，虽然得出的结论仍然是白人比黑人拥有更大的头脑和更高的智力。[31]这些看起来似乎是无可辩驳的证据，表明不同人种的确存在，而且是可以用永久的等级来进行划分和排序的。

在19世纪上半叶，人种分类、等级排序以及人种身份在西方思想、政治和文化中变得日益重要，而且学科背景各异的众多学科从业者，涉及语言学、人类学、人种学、语文学、生物学、颅相学以及颅测量法学等等，无不忙于观察、测量、排序以及解释他们所认定的这些无所不包的人种类型。[32]然而，尽管这些研究有其表面上的确定性和客观性，尽管人们相信"人种就是一切"，但它不过是一个已被证明为不可能达成共识的概念和类别而已，就像阶级一样，甚至有过之而无不及。[33]在有关人类的起源（以及由此而来的人种）是用一源论还是用人种多元论来解释才更为合理的问题上，从来就没有达成共识。从18世纪末开始，知识界思想的总体趋势是偏离前者而趋近后者，但是不管是林奈还是布丰伯爵抑或布鲁门巴赫都不认同人种多元论。关于人类怎么开始以及从何处开始的困惑也意味着在确切的人种数目上不可能有一致意见。[34]是两种，即包括了所有其他人种的白人和黑人（杰斐逊和康德的观点）？还是戈宾诺（Gobineau）所认为的三种？或者是四种（林奈）？或者是五种（布鲁门巴赫）？或是六种（布丰伯爵）？还是如诺克斯所认为的有更多得多的人种？这些人种特征如肤色、头颅大小或者前额的角度是由生物学决定的（在这种情况下是无法改变的），还是按照达尔文的新见解可以理解为适应环境而演变而来的（在这种情况下是有可能改变的）？人种是该按这些身体特征来划分，还是该以他们所取得的精神和文化成就来划分？还是两者都需要？[35]

到现在为止，还有一个无法确定的问题，就是关于人种是独立而迥异的，还是通过杂交而在不知不觉中混杂和融合在一起的问题。在加勒比海和西班牙在美洲的殖民地所发生的事实是，"白色"与"黑色"人种之间经常通婚，这就意味着混合人种——也称为混血"梅斯蒂索人"（mestizos）或"半血统人"（half-breds）——是广泛存在的。在1776年和1789年之间，莫罗德·圣-梅里（Moreau de Saint-Méry）提供了一份对法国殖民地圣多明各（后称为海地）地区的人种细微差别与精细肤色层次的详细调查报告，对这个世界是按"纯种"白人和"纯种"黑人来进行划分的观点提出质疑。而就连一些早期对人种进行分类的先驱人物如约翰·布鲁门巴赫都承认，他们那些有限数目的特定人种只不过是理想状态下的类别，而在实际情况下随着各人种在不知不觉的程度上相互融合，人种是一种人类连续体。[36]这个观点使戈宾诺、美国蓄奴者约西亚·诺特（Josiah Nott）和爱丁堡大学教授詹姆斯·雷迪（James Reddie）之流大肆谴责种族混合和种族通婚是"肮脏"的行为。他们特别提到，这些杂种人将步古埃及人和迦太基人后尘，是"注定要灭亡的"。还有一些人，如詹姆斯·亨特（Knox's protégé James Hunt），认为国家有义务实施政策，保持种族隔离和种族纯洁，通过设立限制性法律来"管制人类种族混合"。[37]

还有一个尚未解决的问题是有关这些新近才发现的种族身份与同时出现的民族身份之间的关系问题：它们是相互促进还是互相排斥？罗伯特·诺克斯等人辩称，欧洲一直以来就是个种族大熔炉，各个人种无可救药地混杂在一起并且这种状态将会一直持续下去，最终导致那种曾经在1848年间在整个大陆突然爆发出来的民族对抗。从这个观点来看，要将民族身份与种族身份结盟是既不现实也不可能的。另一种是约翰·哥特弗雷德·赫尔德（Johann Gottfried von Herder）等人的观点，他们将所谓"科学的"种族观与人类精神永恒不变的神秘信仰——通过其文化、历史和语言所显示出来的"民族精神"（Volksgeist）——结合起来，希望能够确立起一种纯粹的、不受玷污的集体"民族精神的"身份。这种观点对那些信仰雅利安种族的人们尤其有吸引力，文献学家对其人种的源头从古希腊和罗马追溯到印度。理查德·瓦格纳（Richard Wagner）等人后来宣称雅利安种族具有凌驾于其他所有民族之上的优越性，这一主张对于那些相信19世纪德国政治家的伟大任务是必须将"人们"（volk）的种族身份与一个恰当的政治管辖部门联结起来，从而使血统与土地、人种与民族成为一体的人们来说，无疑提供了强有力的支持。[38]

至于人种是越变越纯洁还是越不纯洁，更强大还是更弱小，是进步了还是退化了等问题上也存在分歧。[39]戈宾诺担心"非自然的"人种混合与杂育意味着较弱小的种族（指皮肤较黑和脑子较小的种族）的生存基础被削弱了，将会最终征服强大的种族（指白皮肤和脑子较大的种族），并借此颠覆和推翻本该是永恒的种族等级秩序。[40]但是，这种令人沮丧的论调遭到对人类前景持更乐观态度的观点的挑战。这种乐观态度是源自达尔文的著作，特别是《物种起源》（1859年）和《人类的由来》（1871年）。达尔文对僵化的种族身份不以为然，但他认为它们会"渐渐变为彼此"，意思是"几乎不太可能会在它们之间找到显著不同的特征"。然而，他有关基于适者生存的进化论观点却被有些人解读为生活就是人种之间为生存而战的一场斗争,而且那些具有较大能量和较高智力的人种将会经由自然选择而战胜那些没有活力和愚蠢的并最终注定要灭亡的弱小种族。从这个所谓的社会达尔文主义观点来看,人种一定会变得更加强大而不是弱小,因此,治国理政的目的就是应该通过干预人种之间先天注定的冲突以加快人类的进化过程,从而保证优秀种族的最终胜利以及对弱小种族的必要镇压(甚至是消灭)。[41]

自从"科学种族论"因其不精确性和自身内部矛盾而四分五裂,另一种传统的观点获得了支持,那就是,试图按照肤色将人类进行分类并排序以削弱《圣经》传统一源论所主张的教义和普遍人性的做法,不但在学术上是错误的,而且在道德上是罪恶的。那些领导推翻奴隶制度的人们就是持这样的观点,他们认为上帝按自己形象创造出来的所有人类都是平等的。在英国,乔舒亚·威基伍德(Josiah Wedgwood)用他所加工制造出来的一件陶瓷徽章生动地传达出这样的信念:奴隶制是对宗教上由来已久的共同人性主张的一种令人无法接受的冒犯。在这件瓷器上,一个戴着镣铐、下跪着的黑人或许出于绝望也或许怀着希望大声喊道:"我难道不是一个人?不是你们的兄弟?"[42]在美国,西奥多·德怀特·威尔德(Theodore Dwight Weld)也表达过类似的观点:"任何出生条件、任何种类的肤色、任何情况下的不幸"都"废止不了人类与生俱来的权利,这是上帝遗留给我们每个身上带着他印记的人的。"他通过这些话表达了所有人都应该享有自由与平等权利的观点。任何建立在奴隶制人种等级基础上的社会都是对造物主的冒犯。"自由与奴役之间真正的战场,"曾在纽约办过第一家黑人报社的塞缪尔·科尼斯(Samuel Cornish)赞同说,"是针对肤色的偏见。"[43]

的确,许多国家的众多废奴主义者希望结束奴隶制度是有诸多动机的,但是这项事业在英国(1833年)、荷兰(1863年)、美国

（1865 年）、西班牙（1886 年）和巴西（1888 年）的进步和成功应该要归功于这样一种道德信念，那就是奴隶制度的继续存在是对所有人在上帝面前人人平等这一主张的亵渎。[44]这些观点也为美国在黑人解放运动之后重新构建政治秩序奠定了基础，美国撤销了一些维护基于"狭隘的种族界限"之上的奴隶社会等级制度的法律规定。于 1868 年修订的第十四条修正案将所有在美国出生的公民（除了没有上税的印第安人）的平等权利写进美国宪法，从而废除了斯科特案的裁决；而两年之后修订的第十五条修正案禁止各州将人种当作选举的条件。结果是，随着先前所维持的他们之间的肤色界限在法律和宪法上被废除和消灭，美国白人和黑人第一次被视为人类和美国政治体中的平等成员。用《哈勃周刊》（Harper's Weekly）主编威廉·柯蒂斯（William Curtis）的话来说，美国内战和黑人解放运动将美国从一个只"为白人"的国家转变成了一个"为人类"整体的国家。[45]

然而，尽管存在着内在的断裂与矛盾，尽管推翻了奴隶制度，种族主义思想和身份，经过种族斗争的社会达尔文主义思想的强化，在西方国家帝国主义巅峰时期越发具有影响力。在英国，历史学家 E.A.弗里曼（E.A.Freeman）公开颂扬盎格鲁-撒克逊人的胜利，认为其自我治理能力是无可匹敌的，并经常宣称其种族的优越性超过任何其他种族。[46]查尔斯·迪尔克爵士（Sir Charles Dilke）在其 1868 年的《更大的不列颠》（Greater Britain）以及约翰·西莱（Sir John Seeley）在其 1883 年的《英国的扩张》（The Expansion of England）中谈到大英帝国时，首先想到的是它的"白人"部分，即加拿大、澳大利亚、新西兰和南非。至 20 世纪早期，一些人物开始对这个"扩大了的"英国身份进行表述，如詹姆斯·布莱斯（James Bryce）在有关种族的一些演讲中宣称大西洋两岸的盎格鲁-撒克逊人的优越性，还有塞西尔·罗兹（Cecil Rhodes），他相信英国人是"世界上最优秀的种族,而且我们在地球上越多的地方居住,对人类来说就越好"。他因此设立了"罗兹奖学金"(Rhodes Scholarships),将海外领地的不列颠人送进牛津大学学习,"促进以英语为母语的种族的统一以及扩大其影响力"。[47]如此一来,大英帝国实质上就成了盎格鲁-撒克逊人的事业,而当鲁德亚德·吉卜林(Rudyard Kipling)敦促美国人也采取类似的坚定政策时,他就是这么做的。在一首诗里他鼓动读者"担负起白人的责任"。[48]

吉卜林的诗是写给西奥多·罗斯福的,而当后者成为美国总统时,他认真地接受了这项艰巨的任务。与布莱斯一样,罗斯福曾受过E.A.弗里曼的影响,并且相信盎格鲁-撒克逊种族的天命和优越性,并称美国土著为"野蛮人"以及黑人是"完全不配有选举权"的。这些观点在政府精英中得到广泛赞同,如亨利·卡伯特·洛奇(Henry Cabot Lodge)和伍德罗·威尔逊(Woodrow Wilson)等人物以及众多美国白人,他们仍然将黑人视为天生低贱的人种。[49]随着越来越多的移民从中欧、南欧和东欧涌入美国并威胁到盎格鲁-撒克逊白人新教教徒的传统优势时,对于种族身份和等级的偏见越来越强烈。对移民潮的一个反应是,根据威廉齐·雷普利(William Z. Ripley)1899年出版的《欧洲种族》(*The Races of Europe*)一书以及1911年美国移民局发布的《种族和民族词典》(*Dictionary of Races and Peoples*),更加细化了种族等级排序,在居于首位的盎格鲁-撒克逊种族与居于末位的黑人及土著人种之间插入了犹太人、意大利人和匈牙利人。第二个更加充满焦虑的反应是,就像E.A.罗斯(E. A.Ross)在1914年的《新大陆中的老世界》(*The Old World in the New*)和麦迪逊·格兰特(Madison Grant)在1916年的《伟大种族的消逝》(*The Passing of the Great Race*)里所宣称的那样,警告说这些新移民的涌入意味着纯种的盎格鲁-撒克逊种族的美国人将会被那些不起眼的外来种族征服。[50]

在德国，当 1870 年建立起"帝国"（the Reich）之后，人种思维与类别也开始固化，目的在于企图使政治权威界限与种族身份界限统一起来：对雅利安人种优越论的狂热不断被强化，就好比赫尔德和瓦格纳（Wagner）使"人民的"（volkish）民族主义信仰得以强化一样。在统一之后不到十年的时间里，一些作品如 1879 年威尔海姆·马尔（William Marr）的《犹太人对条顿主义的胜利》（*Jewry's Victory over Teutonism*）以及 1881 年欧根·杜林（Eugen Dühring）的《犹太人问题》（*The Jewish Question*）开始出现，对他们所谈论的主题抱着敌意的态度。这些作品中所表达的观点可以压缩成历史学家海因里希·冯·特莱斯科（Heinrich von Treitschke）的一句话："犹太人是我们的厄运。"[51] 结果是，人们越来越担心（或希望）在雅利安人与犹太人之间必有一次种族战争，届时光明与黑暗两种势力将会为世界统治权而殊死搏斗，而雅利安人一定会赢得胜利。乔治·德·拉普格（Georges de Lapouge）在其 1899 年出版的《雅利安人：他的社会角色》（*The Aryan: His Social Role*）一书中就提出这个观点，而同年豪斯顿·司徒·张伯伦（Houston Stewart Chamberlain）在他的《十九世纪之基础》（*Foundations of the Nineteenth Century*）一书中描述得更为生动。这本书在 1914 年前成为德国的一本畅销书。张伯伦出生于英国，但定居德国，并在那里娶了瓦格纳的女儿为妻。他对种族身份的重要性及泛日耳曼"民众"（pan-German "Volk"）所体现出的雅利安人种优越性极为狂热，憎恨犹太人，认为他们是罪恶的典范，雅利安人应该发动一场持续不懈的、摩尼教式的战争来反对他们。[52]

在英国、美国和德国所宣示的那些种族身份和种族对抗冲突同样也在欧洲许多地方上演，从屠杀犹太人的俄国到发生"德雷福斯事件"（the Dreyfus Affair）的法国，再到阿道夫·希特勒度过他年轻岁月的、19 世纪末反犹太主义盛行的维也纳。但是大不列颠、美利坚合众国以及德意志帝国的种族思想有其显著特征,那就是这些国家对跨越其各自民族边界的共同身份有一种越来越有意识的认同感。这个共同体的一种版式就是他们都是"讲英语的国家",包括有盎格鲁-撒克逊血统的加拿大、澳大利亚、新西兰、南非和美国;的确,塞西尔·罗兹就试图寻求要"促进以英语为母语的种族的统一以及扩大其影响力",而他的奖学金计划就包括向美国人和那些来自大英帝国的人们提供奖励。[53] 盎格鲁-撒克逊兄弟情谊的一个更为扩展的版式包含了德国的雅利安或条顿人种,他们跟英国和美国人一样来自同一个人种,也同样共享自我治理的那些才能。罗兹奖学金也承认这个更大范围的种族共同体的存在并寻求加强其存在感:罗兹在他的一份遗嘱附录里,除了那些已经分配给大英帝国和美国的奖项以外,他还将五个奖项划拨给了德国。[54]

种族法则

在第一次世界大战前的几十年里,人们普遍认为,围绕种族集体和种族意识而建立起来的各种族身份要比那些建立在宗教、性别或阶级基础上的集体身份更为重要,而在英国、美国和德国,种族身份的全球化潜力甚至超越了有限的民族国家边界。其结果是,从19世纪80年代开始的一个世纪内,人们目睹了许许多多企图在种族身份和等级基础上创建规则与权威架构的努力,这些努力基本上采取两种形式:包容性与排斥性。包容性的做法是允许一个民族或帝国之内的各种族在强制执行种族排序和种族独立的僵化等级制度基础之上相互结合与共同相处,而排斥性的做法是否认不同种族群体在同一个政体之内相互共存,并寻求将那些属于不受欢迎的劣等种族驱逐出境,或者第一时间阻止他们进入国境。[55] 采取包容性做法的政权具有这样的特点：强调他们凌驾于土著黑人的优越性，而采取排斥性做法的政权具有反犹太的特点，他们力图将犹太人排除出去（甚至将他们赶尽杀绝），认为他们对于种族纯洁性是一个威胁，因而是无法容忍的。这两种做法不管哪一种都需要动用政治力量将一个（优秀的）种族提升至其他（劣等）种族之上，而为了达到这个目的，经常要同时采用包容性与排斥性措施。[56]

十分明显的是，欧洲列强建立起宣称"种族差异无所不在"的帝国，其所隐含的一个前提是白人对于吉卜林所描述的那些"没有法律的低等种族"的优越性，而这些低等种族几乎一成不变指的是黑色皮肤人种。[57]加拿大、澳大利亚、新西兰和南非在宣称它们的民族身份意识时，其中之一便是它们是"白人国家"。这些国家的统治精英相信，有色人种本质上是不同的和低劣的，有色人种应该在不同的地方过不同的生活，而且有色人种不适合从事政治与管理工作。结果，土著人失去了他们的土地，并被剥夺选举权或被阻止拥有投票权，表面上是因为他们文化和英语水平有限，但实际上是源于他们"错误"的肤色。[58]在澳大利亚，1902年的《联邦选举法》拒绝给予土著投票权，而当南非于1910年成立南非联邦时，实际上只有白人才有选举权。联邦创建者之一是年轻的南非白人扬·克里斯蒂安·史末资（Afrikaner J. C. Smuts），他不"赞成给予他们政治权利"，在这里，"他们"就是指黑人，并主张白人与黑人应该隔离开来，因为"种族血统的混杂是罪恶的"。也正是在南非，种族排外政治随着1913年《土著土地法》（the Native Land Act）的颁布而达到顶点。该法案将占人口大多数的南非黑人限制在其国土面积7%的区域内居住，并阻止他们拥有或租赁指定划给白人的土地。[59]

当这些种族等级制度深深地嵌入国内政治的同时，种族排外政策在英国的各海外自治领越来越得到推崇，通过限制黑人、南亚人以及（尤其是）中国人移民来确保它们仍保持为"白人国家"。在环太平洋地区的白人定居者社会里,人们对廉价的"亚洲"劳工普遍充满忧虑,这些地区的中国人愿意接受比白人劳工低廉的工资。虽然这些移民人口是极少数的,但随着19世纪末世界经济的下滑,这些外国人常常成为替罪羊,而白人劳工的权利突然变成种族特权的防护性"壕沟"。比如,在澳大利亚各殖民地,19世纪80年代,严格限制移民。[60]新西兰紧随其后,而且接连几任总理决心要"保持我们种族的纯洁性"。在加拿大,英属哥伦比亚省也通过了类似的立法,反对曾经来过这里修建"加拿大太平洋铁路"的中国移民。在1901年澳大利亚联邦成立之时,澳大利亚议会将太平洋岛民驱逐出去并阻止"非白人"进入这个国家定居,由此开始了"白澳"政策,而南非则在1913年通过了一项《移民限制法》,进一步强化早期在开普殖民地、纳塔尔、德兰士瓦以及奥兰治自由邦通过的立法。[61]

从这个角度来看,大英帝国是一个白人帝国,其中低等有色人种被拒绝承认他们在自己所生活土地上的政治和法律权利,并被阻止从帝国的一个地方迁移到另一个地方。1901年,澳大利亚司法部长阿尔弗雷德·迪金(Alfred Deakin)在为"白澳"政策作辩护时,将设立这条巨大的种族界限的动机描述成"自我保护的本能",因为它"绝不亚于生死攸关的民族气质、民族性格及民族未来的重要性"。[62]因此,有色人种在这些白人国家的生活是没有尊严、耻辱的、有辱人格的。圣雄甘地永远忘不了自己在1893年访问纳塔尔时所遭遇的耻辱,他对无论是在火车上还是宾馆里甚至是在公共浴场所存在的当地白人与黑人之间的隔离极为震惊。他最后认为整个殖民地都患上了"肤色歧视的严重疾病"。[63]大英帝国存在的这些事实也一样存在于同时期的法国、比利时或德国。而在20世纪早期的西方帝国主义列强里,后面这个国家最为独特的一点是,德国殖民者与非白人——包括那些混血人种和"基督教混血"人种——之间不得通婚。[64]

在美国也发生类似的情形。具有讽刺意味的是，美国内战和黑人解放运动之后，人种、身份和等级问题反而在美国公共话语中变得更为突出并备受关注。部分原因是，在社会达尔文主义和达到鼎盛状态的帝国主义时期，人种思维、人种问题的话题以及企图重申人种划分与等级排序的意愿极为盛行。还有一个原因是，随着1877年"美国重建时期"的正式结束，由于南方白人冷酷地重申他们集体种族的优越性，联邦政府拒绝投入足够的资源或动用足够的力量去平息白人暴力抵抗，没能为黑人实施公民和政治平等权利，从而导致黑人的处境非但没有好转，反而更趋恶化。[65]在美国南方，黑人解放运动未曾料想的后果之一是，黑人成年男性不再被视为需要仁慈的、强有力保护的孩子一般天真的人，而是愈发被看作非人类的牲畜，人们普遍认为他们是贪恋白人女性美色的性掠夺者，应该将他们处以私刑或活活烧死才符合自然公正原则。[66]这是一种体现在"白人至上主义"以及"三K党"身上的全新的、带有消极刻板印象的种族主义文化。结果是，在美国南方，"美国重建"之后40年时间里见证了基于种族身份与划分、种族等级与服从之上的最持久与最连贯的建立社会秩序的努力。

虽然他们无法使奴隶制度起死回生，但是南方白人在很短时间内就制定出法律和法外措施，剥夺黑人日前获得的投票权利、主持公共事务权利和参政权利。19世纪90年代，在整个美国南方的集镇和城市里，隔离就是法律和习俗，涵盖了公众生活（与死亡）的所有方面，因为在宾馆、监狱、学校、餐厅、商店、工厂、医院、公交车、火车、厕所以及公墓等等场所都在实施这种隔离。绝大多数的黑人在一个残忍的、分裂的社会秩序里被系统性地逼到附属、贫困的地位上，他们的理想也被严重束缚——黑人与白人之间的通婚被严禁，而且在19世纪八九十年代期间被白人私刑处死的黑人平均每年达到150人。[67]对黑人的隔离和压制伴随着政治对其选举权的剥夺。1890年，从密西西比开始，所有南方各州颁布只有白人才有资格在民主党初选活动中进行投票的立法，这一点有效地将黑人从政治进程中排除出去，因为秉持白人至上主义的民主党在美国南方是多数党。最高法院也许曾宣布过这样的种族法律是不符合宪法的，但它并没能保护黑人免受被称为"吉姆·克劳法"（Jim Crow）的新式种族压迫，这使得美国宪法第十四条和第十五条修正案在美国南方完全失效。[68]

奴役黑人的这种决心伴随着盎格鲁-撒克逊人试图重申美国是一个"白人国家"的多次尝试。第一次是决定联手加拿大、新西兰和澳大利亚以限制亚洲移民。1882年，在劳工组织的强烈要求下，美国通过了《排华法案》，禁止任何大规模的中国工人移民。第二次是出于同样的要求，限制从南欧与东欧涌入的新移民入境，这些人1890年被经济学家弗朗西斯·沃克（Francis Amasa Walker）称为"从失败的人种里来的失败的人，代表了生存斗争中最糟糕的失败"。1897年，一个要把这些人排除在美国之外的议案被格罗弗·克利夫兰（Grover Cleveland）总统否决掉，但1924年再次投票时成为法律，此后从南欧和东欧来的移民受到严厉限制（而且来自亚洲的移民也一并遭到阻止）。"美国就应该是美国的样子"，卡尔文·柯立芝（Calvin Coolidge）总统宣称，那些"渴望自由的卑微的人们"现在不得不去其他地方试试他们的运气了。[69]第三次是美国在国外的种族自信心的增强。正如一个参加过占领菲律宾战争的美国士兵所说的："我们都想杀死'黑鬼'。"这些政策的后果是产生了如历史学家埃里克·方纳（Eric Foner）所称的"美国的再种族化"以及"盎格鲁-撒克逊主义的复苏，它点燃了爱国主义激情、仇外情绪和一种采用新型的种族排外说辞对民族性所进行的种族与文化的定义"[70]。

在德国，一些作家如拉普格和张伯伦所鼓吹的反犹太主义最终将会导致比美国南方所发生的那些事情更糟糕的恐怖行径。从1869年起，在整个北德意志邦联以及两年后的整个德意志帝国，犹太人只占总人口的1%，却享有所有的公民权利。但是那些还没有成为基督徒的人，是不能在政府部门、学术界以及军队工作的。然而到了19世纪后期，随着德国政治明显地转向右翼，"人民民族主义"（volkish nationalism）和普遍反犹太主义明显抬头，特别是在中下阶级群体中。[71]第一次世界大战的失利使德国人开始寻找战败的原因，被人们认定参与了国际主义阴谋并且因没有归属感而对帝国不忠诚的犹太人在许多人看来明显当了替罪羊。20世纪20年代，德国的民族主义者一直坚信用"人民"（volk）一词来将他们的民族定义成一个独特而排他的团体，这个团体应该将他们新近缩小的正式领土边界内外的德国人都包含进去，但是拒绝承认任何不属于"人民"的那些人的德国国籍，即便他们也是正规的德国人。当时流行的社会生物学通过重申雅利安民族的神话来支持这一观点，即所有真正的德国人，不管是生活在祖国之内还是之外，都有着共同的血脉，因此形成了具有自己特色的文化特性与精神上的密切关系，以及种族同质性。[72]

年轻的阿道夫·希特勒完全吸收了这些包容主义者和排外主义者的种族观点，并在后来以罕见的激情、狂热、好战和恐怖手段将这些观点付诸实践。[73]"每个民族"，希特勒认为，都应该是"由一群或多或少相似的人类所构成的群体"，这些人因此而具有"血缘纽带"和共同的种族意识。因为种族和民族是具有（或应该具有）这样的一致性，因此很自然地，整个世界可分为两大截然不同的类别："高级别人种"——充满自我保护和延续的强烈欲望并有能力创造或者维持一种高级文化，和"低级别人种"——注定会走向生物学上的退化、文化上的空虚以及最终的消亡。相应地，希特勒眼里的民族是基于人种基础之上、深陷永恒冲突与斗争的集体社会，他们从其本性及必要性来看都是排外与好战的，而雅利安民族或者"人民"是具有种族意识和种族优越性表达方式的最高形式。[74]国家，在希特勒眼里，几乎等同于民族、"人民"和种族，国家的目的就是要促进和保护其人民生物学上的纯洁性，提升种族意识水平，并将居住在境外的那些雅利安人都合并进来联结成一个大德意志国家。

从1933年到1945年，希特勒一直致力于对"纯正"的德国"人民"（volk）进行定义、保护、扩展和捍卫。"德国政策的目的，"希特勒在1937年11月提出，"是给这个种族的人民带来安定并加以保护，同时扩大其范围。"[75]这个人种纽带的本质是一种共同的种族血统（volksblut），而从他开始独裁以后，就通过立法规定谁是德国人种，谁不是德国人种。1935年，他批准通过一个"为保护德国血统和德国荣誉"的法案，意味着德国人只能与德国人通婚。他还实施一项新的公民权利法律，对谁是德国人以及谁不是德国人进行界定。按照这个定义，"非德国人"不能享有希特勒所谓"德意志民族的德意志国家"[76]的完整公民权利。在希特勒按照血统对德国民族进行定义的同时，他也在使用领土概念对其进行界定和扩展，因为他要致力于创建一个更大的、具有人种同质性的帝国，将那些生活在境外的、前哈布斯堡帝国的德意志人都合并进来。因此，德国占领了莱茵兰，吞并了奥地利和捷克斯洛伐克，并进攻了波兰。1939年10月，希特勒任命因希里·希姆莱为德意志种族强化委员会，他很快建立了德国种族登记簿，这是确定任何居住在德意志以外的人是否在血统上有资格成为真正的德国人的第一步。[77]

希特勒也致力于通过排斥犹太人来保持帝国的纯洁性。他主张犹太人在生物学上是劣等的，没有领土根基或者地理上的家园，他们可能成为沉迷于获取利润的国际资本家，或是支持全球革命的共产主义者。不管他们的动机是什么，他们是这个种族国家恶毒的、屡教不改的敌人，吸干这个国家的文化血液、污染它的生物遗传、削弱它的集体意志力。[78]在 1933 年 3 月之后的六年时间里，希特勒通过了 250 条以上的法律和政令，用于剥夺犹太人的德国公民权和职业，禁止他们与德国人通婚或者发生性关系，并没收他们的财产。德国应该清除犹太人的想法是纳粹政策最重要的准则。"犹太人必须滚出德国，"1937 年 11 月，希特勒对约瑟夫·戈培尔说："实际上是应该滚出整个欧洲。"[79]两年之后，他授权希姆莱将犹太人从大德意志帝国驱逐到东部去，而从驱逐到赶尽杀绝只差一步：在 1941 年夏赫尔曼·戈林授权欧根·海德里希去寻找犹太人口问题的"最终解决方式"，从此，正如一个纳粹分子所说的，开始了"对所有欧洲犹太人的生物学灭绝"。如同列宁相信他有责任通过实现反对苏联资产阶级的无产阶级革命来协助完成注定的历史进程一样，希特勒相信在这场反对犹太人的世界范围的摩尼教式斗争中自己必须全力支持雅利安民族以确保获得胜利。[80]

就像希特勒政权将第一次世界大战前 40 年在德国已经激化的种族思维进行毁灭性的实践一样，南非的白人领袖也采用了 1914 年前的白人帝国种族理论，并将其转化为极具毁灭性的公共政策，其基础是一个名副其实的、同质性的和"危机四伏"的南非白人"人民"团体反对劣等黑人种族的思想。最初激发更为彻底的种族隔离的动因是第一次世界大战期间及此后所发生的黑人从农村向城市的移民浪潮，这导致了对移民实施"流动人口控制"（influx controls），同时实施的还有对被允许留在城市工业区的人划定隔离居住的城镇或院落。从 1924 年起，还通过了一系列法律用于保障工人阶级白人在面临黑人竞争时的利益，由此"工业肤色障碍"（industrial colour bars）得以构建，白人的工资被人为地提升到很高的水平，而且技术性工作只限于白人。紧接着又出现对黑人的进一步压制：《主仆法》（Masters and Servants Act）对非白人劳工施行更为严格的控制；《背德法》（The Immorality Act）宣布白人与非白人之间的性关系是犯罪行为;《土著人管理法》(Native Administration Act) 准许南非当局可以将任何被认定为挑起黑人与白人之间仇恨的非洲黑人驱逐出境。

1948 年南非国民党 (the Nationalist Party) 的胜利使南非进入了白人主导政治的巅峰时期。南非国民党中许多领导人反对与纳粹德国开战,而且在整个战争期间对希特勒一直持同情态度。其结果是随着新法律对南非隔离体制的完善,南非走上了历史学家乔治·M.弗雷德里克森 (George M. Fredrickson) 所描述的"世界上史无前例的最全面而恒久的种族主义政权"之路。[82]南非 1949 年颁布的《异族婚姻法》(The Mixed Marriage Act) 禁止白人与所有非欧洲人种之间的联姻,1950 年颁布的《背德法》宣布跨越肤色界限的任何形式的男女性关系皆为非法。《反共产主义法》(Suppression of Communism Act) 准许当局起诉试图通过制造骚乱与混乱手段以改变政治、工业、社会或经济秩序的任何人,这一点有效地将任何反对白人至上的黑人政治抗议形式列为非法,而《非法占用者法》(the Illegal Squaters Act) 授权当局可以将非洲人从任何选定的区域驱离。[83]所有这些都是非常严酷的权力,在几乎长达 40 年的时间里,这些权力的棍棒被无情地挥舞。"我们的观点是,"1952 年南非总理约翰内斯·格哈杜斯·斯揣敦 (J.G.Strydom) 解释说,"在每个方面欧洲人都必须保留对这个国家的统治权并保持一个白人国家的现状。"[84]

尽管有《圣经》一源论和《圣经》关于共同人性的教义,但从 20 世纪 40 年代开始,原先已经根深蒂固的种族隔离立法还是获得了来自荷兰归正会的宗教认可,该会坚称上帝在不同种族之间设置了界限。这就意味着,正如南非总理马兰 (D.F.Malan) 在向南非非洲人国民大会 (African National Congress) 解释时所说的,种族身份是"永恒存在而非人为的",因为南非白人统治集团 (Afrikanerdom) 是"上帝的作品",他还说:"我们的历史是世纪造物主最伟大的作品。"同样地,班图行政部长德·维特·内尔 (De Wet Nel) 主张种族隔离"不是悬而未决的抽象概念，而是必须系统实施和履行的神圣任务"。[85] 为了将这些观点付诸实践，南非学校里的孩子们被灌输"基督教民族思想"，这是一种将极端达尔文主义、科学的种族主义和怀旧的新纳粹主义混合在一起的离奇思想。就连史末资——他在人种问题上的观点在过去和现在一直存在争议——也认为种族隔离"是一种疯狂的想法，源于偏见与恐惧"。[86] 难怪从1959年至1962年期间担任英国驻南非高级专员的约翰·莫德爵士（Sir John Maud）会认为，这种混合了欧洲宗教战争的宗教偏执思想和种族主义思想的观点使人想起纳粹德国。他说，总理亨德里克·维沃尔（Hendric Verwoverd）领导下的政府"更像是17世纪，而不是20世纪的政府"，"政府里充满了不祥的希特勒的味道"，他还发觉南非外部事务部长埃瑞克·洛（Eric Louw）"会令人不安地想起戈培尔博士"。[87]

这些就是白人企图在种族身份与等级制度基础上构建民族和帝国所做的努力。由于他们所倚靠的这些种族理论和类别基础既是错误的又是自相矛盾的，因此在实践中证明是很难"约束人种之间的混合"，这一点丝毫也不令人感到意外。因此值得我们再三强调的是，19世纪末没有哪个国家完全只生活着一个单一的、同质性的种族群体。英国既有凯尔特人也有盎格鲁-撒克逊人；而美国除了是一个由黑人和白人以及当地土著组成的国家之外，还正在变成一个多种族的大熔炉；而德意志帝国不但有雅利安人和犹太人，还有许多非雅利安人，也有不少德国人居住在国外的奥匈帝国。在这个时期要实现更大范围的、跨大西洋两岸的种族群体认同也是同样不可能的。英国伦敦及其海外"白色"自治领之间的盎格鲁-撒克逊团结或"大不列颠民族"意识的认同感也被海外定居者要确立他们自己民族身份的日益强烈的需求削弱。英国对美国的工业与经济能力以及分裂主义倾向和对大英帝国的些许敌意都深感焦虑，这动摇了横跨大西洋的盎格鲁-撒克逊兄弟情谊。而将美国、英国和德国维系在

第四章 种 族

一起的所谓"条顿同胞情谊"（Teutonic fellowship）到第一次世界大战时就终结了，其中一个表现是原本也颁发给德国人的罗兹奖学金被取消并在大英帝国重新分配。[88]

另外，19世纪末那些帝国的激剧扩张都是很复杂的现象，由许多形形色色的、自相矛盾的动机驱使和影响，其中人种问题并非唯一因素。欧洲（以及新近的美国）海外力量的投射是一件具有极大不确定性的事情，这意味着在对热带地区"殖民统治"期间，帝国主义列强常常被迫利用或者通过当地的等级制度进行管理，也就是说，实际上，帝国是通过与当地黑皮肤的统治者协力合作而不是按严格意义上的种族优越理论所建议的方式来共同管理帝国事业。[89]种族思维与种族类别也遭到帝国托管地区的对抗性政策的挑战，他们称帝国不是为了宣传或者鼓吹白人优越性，而是应该将有色人种放在首位。部分原因是出于宗教或道德动机，传教士强调要相信上帝是赋予所有人类平等权利的；另有部分原因是出于政治考虑，即大英帝国的官方立场被当地土著利益视为"最重要的"，应该将他们的利益置于白人定居者或外来移民种族之上。而那些自治领所通过的要将其变成"白人国家"的措施在伦敦遭到质疑和反对，那里的白人定居者的利益需求在帝国所要平衡的利益中只占极小一部分，而官方的观点一直是，正如英国殖民大臣约瑟夫·张伯伦在1897年所说的，帝国"对种族或肤色不做偏爱性的或者反对性的区分"[90]。

在欧洲各帝国，那种将人们笼统地分为优秀的白人殖民者和劣等的黑人这两大人种的划分思想也是不符合事实的、过于简单化的想法。比如，在大英帝国四个"白色"大自治领中，既有苏格兰人也有爱尔兰人，他们有着明显不同的种族身份（爱尔兰人里面又有明显不同的爱尔兰新教徒和爱尔兰天主教徒身份），而且，从约翰内斯堡到悉尼的一些大城市里还有数量可观的犹太人飞地。另外，更值得一提的是，大英帝国的自治领中还有居住在加拿大魁北克省的法国人（基本上是天主教徒），而在南非，有曾经跟英国人交战过的南非白人——前者跟后者之间从未达成过彻底的和解，他们都具有更加截然不同的种族身份。即使在白人中间也有许多其他的割裂：其中有白人公务员与商人之间、金融家与企业家之间、士兵与定居者之间、资本家与工人之间的种种分割。[91]这种情况同样存在于那些不合情理地以统一身份抱团生活的黑人中间。他们中有非洲形形色色的各个部落，其中有些人是黑皮肤人种，有些人则是阿拉伯人；在南亚有许多不同种姓和种族。还有，殖民者与被殖民者之间经常来往，彼此亲善，甚至有越过不可穿越的种族身份边界而互相通婚的情形。不管其意识形态如何，实际上从来就没有存在过一个单一的、统治非白色人种的帝国：殖民者与被殖民者以形形色色的方式相互协作，互相混合。[92]

这种帝国融合的不争事实解释了为什么欧洲一部分最热衷于倡导种族思想、种族类别与种族优越性的人会反对欧洲的海外扩张行为。从他们的角度来看，帝国不是宣传白人至上的天生载体，而更是一条导致白人堕落的滑坡。在19世纪中叶的一些作家里面，像罗伯特·诺克斯和约瑟夫·阿瑟·戈宾诺之类的一些人就曾高度怀疑过帝国主义的占有欲到底算不算一种美德。同样，当美国成为一个帝国主义强国的时候，许多主张南方种族隔离政策以及限制欧洲和亚洲移民的人都强烈反对美国吞并菲律宾，他们争辩说国家在处理国内劣等种族的事务上已经是疲于应付，不应该再卷入像国外这些差劲的其他民族事务中去。至少在某种程度上，阿道夫·希特勒也赞成这样的观点。在《我的奋斗》一书中，他在回顾往事时批评了德国参与瓜分非洲、争夺殖民地的决定。他援引了诺克斯和戈宾诺的观点，认为德国不应该卷入非欧洲人居住的热带地区事务。[93]

即使是在美国南方，虽然那里的黑人与白人之间的界限划分获得法律上的认可，但是具体情况也比"吉姆·克劳法"字面意思复杂得多。其中部分原因是"黑人经历"（black experience）变得越来越多样化。虽然农业中的黑人劳工仍然占绝大多数，但是，城市黑人中产阶级已经开始出现，他们有自己的报纸、公司、教会和银行。黑人也开始迁往工业化发展迅速的北方，那里工资较高，也有机会成为牧师、教师或医生。这种趋势在第一次世界大战期间不断加剧。尽管北方存在事实上的种族歧视，但许多州都对白人与黑人之间的通婚持容忍态度，公共场所在法律上是不允许种族隔离的，而且黑人有投票权。[94]一个团结的、铁桶一般的白人种族观念也因以下种种原因而受到侵蚀和削弱：反犹太主义倾向盛行，尤其在美国东海岸尤为突出；盎格鲁-撒克逊人对新近从爱尔兰和中东欧移民过来的种族怀有持续的敌意；美国南方贫穷白人和黑人都被剥夺了选举权；以及在美国从墨西哥手里获得的西部和南部领土上的那些拉美裔人种身份仍然悬而未决。当加利福尼亚在1850年加入美国联邦时，这些人被视为白人，可是在新墨西哥州他们又被看成当地土著，他们的州地位一直到1912年才确定下来，但其实在此之前很长的时间里，这些州的居民人数就已经达到建州标准了。[95]

在德国，试图在雅利安人与犹太人之间确立明显的种族界限的努力也同样遇到问题。在俾斯麦帝国时代，德意志"人民"与民族二者从来就没有精确地重叠过，而德国在第一次世界大战中的失利以及因此而导致领土丢失的后果再次激化了这些问题。[96]生活着数量可观的德国少数民族的边境地区被拱手让给法国、丹麦和波兰。哈布斯堡王朝时期，数以百万的德国人此时生活在捷克或意大利的管辖之下，并且在新成立的奥地利国家里占人口的绝大多数。20世纪20年代，德国人曾致力于成为一个看起来像是真正完整的德国民族国家，将所有"人民"都圈进版图，但也无果而终，而且值得再三强调的是，《凡尔赛和约》是禁止德国与奥地利结盟的。[97]另外，不管是在他们所从事的行业还是在私人生活方面，雅利安人和犹太人常常混杂在一起。德国人类学奠基人鲁道夫·魏尔肖（Rudolf Virchow）从1871年开始对帝国600万学龄儿童进行调查，记录下他们眼睛、头发和皮肤的颜色，最后得出结论：纯正和独立的雅利安人和犹太人种是不存在的。此后这种情形变得更加明显：犹太人与非犹太人通婚的比例从1901年至1904年的8%左右上升到1929年的近23%。结果是，许多犹太人都具有雅利安人的原始特征，身材高大、金黄头发、蓝色眼睛，而许多纳粹领袖，包括戈培尔和希姆莱以及希特勒自己都并未具备这些特征。[98]

通婚以及更加普遍地想被同化的欲望使许多犹太人——其中包括年轻的尼克拉斯·佩夫斯那（Nikolaus Pevsner）——首先认为自己是德国人，其次才是犹太人，这一点使纳粹分子很难在雅利安人和犹太人之间划出一条简单而明确的界线。任何一个祖上有三个犹太人的德国人即被自动视为犹太人，而那些祖上只有1/4甚至一半犹太血统的人只要不信仰犹太教或与犹太人或其他具有部分犹太血统的人通婚就可被认定为德国公民。[99]但这是一条十分随意的标准，实际上不可能对谁具有或不具有"德国血统"进行准确的界定，即使有大量由党卫军所赞助的"科学"研究在极力尝试。在人种界定上，人种地理学比起人种生物学来也好不到哪里去，因为后来试图将整个范围的"人民"领土都划入第三帝国的努力与其在20世纪20年代所做的努力一样徒劳无功。[100]实际上，纳粹对雅利安人和犹太人的划分是十分随意和混乱的，而且他们的政策与维也纳早些时候的一个反犹太主义者但也与犹太人为友的市长卡尔·吕格尔（Karl Lueger）所施行的政策没有什么两样。他说："我可以决定谁是犹太人。"即使当德意志帝国通过武力征服而得以扩张，有150万欧洲人被询问、验证、拍照以及通过医学鉴定来验明他们是否具备雅利安民族纯洁性的生物学标准之时，但正如希姆莱的《人种记录》（*Racial Register*）中所记载的，最终的"有关人种的判断"一直处于混乱、自相矛盾和随意的状态。[101]

南非的情况也是如此，在这里人们所认为的板结、极化的种族类别同样经不起严肃的生物学或系谱学的推敲。就像在德国一样，想在雅利安人和犹太人之间进行简单划线是不可能的，在南非，同样不可能在黑人与白人之间进行清楚的界定。其中既有那些从英国的印度殖民地来的、不白也不黑的移民（如甘地），他们被归入"亚洲人"一类；也有另外一种中间类别的人种，即"有色人种"（Coloureds），在南非人口中占相当大的比例，他们是17—18世纪在西好望角的欧洲人、亚洲人、科伊科伊人（"霍屯督人"）以及非洲黑人的混血人种。这些人从语言和文化角度来看基本属于南非白人，但在种族隔离政策下却被日益隔离和歧视。《背德法》（Immorality）、《族群婚姻法》（Group Marriage）和《城市地区法案》（Urban Areas Acts）规定，有色人种与白人之间的婚外性行为、通婚或毗邻而居都是非法的。而到了20世纪60年代，他们发现自己的地位从白人与黑人之间的中间位置降至靠近后者而非前者的地位。这不是令所有南非白人都称心如意的一种安排，他们希望有更明确的人种划分。还有其他一些人，由于具有支持纳粹的倾向，十分不满把犹太人归入白人的决定，因为他们认为犹太人不属于真正的南非白人"人民"。[102]

随着南非发展为非洲大陆上最工业化的经济体，要维持这些简单化的、人为的界限变得愈发困难。到20世纪60年代初，约翰·莫德爵士深信种族隔离一定会土崩瓦解，因为"在这个多种族国家，如果说肤色问题会永远成为先进的标准，那将是难以想象的"。将白人与黑人分开并坚持前者的优越性和后者的劣等性的做法一定会过时，"原因很简单：这种做法不但是罪恶的，而且也不可能符合事实的发展"。莫德认为，南非经济不可能长期建立在种族隔离基础之上，就像美国经济不可能永远建立在奴隶制基础之上一样。他还深信，荷兰归正会通过编造虚假的圣言支持种族主义合法化的邪恶教义是不可能战胜传统圣经强调人类平等与博爱的教义的，后者在一百多年前就已成为废除奴隶贸易与奴隶制度的强有力的精神支柱。"基督教"，莫德在发给英国政府的离任告别词中总结道："白人至上主义的威胁要比共产主义更为严重。"他确信，共同人性最终将会战胜种族分裂主义。[103]

种族的衰落

所有想建立起基于没有争议的种族身份、特点、等级排序、包容与排外的帝国和民族国家的尝试都建立在所有人类都不存在共同人性的这一假设基础之上。的确，在欧洲各帝国、美国南方、纳粹德国或者南非那些倡导种族主义的人们眼里，被压迫种族看起来是如此不同、低贱，是道德上堕落的异类。然而，不管是基于宗教信仰、生物学还是历史证据，即使是将这些观点、政策和政权加以最严厉的实施，最终的实践都证明这种做法是不可靠和不可持续的。他们都只是建立在学术理论基础之上的，最理想的时候也是不稳定和自相矛盾的，而最糟糕的时候则是完全错误的。即使当这些统治制度创建起来之后，他们那些政策和理论推定也会遭到前所未有的来自各个角度的批判和质疑。最早期时候一些最具说服力的批驳种族主义思维的观点来自基督徒，他们认为种族等级制度和种族身份与宗教所宣扬的上帝眼里众生平等的教义有着不可调和的矛盾。其中就有约翰·莫德爵士，他认为种族主义政策违背了圣经教义。美国南方福音派白人教徒、德国牧师中的希特勒走狗以及南非荷兰归正会的同行，可能会有不同的宗教主张，但他们仅占少数。而基督教各教会对纳粹对待犹太人的方式以及南非对待非白种人的态度怀有敌意，后来发生的事实证明他们在动员民众反对那些政权上起了决定性的作用。正如后来 1968 年世界基督教会联合会第四次会议宣称的，种族主义"否定了我们在被创造时就已共享的共同人性，以及所有人类都是上帝按照他自己的形象创造出来的信仰"。[104]

不仅仅只有基督教会才公开谴责将世界划分为优秀种族和劣等种族的做法，大西洋两岸学术界的反对意见也强化了这种声音。一些法国学者对一个世纪以来分类学上的混乱与矛盾不以为然，他们反驳世界上根本就没有"纯正的"种族。美国人类学家弗朗兹·博厄斯（Franz Boas）极力主张，基于对不同种族的颅脑进行的所谓"科学的"测量而炮制出的解剖学上死板的人种等级差异观念不准确并具有误导性。[105]在第一次世界大战期间德国发动侵略并失败后，许多作家开始对有关"人民"的卓越性和条顿民族的优越性观点进行猛烈的批驳。1922 年，比利时太奥菲勒·西马尔（Théophile Simar）认为，种族概念是为政治目的而杜撰出来的，是缺乏科学效度的，而关于日耳曼人比其他欧洲种族更具优越性的主张是完全错误的。4 年之后，美国社会学家弗兰克·汉金斯（Frank H. Hankins）对北欧民族优越论及支撑该理论的"种族纯洁性与优越性"学说又发动了一场批判。德国犹太裔性学家马格努斯·赫希菲尔德（Magnus Hirschfeld）在其身后出版的《种族主义》（1938 年）一书中对纳粹种族主义教条的历史进行了梳理并提出反驳意见。"如果说这是可行的，"他写道，"那么，只要'种族'这个词语涉及人类种族分类的话，我们最好将这个术语彻底消灭掉。"[106]

希特勒的上台和纳粹的种族政策在学术界引起普遍恐慌，而公开谴责"科学种族主义"的举动日益引起学术界的关注。[107] 1936 年，在英国科学促进协会（the British Association for the Advancement of Science）人类学与动物学分会举办的一次联合会议上，著名遗传学家 H.J.弗勒里（H.J.Fleurie）宣称纯正的种族是不存在的；同年，曾经在第一次世界大战前强烈反对中、东欧移民进入美国的E.A.罗斯（E.A.Ross）此时也承认"种族差异不像以前那样，现在对我来说没有什么意义"。[108]而弗朗兹·博厄斯的观点在美国老一辈人类学家中仍然具有影响力。1937年，年轻的文化批评家雅克·巴尔赞（Jacques Barzun）在其出版的《种族：现代迷信研究》（*Race: A Study in Modern Superstition*）一书中坚称"不可能会有令人满意的种族定义"，它将人们牢牢拴在"最迷信的、未经证实的相似性基础上"，它是一种"与巫术和占星术几乎等同的迷信"，他还说，"一个谨慎的人"在这整个事情上不应该急于做出判断，"除非遗传学能提供更为完整的知识体系"。[109]（这是有先见之明的预测。）四年之后，在美国自然人类学协会（The American Association of Physical Anthropologists）的一次年会上，人类学家艾西立·蒙塔古（Ashley Montagu）表达了相似的观点，他宣称人们已然接受的所谓种族观点是人为炮制出来的，与事实不符。[110]

还有一些政治活动家也反对种族主义政权。布克·华盛顿（Booker T. Washington）虽然致力于战后美国南方黑人进步事业，但他认为他们不应该动员起来反对白人至上主义者，而是应该以政治审慎的立场与共同人性的名义跟他们对话、合作与和解。实际上，他敦促他的黑人同胞避开政治；培养节俭、诚实和节制的习惯；致力于培养基督徒品格和获取良好的教育，以期能够过上一种低调的生活并在经济上取得一定程度的稳定。华盛顿反对煽动两个种族之间的冲突，而是致力于寻求"加强两个种族之间的关系并使两者能够真诚合作"，他还愿意为白人提供"来自我这个种族的耐心和富于同情心的帮助"。[111]这些妥协主义主张为有关黑人与白人该如何和平相处的问题提供了一个版本，而圣雄甘地的主张则是另一种版本。与华盛顿不同的是，甘地是主张抗议和动员运动的（尽管是一种非暴力的运动），但他虽然因公开谴责他在南非所经历的种族主义而闻名,并且因不断攻击英国人和羞辱大英帝国而成为民族主义领袖,甘地却是从整体人性的角度来看待南非和南亚的问题的。[112] 1906年,他立下独身主义誓言以便腾出时间将所有人类当成自己家人一样去关心和帮助;他的教义和政治观点既来自基督教,也来自印度教;而且甘地虽然将他们视为对手,却迫切期望能与英印政府代表进行跨越种族边界的对话。他信奉宽恕敌人、信奉生活表面下潜在的相互联系、信奉一种简单的共享的"真正人性"。[113]

但是在其他国家,对种族主义现状的攻击不但没有否定种族重要性,反而再次肯定了其重要性。1893年,一个澳大利亚自由党人查尔斯·皮尔森(Charles Pearson)出版了《民族生活与民族性:一个预测》(*National Life and Character: A Forecast*)一书,预测了盎格鲁-撒克逊民族主义霸权将被推翻,因为白人将会被他们所假想的非洲和亚洲劣等种族"排挤、推搡,甚至抛弃"。这也是美国黑人知识分子杜波伊斯(W.E.B.DuBois)的观点,1900年他在伦敦举办的泛非大会上指出,20世纪的重大问题将是"种族界限问题"。他指的是"亚洲和非洲、美洲和各海岛上深色皮肤和浅色皮肤人种之间的关系",一种他认为会很快发生变化的关系。[114] 皮尔森和杜波伊斯赞同盎格鲁-撒克逊主义观点,认为全世界的人类分为白色人种和有色人种这两大稳固的种族身份,而且两者之间不可避免地注定会发生冲突,但他们的独特之处在于,他们深信是有色人种而不是白人将最终成为胜利者并因此而颠覆传统的种族等级制度。那么,很清楚的一点是,即使是在1914年之前,种族身份诉求既可以代表欧洲的霸权,也可以用来反对欧洲霸权。[115]

杜波伊斯是个受过教育的美国北方黑人,他认为他的大学同学们应该起来组织和鼓动黑人,使他们在政治上走向激进,获取男性投票权,消灭基于肤色的差别对待,获取平等就业机会和平等权利。他认为种族自豪感和区别性的种族意识主张是黑人进步至关重要的前提条件，而且他认为非洲人和非洲裔美国人具有共同的文化和种族认同。他由此成为泛非洲主义创始人之一。1915年，他出版《黑人》(*The Negro*)一书，全面描述了非洲人民所谓的种族团结和非洲大陆古代王国的荣耀。[116]杜波伊斯推崇一种超越非洲和美国南方边界的黑人身份，而这种国际主义观点在20世纪20年代由牙买加移民马库斯·贾维（Marcus Garvey）加以发展。他颂扬种族差别，并敦促成立一个独立的非洲国家，以使美国的黑人可以自由回国。它的目标是"使黑人种族觉醒"，并通过"拯救非洲来捍卫黑人的民族地位"，而且他也一再呼吁全世界黑人团结起来。的确，有一次贾维将再次猖獗复兴的"三K党"在美国的目标与他自己在非洲的目标进行了对比："三K党"的目标是要使美洲成为完全是白人的国家，而他的目标则是要使非洲成为完全是黑人的国家。[117]

在世界上另外一个地方，有一些人却从种族概念的角度对传统的种族等级制度进行攻击。那就是日本——在19世纪最后几十年里迅速工业化并攻打中国、与英国结盟并战胜和羞辱俄国，从而成为亚洲帝国的一个国家。这是一个经历了"令人惊讶的发展"并似乎在其态度、成就和野心方面日益西方化的国家。然而，日本人却有着"黄色的"皮肤，在所谓"白与黑"的种族划分上并不属于任何一方。1902年，法国政府曾经致函英国外交部，问及日本人应该算是白种人还是非白种人的问题。英国人无法做出决定，但日本人却深信他们比一些"劣等民族"如卡内加人、黑人、太平洋岛民、印度人或其他东方民族要优秀得多，以至于"如果将他们与这些种族相提并论只会被当作一种羞辱，虽然这个民族的肤色并不能支撑他们的观点"。19世纪90年代和20世纪，日本人经常抗议美国、加拿大和澳大利亚新近通过的对亚洲移民的限制条款，认为其中将他们国家与"劣等民族"置于同一种族级别的做法是对他们民族的羞辱。[118]

日本人对这种羞辱行为的反应之一——日本一家报社社长德富苏峰（Tokutomi Soho）就是个典型的例子——是放弃获得白人国家承认的努力，并敦促所有的"有色人种"去"联合起来砸烂白人统治制度。我们必须使白人认识到还有别的种族跟他们一样强大"。[119]自从在第一次世界大战中加入反对德国及其盟国的协议，日本人在巴黎和会上的策略又转向企图获得白人国家认可。他们极力游说，想在《国际联盟盟约》（Covenant of the League of Nations）中增加一项条款，宣称世界上所有种族都是平等的。但他们的努力因大英帝国的"白人"自治领与美国及英国本身联合反对而流产。这次由"盎格鲁－撒克逊人主导的抵制种族平等"的行动以及1924年通过的将日本人明确排除在外的《美国移民法案》再次断然拒绝了长期压抑在日本人心中的民间和官方意见，从而使那些提倡采取更具挑衅性的民族主义政策的日本人更加坚定了他们决心。这也有助于解释为什么在珍珠港事件之后，日本人会对他们征服太平洋群岛土著居民和亚洲人民的帝国主义行为有一套完全不同的说辞，即他们认为这是一场解放战争，是第一次的的确确想推翻美洲和欧洲那些白人帝国的严肃尝试。[120]

以上这些就是自20世纪初至20世纪30年代期间所提出的有关种族身份和等级排序的不同观点。其中，有些人争辩说世界上没有种族之分，有些人认为有两大种族，而有些人则认为有更多的种族。这些分歧早在1911年于伦敦举办的世界种族会议（the Universal Race Congress）上就已经出现。[121]这次会议的目标是要"从科学和现代良知出发，讨论所谓的白种人与所谓的有色人种"之间的关系，以期能够"鼓励两者之间取得更全面的理解，建立最友好的感情和更真心的合作"。这是一份几乎谈不上条理清楚的宣言，它时而宣称种族是存在的现实，时而又对"所谓的"将人类划成白人与有色人种的二分法表示质疑，但又希望所有的种族都能更好相处。宣言充斥了大量基督教普世主义说辞，并坚称全世界各民族"无论从哪一点来看都是在智力、事业、道德和体质上基本平等的"，但是也有代表持不同观点。作为一个社会达尔文主义者，来自柏林的人类学教授菲力克斯·冯·卢森（Felix von Luschan）不得不承认"人类的兄弟情谊"可能是"一件好事"，但又认为"为生活而斗争更是一件好事"。各种族是有差异和对立的，而种族之间的冲突对于人类的进步来说是很重要的前提条件。从另外一个角度，德康斯坦（Baron d'Estournelles de Constant）感到遗憾的是，非洲或亚洲"白种人"感觉自己比所有其他"劣等民族""或多或少更具有主宰能力，更具有随心所欲的行动力"。而杜波伊斯坚持认为美国的关键问题是"黑人最终是否将会作为人类而获得完全的认可，还是被高等种族所彻底碾压"。

此后，随着20世纪对各种族政权的批判势头愈发猛烈，他们的矛盾也变得更为明显。作为一个主张动员黑人对白人采取更具挑衅行为的倡导者，杜波伊斯公开谴责布克·华盛顿的妥协主义，他认为这是一种狭隘而悲观的背叛和投降政策。然而，杜波伊斯所信奉的一种统一、一致、团结无间的黑人意识忽略了美国黑人日益多元化的经历，而他想将这一信念扩展到加勒比海和非洲地区的想法就更显得不着边际。[122]另外，一边为"白色"种族而另一边为"黑色"种族的单一肤色界限的这种观点可能同时获得那些想要保持现状的白人至上主义者和想要急剧改变现状的黑人活动家的认可，但双方实际上都犯了错误，因为，他们在宣称这两种同质性的、不可避免地相互对抗的身份存在的同时，却忽略了在这些被认为不可穿越的种族边界之间，实际上发生过不少对话、接触和互动。还有，另外那些并不适合这种极化的、二元化的"黑与白"世界的其他种族又是什么情况？比如说，犹太人的情况怎样？他们是如希特勒所坚持认为的那样是完全与雅利安人没有瓜葛的可憎之人，还是像有些种

第四章 种 族

族隔离斗士所宣称的那样属于南非白人"人民"的一部分？还有，像"黄色人种"的中国和日本或者那些北非和中东地区属于"棕色人种"的种族在这个过于简单化的摩尼教式的图景中该何去何从？

在第二次世界大战期间，由于人们对部分出于信念、部分出于战略需要的种族主义思想和身份的广泛批评，这些矛盾显得基本上没有什么值得考虑的价值。富兰克林·罗斯福总统坚持认为他的"四个自由"应该让"不管居于何处的每个信仰和每个种族"的人们共享；同盟国宣称是为反对雅利安人的种族优越论和日本人的种族偏执行为的自由而战；而且当时的政治和公众舆论走到哪里，学术讨论就跟进到哪里。物理学家和社会科学家因纳粹和日本人曾经将种族固有差异主张付诸种种实践而深为担忧，现在都迅速抛弃那些所谓种族类别划分、身份和等级制度是理解世界上各民族最佳途径的主张。弗朗兹·博厄斯的著述、他的学生鲁思·本尼迪克特（Ruth Benedict）以及人类学家对种族、文化与能力之间的关联性的批评现在开始走进普通群众的视野。[123]本尼迪克特于1942年出版的《种族与种族主义》（*Races and Racism*）一书将种族思想不屑地称为"对科学知识的一种嘲弄"；同年，艾西立·蒙塔古的《人类最危险的神话：种族谬论》（*Man's Most Dangerous Myth：The Fallacy of Race*）一书成为畅销书；而在1944年瑞典社会学家纲纳·缪达尔（Gunnar Myrdal）出版了《美国的困境》（*An American Dilemma*）一书，总结说美国南方的"吉姆·克劳种族隔离法"是不正当的、有悖美国价值观的。到第二次世界大战结束之时，所谓种族是人类集体身份、意识和等级排序中最重要形式的观念从任何严肃的、值得尊重的知性主张中被剥离出去。它不再是从诺克斯到希特勒等那些早期权威人物口中的"一切"。[124]

然而，即使随着种族观念及围绕这一观念确立起来的二元划分在知识界日益站不住脚，在证据上不足为信，在政治上失去效力，但是有关种族身份和种族对抗的政治活动却因许许多多事态的发展而注入了新鲜的血液。其中，1941年由温斯顿·丘吉尔和富兰克林·罗斯福两人协商发布的《大西洋宪章》承认"尊重所有民族选择他们愿意生活于其下的政府形式之权利"，这一条款对欧洲各帝国产生了极为重大的影响：这里有数百万黑色皮肤的人实际上生活在他们并未曾选择的政府之下。[125]此外，日本成功占领了英国、法国和荷兰各帝国的大片海外属地，这就粉碎了白人具有天生优越性的观念，并开创了一个新的世界，在这个世界里，亚洲民族不再是"劣等民族"，而是不得不被认真和平等对待的民族。还有，美国人曾经堂而皇之地宣称其之所以于1941年参战是为反对种族偏见、种族歧视和种族灭绝，但由于美国仍然保留"吉姆·克劳法"和将日本人粗暴地视为耗子、狗、大猩猩和蛇一般的种族刻板形象而使这些说辞看起来明显不足为信，因而引起了人们批判性的反应。连美国自己的白人社会都对黑人抱有偏见，罗斯福政府又怎么能谴责那些建立在种族身份、不平等与种族歧视基础上的其他政权？[126]第二次世界大战究竟是一场种族解放的战争，或仅仅是一场一种种族主义统治另一种种族主义的战争？

正是在这样矛盾的氛围之下，联合国设立了"联合国教科文组织"，其目标之一是抵制支持"人类与种族不平等教条"的"愚昧与偏见"。联合国召集了一组科学家，由艾西立·蒙塔古担任主席，对人类种族做出最后的裁决。[127]他们于1950年发布了第一份报告。"科学家们，"这份报告开头写道，"已经取得一致意见，认为人类是一个整体：所有人都来自同一种类，即早期智人（Homo Sapiens）。"负责"人类之间遗传差异"的基因"与整个人类的基因结构和所有人类——不管他们属于哪个种族——共有的大量基因相比，其数量是微不足道的"。由此可见，"人类之间的相似度要比其差异度大得多"，而且，"各民族、宗教、地理、语言和文化群体未必与种族群体相吻合"。该科学小组强烈建议最好"彻底摒弃'种族'（race）这个词语"，因为"从所有实际目的出发，'种族'（race）与其说是一种生物学现象，倒不如说是一个社会神话"。这份报告的结尾发出了对共同人性现实完全认可的强劲声音："生物学研究支持世界大同这一伦理道德，因为人类天生具有合作动因。……从这个意义上来讲，每个人都是其兄弟的看护人。"一年以后，联合国教科文组织另一组科学家再次肯定了这一发现，坚称无论如何没有什么"科学根据支持世界上存在单一纯正种族或是优劣种族等级制度的观点"。[128]

这些文字的背后蕴含的是人们对犹太人大屠杀的普遍厌恶，不过随着德国的战败，那些最可怕的种族政策也宣告彻底破产；而在后来的半个世纪里剩下的那些曾经建立在种族思维、身份、优越性、从属性和排外政策之上的政权也消失了。大英帝国在印度的殖民统治、荷兰人对东印度群岛统治的结束以及法国在印度支那自治领的瓦解预示着所有欧洲帝国在亚洲、非洲和西印度群岛殖民统治的终结，而到20世纪80年代，实际上已经完成。在同一时期，加拿大、澳大利亚和新西兰的"白人"自治领放弃了他们的种族歧视政策，也结束了其移民方面的限制性措施，并开始寻求对早期的种族灭绝和侵夺财产行为进行补偿，而且开始拥抱文化多元主义。同时，美国南方的"吉姆·克劳法"和习俗被推翻：民权立法终止了种族歧视并给予黑人投票权，美国最高法院废除了那些禁止跨越种族边界的婚姻或性关系的州法律，而且彻底撤销了1924年的移民法。[129]南非种族隔离政权也因为人们对种族主义思维的世界范围的批判而无法持续下去。1990年，南非总统弗雷德里克·威廉·德克勒克（F.W.de Klerk）宣布实施种族隔离的歧视性法律和国家机器将会被放弃，纳尔逊·曼德拉（Nelson Mandela）将会获得释放。四年之后，曼德拉被选为总统，领导一个容纳黑人、有色人种、亚洲人和白人的"彩虹联盟"(rainbow coalition)政府。[130]

对这些事件激动人心的概述似乎证实了基于种族思维和种族身份之上的纸牌屋在二战之后最终彻底土崩瓦解的观点。然而,一些潜在的思想并没有这么迅速消融。正如历史学家戴维·雷诺兹(David Reynolds)所注意到的,1945年之后所发生的针对白人种族主义的非欧系攻击"以另一种虚拟的类别名义——'黑色'(blackness)——而达到登峰造极的地步",极具"进一步巩固种族观念的讽刺意味"。[131]在战后时期,许多为反对帝国主义统治并为自由而战的非洲民族主义领导人对种族身份的声明和种族意识的提升颇为关注,并强烈主张欧洲白人滚出他们的国家。美国也发生同样的情况,马尔科姆·X(Malcolm X)在鞭笞白人这个"邪恶种族"并"愤怒地"要求获得黑人权利和实行黑人主义隔离的同时提出"黑人民族主义"主张,而且许多美国大学里面都设立了非洲裔美国人研究系,试图探索出(和帮助建立起?)一种跨大西洋的非洲裔美国人身份和黑人意识的认同感。甚至连马丁·路德·金有时也提到这种"不可思议的新的好战主义已经吞没了黑人社区",而曼德拉有一段时间也曾经将武力视为结束种族隔离的唯一途径。[132]在非洲和美国,显而易见仍然存在着强大的种族界限,而要求独立和民权的主张看起来像是美国和非洲的黑人在宣称一场决心要获得胜利的黑人种族战争。

但是认为只有一种单一的、团结的、无所不包的黑人意识被动员起来反对在非洲的欧洲殖民压迫和美洲的白人至上主义者的这种观点被许多证据证明是歪曲真相和自相矛盾的。值得我们再三强调的是,黑人起来反抗非洲的帝国主义统治的许多次骚动都因不同部落之间、乡村与城镇的人们之间、传统的"通敌"当局势力与中产阶级民族主义的新势力之间的分裂而破产了。比如,在南罗德西亚(Southern Rhodesia),由罗伯特·穆加贝(Robert Mugabe)所领导的那些非洲人与追随约叔华·恩科莫(Joshua Nkomo)的那些人之间就有着深刻的裂痕。其结果是独立运动往往带来了敌对部落、党派与宗派之间更具分裂性的战争,他们都在为获取后殖民主义国家的战利品而斗争。比如在比属刚果(Belgian Congo),加丹加省(Katanga)很快脱离出去,但至今为止那里的内战仍在持续。又比如卢旺达,在1994年的种族灭绝事件中,有50万到100万之间的图西族人(Tutsi)被胡图族人(Hutu)斩尽杀绝。再比如苏丹,虽然南方与北方脱离,但另一场持久的内战却经久不息。[133]另外,不仅仅是非洲"黑人"在进行反对欧洲"白人"帝国的独立斗争,北非和中东地区的阿拉伯人以及南亚和印度支那民众也在进行斗争,而他们并不算是黑人。

在去帝国主义化的20世纪,正如帝国主义化的19世纪一样,并没有一条单一的肤色界线可以将世界上的人划分成黑人和白人。美国的情况也是如此,在20世纪50年代的美国,黑人所经历的情况比以往任何时候都更复杂多样,他们分裂为北方与南方、乡村与城镇、工人阶级与中产阶级。有些困在大城市贫民区的黑人发动骚乱和暴动,而有些人则加入反对南方种族隔离的非暴力抗议运动。他们中的有些人,如康多莉扎·赖斯(Condoleezza Rice)的父母,对有关集体动员的言论并不买账,而是更倾向于支持自助自立和妥协主义的个人主义伦理道德。而且,不管黑人民权主义的领导人是对抗主义者还是妥协主义者,他们无一例外的都是男性,他们对女性的地位很少给予认可。[134]还有,在那些设有探索和研究(而且经常声明)非洲裔美国人的经历与身份的统一性、一致性和受害状况的各大学系部在经过一代人的努力之后,却发现那种因地理和性别、阶级和文化的差异而撕得支离破碎的经历与身份已经变得极度难以分辨。这种结果,按照康奈尔·韦斯特(Cornel West)的话来说,就是"并没有所谓的一种单一、基本的身份可以从根本上定义我们是谁"。对此,雷金纳德·麦克耐特(Reginald McKnight)也赞同,

"我们不是一个种族,"他写道,"甚至不是由许多个人所组成的一个简单的聚合体。"他认为,根据具体情况或目的,"我们有时是一个'我们'(We)和一个'他们'(Them),一个'咱们'(Us)和一个'他者'(The Other)"。[135]

但是尽管这些宣称无所不包的黑人身份和意识的主张在某些方面过于夸张,他们同时也过于狭隘,因为就像白人至上主义者们反对他们所要动员起来反对的那些人一样,他们都否定了比以往任何时候都更能得到科学验证的那种共同人性。[136]受到甘地启发的两位人物就赞成这种更为全面的观点。他们并非总是赞同,而且并非总是成功,但从某种程度上来说却也颇具启发性和改革意义。第一位是马丁·路德·金,他从有关人类团结的基督教义中获得灵感并极力强调在一个"相互依存网络"中的人类相互之间的关联与亲密关系。"我们许多白人兄弟,"他在1963年8月于华盛顿特区宣告,"已经开始意识到他们的命运与我们的命运息息相关。"所以,他梦想有朝一日"昔日奴隶的儿子将能够和昔日奴隶主的儿子坐在一起,共叙兄弟情谊",有朝一日"那里的黑人男孩和女孩将能与白人男孩和女孩情同骨肉,携手并进"。他梦想有朝一日会有一个被救赎的美国包容"所有上帝的孩子,黑人与白人、犹太人与外邦人、新教徒与天主教徒"。[137]第二位是曼德拉,虽然他并不是一个虔诚的基督徒,但他的观点与路德·金的观点相近。他赞成通过跨越种族身份边界的对话与合作,通过在后隔离时代的南非强调宽恕与和解的重要性而在"所有人"之间实现"和谐",他认为南非应该成为一个"全人类都将为之自豪的"国家。他认可的是更广泛、更令人信服的"整体人类种族"身份,而他本人就是这种魅力和道德力量的化身,以至于他成为"超越肤色"和"超越种族"的一个人。[138]

第四章 种　族

超越种族？

　　正如阶级团体一样，种族身份也同样使得 20 世纪结局与其开局大相径庭。纳粹德国的毁灭、欧洲殖民帝国的没落、美国民权运动的去种族化以及南非种族隔离制度的终结是对"种族就是一切"这一观点的否定。那些建立在种族身份和等级之上的政权的灭亡使贝拉克·奥巴马 2004 年的声明更具可信度："这里没有黑人美国和白人美国，没有拉丁人美国，也没有亚洲人美国。这里只有美利坚合众国。"[139]他这么说实际上也是在承认美国学术界自 20 世纪 80 年代以来的重要进展，即种族的"重要性正在淡出"的主张。涉及奥巴马这番话的一种解释跟威廉·朱利叶斯·威尔逊（William Julius Wilson）的作品有关，就是美国黑人资产阶级的持续发展和巩固意味着在解释黑人的生活机遇方面，阶级比种族更重要；另外一种原因是跨种族通婚数量上升。结果是，有大量的著作声明，作为一种集体身份的种族在美国社会的重要性不比以前。[140]这里是一个新的"后种族时代"的美国，而奥巴马恰如其分地成为第一位的"后种族时代"总统。

　　然而种族观念作为一种身份和排序方式仍然存在，死而不僵。20 世纪 60 年代以来，19 世纪所持有的那种种族身份可以进行划分和排序的观念经常会有阵发性的复苏现象。[141]一些非洲领导人如罗伯特·穆加贝（Robert Mugabe）坚持打"种族牌"，谴责西方白人的殖民主义和新帝国主义。一些美国人对种族界限仍然存在的现实表示失望，认为这个国家远未超越种族界限。相比奥巴马那些要超越美国黑人与白人界限的慷慨陈词中所表明的态度，他的总统立场要模棱两可得多。兰德尔·甘乃迪（Randall Kennedy）认为，围绕奥巴马所谓的"后种族总统职位"的所有事情"都不可避免地透过种族的棱镜而被广泛、持续地进行解读",这一观点显然是十分正确的。[142]种族作为人类身份的类别之一的持续存在、其存在的合理性又遭到严肃质疑这一点可以从美国统计局的普查中得窥端倪。该普查要求被调查对象从近几十年里不断无端而擅自变动的一串选项中申报他们的种族身份。在1930年的普查中,墨西哥裔美国人被认为属于一个单独的种族,但在此后的几次普查中又不是。在同样这次普查以及1940年的又一次普查中,"印度裔人"被列为一个单独的种族,但这个说法很快又从普查中消失不见。在1970年的普查中,美籍印度人和巴基斯坦人被宣布为"白人",但在1980年他们又重新被划入"美籍亚洲人"。在2000年的普查中,被调查对象被要求必须从15种"种族"身份中确定自己属于其中哪一种或一种以上的身份,如果他们拒绝这么做,他们的种族身份将由美国统计局认定和分派。[143]

因此,不管如何变化无常,种族意识的确存在。但是,正如这些分类上的混乱状况所显示的,种族作为人类身份最包罗万象的类别,其可信度已经急剧下滑——不仅仅在美国,全世界都是如此。人类学家们对种族团结和排序的持续唱衰得到了遗传学家的证实——这一点杰克斯·巴赞（Jacques Barzun）曾有先见之明地预测到了。这些证据是基于詹姆斯·沃森（James Watson）和弗朗西斯·克里克（Francis Crick）对人类DNA结构的研究发现。根据人类基因组计划（the Human Genome Project）的研究成果,来自所有不同背景、地区和种族的人类共享超过99.9%的共同基因,而在剩下的0.1%的基因里,在同一种族团体内部的变异比种族团体之间的变异更为明显。这就意味着一个"黑人"身上99.9%的基因和一个"白人"身上的基因是相同的,而且任何"黑人"身上的基因与"白人"的基因要比与另一个"黑人"的基因更为相似。按照这样理解，种族在生物学上是一个没有意义的概念和类别，只不过从表面上来看具有肤色深浅的区别而已。同时，肤色也不是天生的，更不是永恒不变的，因为通过跨种族婚姻，从一代到另一代的肤色是有可能发生重大变化的。[144]

因此，所谓因为人类有许许多多基因来源所以才有了这么多不同（以及不平等）种族的那些强烈主张逐渐被科学研究动摇，同时，科学研究也支持了早期《圣经》中有关人类都是来自单基因的创造物，所以人类在本质上是一致和平等的这一观点。[145]而且这也不是唯一的依据，正如比尔·克林顿所说的，"现代科学"已经证实了"古代神话"，因为许多古人类学家坚称人类是由1.2万至1.5万年前的非洲智人一次性演变而来的。从那以后，这种新物种"走出非洲"并最终散布到全球各个宜居之地。如果该理论正确（这种观点有说服力但并非是结论性的），那么很自然地，正如史蒂芬·杰伊·古尔德（Stephen Jay Gould）在其书中所说的，"所有现代人类"，不管其肤色如何，"都是从非洲祖先那里继承了相同生理特点的一个整体"，这就为共同人性和人类一致性现实"不是无聊的政治口号或不着边际的浪漫主义主张"这一观点提供了强有力的支持。[146]类似围绕宗教、民族、阶级和性别而构建起来的竞争性身份一样，宣称种族是理解我们到底是谁这一问题的最重要方式的主张是经不起严肃推敲的。克林顿总统的继任者坚持认为，将各国人民长期划分为不同的、敌对的文明是最全面、最重要的集体特征，那么，他所提出的主张是什么呢？

第五章 文 明

  文明不会持续,自由不会长存,和平不会长久,除非全世界绝大多数的人们众志成城,显示其强大的捍卫力量,使那些野蛮和退化的势力望而生畏。

——温斯顿·丘吉尔
《参战:温斯顿·丘吉尔爵士阁下演讲录》
(*Into Battle*:*Speeches of the Right Hon.*
Winston S.Churchill CH,*MP*,R.S.)
丘吉尔主编

  当我们在看世界历史的时候,很重要的是要认识到我们不是在看各个碎片化的和彼此孤立的不同文明的历史。各文明之间有着广泛的接触和某种相互联系。我经常将世界历史当作一部世界文明史,它们经常以相近的、多元化的方式在演化,总是彼此互动与联系,而不是各文明的历史。

——阿玛蒂亚·森(Amartya Sen)
引自尼尔·麦格雷戈(N. MacGregor)
《大英博物馆世界简史》(*A History of the World in 100 Objects*)

第五章 文 明

1749年，几乎正好是罗伯特·诺克斯在英格兰北部巡回演讲、鼓吹他所谓的种族身份至上主张之前的100年，英国哲学家大卫·哈特莱（David Hartley）出版了《对人的观察》（*Observations on Man*）一书。在这本书里，他将"野蛮和愚昧"与"教导和文明"两方面进行了对比。[1]就目前所知，这是有史以来第一次将这两种后来很快被视为集体团结和人类对立的最终身份形态并列起来并比较。大约1/4世纪之后，1772年3月23日，詹姆斯·鲍斯韦尔（James Boswell）在日记里作了如下记录：那天上午，他找到了朋友塞缪尔·约翰逊，约翰逊当时正在修订那本著名的辞典。他们二人讨论了一个当时人们正在使用的新词，这个"伟大的辞典编纂家"此前一直在考虑要不要将这个新词收入他的辞典，但经过再三思考后还是决定放弃。"他就是不承认，"鲍斯韦尔后来不无遗憾地说，"'civilization'这个词，他只接受'civility'这个词。"但是，尽管对约翰逊"极度尊重"，鲍斯韦尔还是"认为来源于动词'to civilize'的'civilization'这个词在表示'文明'一义时，比'civility'更适合作为'野蛮'（'barbarity'）一词的对立面"。[2]尽管塞缪尔·约翰逊拒绝采用"civilization"这个词，但是它很快在1775年的"Ash's Dictionary"这本辞典里获得了正式的认可。其时，"civilization"这个词正在英格兰和苏格兰的上流社会和教育界被人们广泛使用，将该词用于描述社会可能追求的最高状态，同时作为一种集体身份而存在，与更为古老的野蛮主义集体相对立。

从一开始，作为一个名词、概念和一种身份的"civilization"背后就蕴含着文化批评家雷蒙·威廉斯（Raymond Williams）所说的"启蒙运动的整体精神"。这个词甚至在更早些时候就在法国流行开来，而它后来被采纳似乎是英国文化借用法国文化的一个明显例子，所以这个爱国的、以英国为重的约翰逊博士对这个词并不上心就丝毫不奇怪了。[3]但是，尽管他对此漠不关心，"civilization"这个词还是很快获得了英吉利海峡两岸的认可并成为日常词汇的一部分,而且在法国和英国,不管是在政治上,还是文化和社会上,这个词经常被用来表示人类集体身份、发展及成就的最高阶段。然而,在以德语作为交际语言的欧洲其他地区,虽然此时人们也开始使用"zivilication"这个词,但是它并未表示那种高级的存在状态或群体身份:它只是一个"二流词汇",指外部状态和表面现象,其地位比德语中更有分量的"Kultur"一词所表达的概念要低。所以,虽然英国人和法国人可能自视为国际化欧洲文明的化身,讲德语的人们对文明的理解更为深入,而且,当英国人和法国人(以及后来的意大利人)开始将其文明成就和身份与野蛮主义相比较之时,日耳曼人在有关这些概念和身份问题上却持截然不同且更为谨慎的态度。[4]

在启蒙运动期间,互相冲突的文明集体和野蛮集体之间的这种对立在历史上是不对称的,因为"civilization"(文明)是一个相对来说新近才有的概念,而与之相对比的"Barbarism"(野蛮)一词却是一个在这个大陆上已经普遍流行了两千多年的术语。[5]最初使用这个词的是古希腊人,他们用它来形容那些讲其他语言的外国人:的确,"barbarian"(野蛮人)一词在希腊人听起来是吧啦吧啦一般无意义(像发出"bar bar"声音一样)的拟声词,而恰好此时罗马人顺手拈来用以指称那些居住在他们帝国之外的不讲拉丁语的、未开化的、遭遗弃的人们。此后,这个词又被西方基督徒当作司空见惯的笑柄。他们自视为开化的、优秀的和有教养的人,而与此相对应地,他们将那些不入他们法眼的、为他们所憎恶的外国人看作粗鲁的、野蛮的、无宗教信仰的、低贱的和未教化的人。正是在这个意义上"barbarian"(野蛮人)一词在中世纪和现代早期时候的欧洲被人们广泛使用,其时经常不固定地用来指称斯拉夫人、马札尔人、维京人、撒拉逊人、阿拉伯人、鞑靼人和突厥人。[6]后来,这个词在文艺复兴时期被自视为罗马帝国继承人的意大利统治精英采用,用来谴责 14—15 世纪从法国和德国入侵的那些"北方野蛮人"。[在 1527 年被查理五世皇帝手下的德国士兵攻陷的罗马被比作 476 年陷落于哥特人手里的罗马，而马基雅维里（Machiavelli）《君主论》（*The Prince*）的最后一章的题目就是有名的"奉劝将意大利从蛮族人手中解救出来"。][7]

那么，在 18 世纪之前，至少在出现一个反义词与之相对立之前，"野蛮人"就已经是一个历史悠久的集体身份类别，它不是后来所指的那个笼统的团体，而是一连串因地点和时间而定的具体的社会与文化形态，且不管它是在古希腊、罗马帝国、基督教欧洲或是文艺复兴时期的意大利，情况皆是如此。因此，"野蛮人"是一种身份，而且是一种低贱的身份，被那些自视为"优等人"的人用于指称那一批批异族人团体。前者觉得没必要对自己所在的集体下定义，而只要将他们认为是敌对的、具有威胁性的和掠夺成性的"他者"进行描述和贬低就够了。这么做的话，他们便可以将一种未必感受或接受的共同身份和共同意识投射到历史上交替出现的那一群群"野蛮人"身上。他们还提供一些历史记载，用于描述蛮族的发展历程并对野蛮行为进行道德评判，这种评判往好了说过于简单化，往坏了说具有极大的误导性。"每个人，"蒙田（Montaigne）公正地指出，"都可以将不符合其好恶的行为习惯斥之为野蛮"[8]。然而，在 18 世纪后半叶，这些不对称的极性和身份却转变成更加平衡、更加包罗万象的"野蛮"和"文明"的二元对立，而且这种新形态最出名、最具影响力且经久不衰（但也被误解和误用）的阐述来自爱德华·吉本，我们接下来会谈到这个人。

文明与野蛮

在当代苏格兰思想家开启的启蒙运动理性思潮影响下，吉本所著的《罗马帝国衰亡史》是一部当之无愧的启蒙理性之作，该书围绕对比、对照和二分法展开，其中有两点尤其重要：其一是在"教外人"与"基督徒"之间进行对比；其二是在开化的罗马人与罗马帝国边界之外的那些蛮族之间进行对比，后者最终战胜并彻底打败了罗马帝国。"在公元 2 世纪，"吉本在其著名的开篇词中写道，"罗马帝国涵盖的是当时世界上最好的地区和人类中最开化的那部分。"[9] 在他看来，罗马给一大部分人带来了一种独特的、融合公民美德和个人自由的东西，带来了秩序、公正、繁荣和个人权利的福音，并在诗歌、演说、历史、哲学和艺术上给人们留下了无与伦比的文化遗产。而他用来完整描述这一成就的就是曾经被约翰逊博士拒绝使用的那个词，即"文明"（civilization）。在吉本看来，野蛮（barbarism）是对文明的否定，并将其等同于蒙昧。比如哥特人，他们是乡下游牧民族，对固定的土地资产没有概念，对所需的用来管理它的法律也没有概念，而且"对文字的应用不熟悉"，意味着他们远非"文明人"，他们只不过是"一群野蛮人，不懂知识，不会思考"，他们天生喜欢战争。（也许不值得大惊小怪的是，吉本没有学过德语，因为他认为这是一种太过"粗野的"语言。）[10]

然而，尽管罗马有着无与伦比的优越性，不管是其广大的帝国还是其卓越的成就并没能得以长期确立，因为，按照吉本的观点，他们的帝权不但被征服了"异教"的"基督教"战胜，而且被战胜了"文明"的"野蛮主义"征服。在 4 世纪晚期，吉本认为，当哥特人于公元 376 年跨过多瑙河并于两年后在亚德里安堡打败了帝国军团之时，来自罗马偏远边疆为反抗更远的东部地区匈奴人的势力而产生的外部压力变得难以招架。但这才仅仅是开始：在 5 世纪第一个十年里，汪达尔人渡过莱茵河进入帝国，后来又通过比利牛斯山进入西班牙；而哥特人入侵意大利并于公元 410 年对罗马大肆劫掠。更糟糕的事情还在后头：汪达尔人于公元 439 年围困了迦太基城，他们于 16 年后掠夺了罗马，西罗马帝国的最后一个皇帝罗慕路斯·奥古斯都（Romulus Augustulus）于公元 476 年被废黜了。根据吉本的说法，在不到 100 年的时间里，"罗马帝国就被蜂拥而至的野蛮人征服了"；西班牙和南高卢地区的西哥特人、北高卢地区的法兰克人、意大利的东哥特人、北非的汪达尔人等建立了新的国家；曾经伟大的罗马城成为千疮百孔、荒无人烟的废墟；而一直以来将地球上的野蛮民族和文明国家分割开来的障碍被夷为平地。[11]

对吉本来说，在对立的文明身份和蛮族身份之间的这场重大而不平等的斗争的结果是人类历史上的一场大倒退，因为西罗马帝国成了"变化莫测的命运的牺牲品，不管是人还是其伟大的作品都没能逃过沧桑的命运，将帝国和城市都埋葬在一个共同的坟墓"。那些粗鲁、野蛮的日耳曼部落消灭了希腊-拉丁文明来之不易的成果，而他们的破坏性入侵和征服带来了一个充满废墟和腐朽的黑暗世纪，让欧洲需要几个世纪才从中恢复过来。在吉本看来，罗马帝国之后出现的西边各王国在这段可怕的时期经历了"原始野蛮的最低潮"，而在东边千疮百孔、四面楚歌的拜占庭却神奇地幸存下来，虽然吉本认为它已不可逆转地走向死亡、狭隘和腐朽没落，从之后的历史来看，其衰败程度甚至达到了是"一个长期单调乏味的关于软弱与苦难的故事"。其间或有几次复兴和收复失地的时期，如在查士丁尼（Justinian）皇帝在位之时，但从长期来看，这个帝国一直在朝被历史湮灭的轨道上走下坡路，因为其领地被来自东边一波又一波的蛮族蚕食：接踵而来的有波斯人、斯拉夫人、塞尔柱土耳其人（Seljuk Turks）和最后的奥斯曼土耳其人（Ottoman Turks），他们于 1453 年攻陷君士坦丁堡，从而征服了这"第二个罗马"。[12]

然而，尽管表面上看起来带有英勇的质朴，但是吉本对文明与野蛮的二分法（就像他对教外人与基督徒的极化处理一样）受制于常被人们忽略的说明和限定条件。首先，作为一个具有当之无愧的讽刺性格的人，他从来不认为罗马人具有绝对的美德，也不认为那些蛮族人品格上完全没有可取之处。在他看来，罗马文明是在早期共和时期达到巅峰的，而在后来帝国专制时期的特点是"毫无节制的扩张"，腐败、奢侈、毫无节制、虚弱无力削弱了人们的意志力，破坏了人们的自由空间，颠覆了人们的自由权利。[13]然而，不让人觉得意外的是，吉本有时候也承认一个腐朽堕落的罗马需要也活该被帝国边境上那些势不可挡的蛮族征服，之后再恢复生机。这些蛮族也许是野蛮好战的，但他们也是勇敢、精力充沛的，而且以他们自己的方式信奉某种罗马早已放弃的自由。从这个角度去理解，那么《罗马帝国衰亡史》一书的核心悖论在于蛮族人入侵并征服了这个大帝国之后却发现他们反过来被自己似乎早已征服，最终却复苏、重生并解放出来的那个文明的思想打败。[14]其结果是，他们从"原始的野蛮状态"逐渐进化成"非凡的现代文明"，意味着吉本时代的欧洲"将来不会再遭受任何野蛮人的入侵"，而且野蛮民族所表现出来的威胁已经结束——至少在他所处的这块大陆是这样的，尽管其他地方不一定如此。[15]

另外，虽然罗马在一定时期也许是"文明"的化身，吉本认为它也不是铁板一块、一成不变的，而且，比起后期帝国"毫无节制的扩张"和拜占庭帝国时期的腐朽没落和了无生机，他更喜欢罗马共和时期充满生机的自由活力。[16]其实，他关于另一对立类别，即"野蛮"的一致性也经不起仔细推敲，因为攻击并最终摧毁帝国的外部力量在其源头、目标、行为和信仰等不同方面具有不同的特点。其中，有来自亚洲的蛮族，先后有阿提拉（Attila）麾下的匈奴人，成吉思汗领导下的蒙古人以及帖木儿（Tamerlane）帐下的铁木儿（Timurids）族人，他们向西扩张给这个帝国边疆带来了巨大的间接压力。有汪达尔人、法兰克人、西哥特人以及东哥特人，他们在阿提拉的亚洲部族冲破西罗马帝国的边界之前撤退，留下混乱与废墟，尽管最后又回归自由。最后还有波斯人、阿拉伯人和突厥人，他们从东部边界袭击罗马帝国：与充满活力的北方对手相比，他们往往显得虚弱无力、腐败并具有东方式的专制特点。其中，阿拉伯人也有着宗教改革的强烈动机。从这个更细微的吉本式角度来看，"野蛮人"是过于简单化的一种集体类别，并不能将一千年来罗马的众多敌人都包括进去，因为正如他们各自不同的历史和属性所表明的那样，他们并没有团结意识，以及共同的身份、使命或目的。[17]

那么，浮光掠影地粗读一遍《罗马帝国衰亡史》，可能会让我们感觉吉本关于"文明"和"野蛮"集体身份上著名的二分法似乎很清晰，但只要我们认真加以审视，就会发现情况并非如此。然而，从他那个时代以来，同样的极化和交战敌对的观点一直被投射到许多时代和地区。对于法国派驻凯瑟琳大帝宫廷的大使西格尔公爵（Comte de Ségur）来说，吉本对于古典时代晚期的身份区分仍然存在，只不过他们现在发生在俄国罢了。在那里，向西方看齐的圣彼得堡首府是一个"野蛮与文明、10世纪和18世纪、亚洲风格与欧洲风格"混杂的混合体。[18]但对于中国皇帝乾隆而言，在1793年接待由马戛尔尼伯爵（Lord Macartney）率领的英国代表团时，欧洲人才是野蛮人，而亚洲人是文明的。他对马戛尔尼所带来的作为显示其国家技术优越性的礼物和器件不为所动，并且拒绝了乔治三世的"想要分享我们文明红利的谦卑愿望"。马戛尔尼代表团认为中国人傲慢、仇外、独裁、落后，然而，中国人却仍然深信他们才是文明的，而欧洲人（就如他们疆域之外的所有人一样）是野蛮人。60年之后，当英法联军摧毁帝国的圆明园之后，愤怒不已、深感难堪的维克多·雨果对"文明"与"野蛮"给出了不同的说法："我们欧洲人是文明人，而对我们来说中国人是野蛮人。这就是文明对野蛮所做出的行径。"[19]

但是，尽管过于简单化但曾引起众多共鸣的吉本二元分类法在

18世纪末和19世纪期间不但被延伸、修改，甚至被颠倒；它的一些对立性方面的观点也被批驳得体无完肤。那些批驳他的人坚持认为，野蛮与文明不是锁定在致命的摩尼教式冲突中的两种对抗性身份，而是在政治、社会、知性、道德和美学发展的一个连续体范围内的两个端点。他们并非如吉本所说的互相顶撞、注定是原生的和永恒对峙的两大群体，而是人类长期进化历程上的起点和终点。经过这样重构的文明不再是一个总是与野蛮人交战的集体性的和交困性的实体，而是一个持续的过程，在19世纪欧洲的发达国家达到巅峰。这就是弗朗索瓦·基佐（François Guizot）的《欧洲文明史》和《法国文明史》、雅各布·布克哈特（Jacob Burckhardt）的《意大利文艺复兴时期的文化》以及亨利·托马斯·巴克尔（H.T.Buckle）的《英格兰文明史》等著作的基本观点。[20]正是一些欧洲人身上的这种终极成就感才激发了19世纪帝国主义的"文明使命"，他们公开宣称其目标就是提升处于人类发展中较低阶段的那些民族。[21]而这种观点在流亡的社会学家诺贝特·埃利亚斯（Norbert Elias）的著作中发出了它的最强音。他于1939年在德国出版了《文明的进程》（*The Civilizing Process*）一书，这一年正好在许多人看来似乎是这个进程已经可怕地停止下来的一年。[22]

因为关于欧洲"文明"的强烈主张是法国和英国以及有时候是意大利提出来的，所以19世纪和20世纪的欧洲"文明"并不一定囊括整个欧洲大陆，而且以德语为交际语言的民族与这个概念和这个群体的关系一直是个问题。细读《罗马帝国衰亡史》之后所获得的一个视角会使我们发现，有些德国人丝毫不以"文明"为荣。约翰·哥特弗雷德·赫尔德（Johann Gottfried von Herder）从19世纪初开始著书立说，并将吉本书中只是附带提到的一个观点加以发挥，认为具有日耳曼人特点的"野蛮人"曾经才是勇敢、精力充沛和热爱自由的：他们是"北方的巨人，衰弱无力的罗马人在他们面前简直就是侏儒，他们蹂躏罗马，并将新的生命注入即将断气的意大利"。[23]此后，许多德国作家和政治家追随赫尔德，他们坚持认为所谓的蛮族才一直是道德高尚的民族，是他们将颓废、垂死的罗马文明之灯掐灭。这种颠倒过来的二分法受到19世纪末德国学者的普遍欢迎，他们将"盎格鲁-撒克逊-日耳曼"民族视为西方历史中富有活力和伟大革新精神的力量，正是这一民族扫清拉丁世界的堕落与腐朽。作为一个贵格派教徒、银行家和历史学家，英国的托马斯·霍奇金（Thomas Hodgkin）也提出同样的解读。在《罗马帝国衰亡史》问世之后一个世纪，他出版了《意大利和她的侵略者》（*Italy and Her Invaders*）一书。比起吉本，霍奇金对德语和德国文化更加同情，极力主张吉本低估了"野蛮人"的成就，他们将一个腐朽的帝国转变成几个欣欣向荣、充满活力的王国。[24]

然而，从另一个视角来看，19世纪压倒西欧文明的日耳曼集体优越性并非来自与"文明"相对的"野蛮"本身所具有的更强大的生命力，而是来自德语中经过更精心提炼的"Kultur"（文化）一词的含义，它更多地被用来表达知识界、艺术界和精神领域方面的身份，而相比较之下，英法语言中的"Zivilisation"（文明）一词则被认为更多地与（较低层次的）政治、社会和经济问题有关。弗里德里希·尼采曾经写过一篇题为《文化与文明》（*Kultur contra Zivilisation*）的有启迪性的评论，在他看来，"'文明'，就其总体而言，是与'文化'格格不入的东西：它也许是后者的反面"。而且，文明也是比它低等的东西，正如后来托马斯·曼（Thomas Mann）所说的，"文化等同于真实的精神性，而文明意味着机械化"。[25]如此看来，德语中的"Kultur"比欧洲（英法意）的"civilization"要优越得多。不足为奇的是，那些被置于这条分界线远端的人们并不赞同，哪怕是当某种军事或政治事件似乎证明这样一种排序的正确性之时。当维克多·雨果——他并非不清楚"civilization"与"barbarism"这两个词的模糊性——在法国刚刚于普法战争中遭遇毁灭性失败之后的1871年法国国民议会上发表讲话的时候，他坚持要将德国"Kultur"的"愚昧"与法国文明的"光亮"进行对比，在雨果看来，尽管法国在军事上蒙羞含辱，但它仍然是一个优秀民族。[26]

到19世纪末，欧洲与文明有关的类别和身份是如此的千差万别和互相矛盾，以至于超出了吉本最初对文明或野蛮的身份和对立所作的引起共鸣的而又容易被庸俗化的论述范围。然而，在第一次世界大战期间，这些基本术语却频繁地被好战分子采用并重新"加工"，出现了有关身份说辞、行为成见及对立群体骤增的现象，但所有这些都是建立在同样简单的二分法基础之上。[27]英法协约国的领袖和鼓吹者坚称他们正在为保卫基督教欧洲"文明"免受来自奥地利和日耳曼"野蛮人"的入侵、掠夺和破坏而战，认为这些"野蛮人"是哥特人和匈奴人的后代，别指望他们能有什么体面的和骑士精神的举动。当意大利（姗姗来迟）加入英国和法国的时候，协约国是欧洲文明的化身和保护者的论调被进一步强化。正如这些国家的政府1917年1月在致伍德罗·威尔逊总统的一张便条中所说，他们参战的目的之一是"将目前为止已被证实与西方文明极为格格不入的奥斯曼帝国赶出欧洲"。但这只不过是一种矛盾的表述，因为在这场战争的大部分时候，英国人、法国人和意大利人也跟俄国结盟，而后者这些斯拉夫人曾经被西欧民众认为是"野蛮人"，尤其是维多利亚女王自己就这么认为。[28]

奥地利和德国人的战时宣传同样充满矛盾。为了突出一种亲近的集体身份，他们坚称自己在为保卫其自身"文化"（Kultur）而战，这种"文化"远比英法"文明"重要和可敬。但他们也争辩说，英法"文明"已经颓废和堕落，需要被征服和重新注入活力。他们开出的一剂治病良方是令人振奋和具有历史意义的日耳曼式"野蛮"而不是"文化"（Kultur）。（这一点正是19世纪90年代发疯之前的尼采曾经所抗辩和预测的）。[29]因此，在第一次世界大战期间，协约国和同盟国双方都将"文化"（Kultur）等同于"野蛮"（barbarism）。但是，双方用于描述这种身份时所使用的术语在道德和行为上是截然相反的：从以德语为交际语言这一方的角度来看，"野蛮"一词意味着美德和活力，而在英国、法国和意大利一方却被视为是邪恶与暴力的同义词。不管是哪一种情况，吉本关于野蛮主义对欧洲文明已经不再构成一种外部威胁这一颇为自信的断言，已经从内部变得令人困惑不已。野蛮人现在不再从欧洲大陆之外"入侵"了，而是在欧洲之内和之外都存在着，尽管其含义并未能及时获得认可。在签订《停战协定》十年之后，克莱夫·贝尔（Clive Bell）写道："既然从1914年8月至1918年11月大不列颠及其盟友在为文明而战，那么我认为，我对什么是文明进行精确的考究应该不能算是唐突的行为。"然而，在他接下来的论述里几乎很少见到他在地理或历史上对"文明"所进行的精确考究，反而是不加思考地、娴熟地回到了对《罗马帝国衰亡史》那些观点的"挪用"之上："一个野蛮社会的特点不可能会是一个文明社会的特性"。[30]

这些冲突性的（和矛盾的）集体身份在第二次世界大战期间再次被敌对双方放大。温斯顿·丘吉尔年轻时读过吉本的书，他在自己的书中和演讲中经常使用"文明"和"野蛮"这种简单的区分法，1940年他在战时广播中所用的对比引起了最强烈的共鸣。那时，他将"基督教文明"与纳粹"野蛮主义"的"漫漫长夜"及新的"黑暗世纪"进行对比。前者是他自认为大英帝国和人民坚定支持并捍卫的，而后者不但威胁欧洲，也威胁到美国。[31]然而，即使对丘吉尔来说，事情也远非如此分明。他痛惜意大利放弃了它与法国和英国作为欧洲文明捍卫者的历史纽带，选择站到了纳粹野蛮主义的一边。"自古以来以及在所有其他呼声之上，"他在就任首相不久之后曾经给墨索里尼写信说道，"有一个声音，那就是：拉丁和基督教文明的共同继承人绝不能在生死搏斗中相互对抗。"[32]这是一种对共同历史集体身份的诉求，曾经在一战中得以重申，但这位"领袖"却充耳不闻。另外，丘吉尔后来还发现自己居然跟斯大林的俄国结为联盟。他自十月革命以来就已经憎恨布尔什维克的"丑恶与野蛮"，而且他也一定对第一支红军最好将领米哈伊尔·图卡切夫斯基的话既不会感到惊讶也不会感到振奋，此前图卡切夫斯基曾夸耀说他的目标是"将文明夷为平地"并使莫斯科成为"野蛮人世界的中心"。[33]

就像在他之前的许多德国好战分子一样，阿道夫·希特勒采用吉本所熟知的类别并将其颠倒过来。"是的，我们是野蛮人！"他于"国会纵火案"发生不久之后的1933年宣布。"我们要成为野蛮人！这是一个光荣的头衔。我们应该使这个世界重新恢复活力！"他认为，日耳曼人入侵那些颓废、衰败的文明，从垂死的余烬中夺取生命之火是一种"历史的必然"。[34]但是，向东看，我们就会发现，这个"日耳曼民族"曾经常将自己看作反对斯拉夫和俄国野蛮人的欧洲文明捍卫者，而且在第二次世界大战期间，希特勒正是在那种矛盾的基础上将德国入侵南斯拉夫和苏联说成正义的事业。[35]至于法国，当1945年和平得以重建之时，其古代世界史学家后来在撰写罗马灭亡的历史时就是采用了自己在1940年战败体验影响下的一些表达法，其时作为战胜国的德国人似乎既非能带来新鲜血液的野蛮人，也非担当文明使命的先驱者。这种充满敌对的观点为安德烈·皮亚格诺尔（André Piagnol）的著述提供了素材。他指出："罗马文明并非安然而逝。它死于刺杀。"而皮埃尔·库尔切勒（Pierre Courcelle）在严厉指责先前德国入侵者是"蛮族"（barbares）、"游牧民族"、"侵略者"（envahisseurs）之时也将1940年与公元5世纪视为如出一辙；他们所过之处成为一片"焦土"，极尽"蹂躏""洗劫"与"屠杀"之能事；他们身后留下的是一片"荒无人烟的废墟"和"受毁坏的地区"。[36]

第五章 文　明

　　吉本在文明与野蛮之间所作的区分就这样被延续下来，虽然他的原意与适用条件并非如此，因为欧洲自身已经变成这些冲突的现场，而自从弗洛伊德经过深思后写下了《文明及其不满》一书之后，这已日益成为人们的普遍看法。[37]半个世纪之后，埃里克·霍布斯鲍姆写了一篇题为《野蛮主义：使用指南》（*Barbarism: A User's Guide*）的文章，坚称"在《凡尔赛和约》缔结之后和原子弹在广岛落下之间，文明已经倒退"，而"20世纪大部分时间里野蛮主义一直在抬头，并且没有迹象表明这种上升趋势已经终结"。[38]不久之后，伯纳德·瓦瑟斯坦（Bernard Wasserstein）完成了"一部我们当今时代的欧洲历史"，并仿照吉本给这本书命名为《野蛮与文明》（*Barbarism and Civilization*）。他在书的开头援引瓦尔特·本雅明（Walter Benjamin）写道："没有任何一份文明记录同时不是一份野蛮记录"，而在书中的结尾段他引用了跟弗里德里希·恩格斯意思差不多的一句话："文明越是进步，它就越是被迫去掩盖它一定会创造出来的那些罪恶。"以此观之，文明与野蛮不是存在于不同民族不同地域，而是存在于相同的个体与社会中。瓦瑟斯坦最后总结道："如果不承认野蛮是深深地根植于我们文明的心脏"，谁会去正视近代时期的暴力与残暴、种族灭绝与折磨、集体大屠杀与犹太灭绝行为？[39]

　　然而尽管吉本的二分法在其身后获得了连他自己也想不到的名声，[40]自20世纪80年代以来，研究"古典时代晚期"的历史学家却一直在重新审视罗马"衰弱与灭亡"时期所存在的那些所谓的集体和敌对团体，他们普遍强化了他书中所提出的一些适合条件并采取更细致入微的观察角度。他们不再使用"一波又一波"的"野蛮人""威胁""侵略"和"大量涌入"罗马帝国并"倾覆"其"文明"这些表达，相反，他们强烈主张那些描绘"集体身份界限清晰并容易识别的两大泾渭分明的对立群体之间的一次充满暴力和敌对行为的接触"的叙述是过于"戏剧性的，与公元4—6世纪时罗马人与野蛮人的那些接触事件不相吻合"。进一步认真审视我们会发现，被随意贴上"野蛮人"标签的这些"日耳曼"部落实际上是形形色色、各不相同的，缺乏凝聚力、统一性，也缺乏身份认同；他们与罗马军团之间经过"精心策划"的那些战争是偶然的而非有规律性的；"在古典时代，不管是早期还是晚期，从未有过野蛮人针对帝国的、要将其毁灭的一种集体敌意或一种集体目的"；有证据表明，两者之间更多的是适应与同化，而非对峙与冲突。以此观之，"古典时代晚期在罗马人与野蛮人之间的基本主题并不是敌对和纠纷，而是相互需要与合作"，而且，确实发生过的这些接触更多是发生于"个体之间而非集体之间"。[41]

基于此，现在人们普遍认为"古典时代晚期"的罗马是一个充满"变革"与同化的时代，并非"对峙"与剧变的时代，在那里，"罗马人"与"野蛮人"实际上经常很难区分，人们通常认为那是一个"能干的哥特人想要成为罗马人"的地方，而且，那里有许多艺术作品都以综合的艺术风格否定任何所谓"古典极化"，表达了这些适应与对话的主题。[42]的确，有些学者仍然坚持认为"古典时代晚期"的这种修正主义说法所展示的画面过于静态和安宁，而且他们继续主张罗马文明在经历一个世纪之久的危机、创伤和冲突之后的确进入了一个黑暗时代。[43]然而，人们似乎普遍承认的是"西罗马的灭亡是两大团结力量——罗马与'野蛮人'——之间的重大意识形态斗争的结果这一神话"不再是一种站得住脚的观点。其结果是，传统的（和过于简单化的）吉本式范式基本在当代学术讨论中"消失"了，尽管在普通民众的意识里还存在。"文明"与"野蛮"的身份对立对于原先所构想的主题和时期不再具有适用性，那么，在如何区分吉本从未有意涉及或想象过的其他时期和境况下的类似集体身份与集体矛盾问题上，我们应当慎之又慎。[44]

第五章 文 明

文明的兴起与衰落

  无论如何，到20世纪初，看待人类集体身份的另一种方法出现了，它不再建立在文明与野蛮的敌对基础上，而是围绕文明多元性的概念创建起来的。这个全新角度产生的原因之一是考古学、语文学、东方研究学以及社会学这些学科的发展，这意味着除了"西方"或"欧洲"文明之外还有许多其他的文明，也意味着这些"西方"或"欧洲"文明似乎不再是所有其他次要社会文明可能努力要达到的顶点或终点。正如埃米尔·涂尔干（Emile Durkheim）和马塞尔·莫斯（Marcel Mauss）在1913年所说的："如果不存在一个单一人类文明的话，那么，主宰并打造每个民族集体生活的各种文明曾经存在过，而且现在还存在着。"[45]他们在文章中所总结的学术研究最新进展因第一次世界大战而扩大影响，从中人们普遍得出的一个结论是欧洲文明并非像此前有些人所认为的那样值得羡慕，也不是那么团结一致，而且可能最好（以及更谦卑地）将其理解为它只是人类有史以来世界上所存在过的众多文明之一。但是尽管人类存在与人类身份的本质在所有这些"伟大的集体性格"中都可以找到，而不是只单纯存在于其中之一的这种倡议似乎更有道理，这样的一种多元性观点也还是产生了几个问题：这些文明曾经有过多少？它们该如何被定义和描述？它们之间的关系如何？它们（如果有的话）未来的前景又如何？[46]

  有一个学者因受第一次世界大战刺激而谈及这些问题，他是一位被长久遗忘的历史学家，名叫弗雷德里克·梯加特（Frederick J. Teggart），在加州大学伯克利分校担任教职。1918年4月，他出版了《历史的进程》（*The Processes of History*），在书的开头他谴责"那种不可避免的人类倾向，即将所有那些与我们格格不入的人或是仅仅在我们自己团体之外的人们进行分门别类，称其为'魔鬼''另类'和'野蛮人'"，他还认识到，第一次世界大战削弱了"西欧的排外和自信，并激发他内心的觉醒，开始对边缘地区各民族气概与共同人类品格表示欣赏"。[47]梯加特认为，传统叙事性历史无法完成使人们理解"文明是如何兴起和衰败并为其他文明所取代"这一紧迫而艰巨的任务，因而，为了能公平对待这些"多元化的"历史，他坚持认为有必要在对"所有人类群体的特殊历史"——包括那些欧洲之外和近东地区如印度和中国——进行对比的基础上创立起"对历史的分析研究"。梯加特还认为，这些文明并没有被严实封闭起来互不来往，而是进行具有创造性的互动，而这种彼此借用和跨文明交流是进步的关键所在。"人类的发展，"他写道，"是通过不同群体的接触使思想共同混合的产物。""文明，"他总结道，"在任何地方都是通过一个群体与另一个群体的摩擦而激发出来的结果。"[48]

当梯加特在撰写他的《历史的进程》一书时，德国历史学家和哲学家奥斯瓦尔德·斯宾格勒（Oswald Spengler）也正在从事一项更浩大的学术事业，于1918年至1922年之间出版了两卷巨著，英语译本名为 *The Decline of the West*（《西方的没落》）。[49]斯宾格勒的思想充满模糊性与神秘感，而且他主要的伪生物学论题平淡无奇，也不具有说服力，即他认为文明就像是有机生命体，意味着它们会经历出生、成长和壮大的过程，但也同样注定要经历衰败和死亡的过程。[50]像大部分德国人一样，斯宾格勒接受"文化"（Kultur）与"文明"（Zivilisation）之间存在差异的观点，也认为前者比后者更具优越性，但他提出这两者之间具有巧妙的和进化性的联系。他认为，这些大型的集体在发展过程中最辉煌、最有生产力和创造力的一面发生在其历史的初期阶段，他将这个阶段称为"文化"。但是所有这些文化集体注定要衰亡和失败，而正是这退化的、拖延的第二阶段被他称为"文明"。"文化,"他写道,"会立刻僵化,其组织会坏死,其血液会凝固,其力量会瓦解,而它就这样变成了文明。"因而,在斯宾格勒看来,文明不是人类集体成就和身份的顶点,相反,它们是"一种文化的有机逻辑结果,一种成品和终局",它们是"一个结尾,一种接替正在生成事物(thing-becoming)的已然事物(thing-become),是生命之后的死亡,是扩张之后的僵化……他们是一种终结,是不可避免的,但又因内在的必然性而一次又一次重复发生"。[51]

尽管自命不凡、喋喋不休,但斯宾格勒在一点上是认真思考过的,就是只有放弃那些骗人的直线式的和固执狭隘的欧洲历史故事,才能够获取一个更开阔的(但也更严肃的)世界历史视角。在他的《西方的没落》一书中,他勾画并用图表显示了六个"文化—文明"的演变:埃及文明、印度文明、古典文明、中华文明、阿拉伯文明和西方文明。[52]按照这种理解,古典希腊曾经是一种"文化",但是在亚历山大大帝之后,相比之下,古典罗马就仅仅是一种"文明"了。的确,在斯宾格勒看来,古典罗马不过如此而已,处于希腊化时期的文化与虚无之间。它们是一种"消极现象",他们是没有走在发展之前却已关闭了伟大发展门户的野蛮人。[53](这是对爱德华·吉本理论创立前提的一次大胆、彻底的颠覆。)同样地,斯宾格勒坚持认为在19世纪期间随着法国大革命和拿破仑的过度消耗,西方"文化"已经没落,并僵化为一种西方式的"文明"。[54]因此,西方的发展轨道"不是永远无休止地向上和向前发展的",因为,"迄今为止被视为世界历史向上直线发展达到最高点的19世纪和20世纪"实际上是"每个已经发展到顶点的文化中都可能看得到的一个生活阶段"。因此,"我们未来的前景"将会是黑暗和充满厄运,届时,"西欧人类的历史将会毫无疑问地终结"。[55]

在将"世界历史"看作他所称的"文化"和"文明"的那些大

型集体兴衰交替的历史方面,斯宾格勒与梯加特持相同观点,他们都认为,人类历史和人类身份远不止欧洲这一种模式。[56]他更加赞同梯加特的一个观点:从某种基本意义上来说,所有的文化和文明都是平行的、相似的、当代的,在哲学上是对等的,因为他们无一例外都遵循着固定的时间表和相同的路线。不过,斯宾格勒也有一点看法与梯加特完全相反,他坚称由于各文化是如此独立、自成体系,彼此之间差异极大,以至于各文明间的交流几乎是不可能的。在题为"文化之间的关系"的一章里,他的结论是没有这种可能:"两种文化灵魂之间的屏障是不可穿越的"。[57]当文化在发展壮大时,他们在本质上是不会为外来影响所渗透的,因为"在更深层次上有一种不可逾越的屏障在阻碍着所有的接触",他们的创造力来自内部,而非来自外部的"野蛮人"。只有当一种文化腐朽堕落成垂死挣扎的文明时,它才会求助于(或屈服于)外部的接触——从思想的混合与交换到军事冲突与帝国主义统治(或从属)。至于文化之间或文明之间的相互联系与互动,斯宾格勒则很少关注。[58]

在两次世界大战期间,英语世界的人们普遍认为文明是人类身份最重要的形式,在这一点上不管是梯加特还是斯宾格勒在他们中间并未有多大的影响力,但另一个历史学家却做到了,他也肯定了这些先驱者前期的铺垫性工作。这个人就是受教于温彻斯特和牛津大学的阿诺德·汤因比(Arnold J. Toynbee)。[59]他于1922年出版了以"文明的接触"(*A Study in the Contact of Civilisations*)为副标题的《希腊和土耳其的西方问题》(*The Western Question in Greece and Turkey*)一书。汤因比试图为奥斯曼帝国灭亡之后在安纳托利亚所爆发的希腊人与土耳其人之间的冲突提供一份不偏不倚的历史叙述,不过,在当代历史上这件富有挑战性的工作却是在更开阔的视角内展开的。汤因比赞同斯宾格勒和梯加特的观点,肯定了文明是"人类社会最真实和最基本的形态"。但是尽管此书的副标题是"文明的接触",他认为当文明在发展壮大之时,它们是自我封闭和不可渗透的:"只要一个文明按照其天分发挥其潜能并实现其发展,它就是一个自我的世界。"它们只有在走向衰落之时,才会开始与其他文明接触。比如近东(希腊)和中东(土耳其)文明虚弱的残余势力就是如此,它们在 19 世纪和 20 世纪早期都吸收了西方的民族主义思想,导致了它们之间最近的对抗,其结果是"破坏性的"而非"建设性的"。[61]

汤因比承自于斯宾格勒的最独到的见解是,"历史研究中最小最通俗易懂的领域"是"那些有限的**独立和自主的**文明"。那些"在民众、当地、区域及各大陆之间不计其数的交流"对他来说并不重要,因为他认为这些交流在他所谓的那些孤立和不可渗透的文明欣欣向荣之时是产生不了影响的,而且,虽然他认为那些文明在走下坡时的确与其他文明发生了彼此联系与相互渗透的情况,但其结果往往是变形的和灾难性的。[62]汤因比谴责人们未能考虑到文明的特殊性和独立性(以及对等性)——他认为正是这些特征才使得文明成为人类历史和人类身份不可再分的最小单位——同时,在结论部分,他转而贬低并"驳斥"那种"错误的对立",认为基督教与伊斯兰教之间、欧洲与亚洲之间以及文明与野蛮之间的所谓"对立"(他斥之为"所有荒唐之中最荒唐的事")"在西方人头脑中根深蒂固"。然而,正像他书中经常表现出来的那样,他的意思在总体上并不清晰。比如,他在书的前面部分,曾使用一些令人难于捉摸的却又显然对《罗马帝国衰亡史》那种著名的二分法表达一种充满矛盾敬意之类的话声称:"文明,就像人类个体一样,来自父母,而在所有我们可追溯其出身的新文明里,从文明的母亲那里所继承的东西要比违背文明母亲的野蛮那里所得到的东西重要得多。"[63]

《希腊和土耳其的西方问题》一书问世之时,汤因比已经草拟了一部更加全面详尽的著作,即后来于 1934 年至 1961 年之间陆续出版的 12 卷本《历史研究》。在这部巨著中，他鉴别了 21 种主要文明（不但包括西方文明、希腊文明、阿拉伯文明和印度文明，还包括了埃及文明、安第斯山文明、中华文明和尤卡坦文明），以及四种"中途夭折的"的文明（遥远的西部基督教文明、远东基督教文明、斯堪的纳维亚文明和叙利亚文明），还有五种"停滞不前的"文明（波利尼西亚文明、爱斯基摩文明、游牧文明、奥斯曼文明和斯巴达文明）。[64]这些文明是人类历史和人类身份"通俗易懂的单位"，而且它们比刚登上历史舞台的"民族-国家"身份更为重要。汤因比详细描述了所有 21 种文明所经历的阶段，从诞生到成长，通过"动荡时期"到"普遍状态"并最终走向崩溃和解体。正如斯宾格勒所坚称的，这些循环不是不可避免的、自然的和先天注定的，而是依赖于"富于创新精神的少数群体"对文明生存过程中所面临的挑战做出的反应（和无反应）。[65]当这些人站起来面对这些挑战时，他们的文明就发展和繁荣起来，但如果他们做不到这一点，他们的文明就会退化为民族主义、军国主义、帝国主义，原先富有创造力的精英分子却沦为少数派的专制独裁。在所有阶段，文明都是被这种内在动机而非外部接触驱使，这意味着它们总是以同样的方式终结的——不是因为彼此之间的暴力冲突，而是因为其腐朽的精英在解决内部问题和克服内部困难上的无能。"文明，"汤因比总结道，"死于自杀而非谋杀。"[66]

像他同时代许多人一样，汤因比早年时期也读过吉本的书，但他不喜欢吉本冷酷和怀疑一切的理性主义及其对基督教信仰的嘲讽，他也不赞同吉本对罗马帝国文明（有理由的）的推崇。[67]的确，汤因比对罗马帝国兴衰史的叙述在其概念和类别方面似乎很像吉本。他在书中提到一个"内部无产者"团体，这个团体接受并开始传播基督教这一新的宗教信仰，使之后来在整个帝国迅速传播开来；他也提到成功压迫罗马边界的一个"外部无产者"团体，这个名称只不过是给入侵罗马的蛮族所起的一个雅号而已。不过,汤因比坚持认为吉本误解了"野蛮主义与宗教",后者辩称他们是导致帝国灭亡的行为者。请原谅我不敢苟同《罗马帝国衰亡史》中的叙述,基督教并未"摧毁"罗马,因为希腊文明在那之前早已死亡;恰恰相反,基督教是后面逐渐开花结果的全新(和更好的)欧洲文明的创新性先驱。同样,野蛮人也不是像吉本所宣称的要为罗马灭亡负责,因为他们只是在其死亡之后才进来,像秃鹫一样享用希腊文明的尸体而已。但是,作为"没有未来的英雄",他们对基督教已经带来的西方新文明没有做出持久的贡献。[68]这就是我们对汤因比早期所勾画的解读进行充分细化的阐释,即当新文明产生时,它们更多地应归功于孕育它们的伟大母亲而不是违背她意愿的野蛮人。

专业历史学家对《历史研究》一书并不待见,而且他们几乎无一例外地对汤因比的主张加以拒绝,后者宣称理解人类过去、现在和将来的关键之处在于要把文明的兴衰当作人类所有集体身份中最重要和最宏大的课题。[69]他从来没有对他所谓的文明——他曾经模糊提到过文明是"一种运动而非一种条件,是一段航程而非一个港湾"——或身份进行过精确的定义,而且他对这些模糊的概念架构的处理显得更偏向神秘主义和形而上,缺乏学术性或理论性。[70]他一方面随意地将一些文明分离出来(如苏美尔文明和巴比伦文明,而这两者显然都是美索不达米亚文明),另一方面同样随意地将有些文明混为一谈(比如将希腊文明和罗马文明都简单地归入希腊文明这一类别)。他将所有文明不同的历史路径硬生生地挤进"兴衰"这一僵硬轨道里的努力并不具有说服力,而他所提出的这是不受任何先前假设所左右的经验主义探究结果的主张也同样不具说服力。他过于强调文明是自主和独立的实体,而且(像斯宾格勒一样)他对文明之间如何相互作用很少关注,对这一主题的处理一直拖延至第八卷和第九卷,其中他探讨了看来似乎是事后才想到的"渊源"

（affiliations）与"显扬"（apparentations）。[71]到他最后一卷出版之时，汤因比已经放弃了他早先的研究方法，将文明在人类历史中的地位贬至从属地位，而将宗教身份和目的论置于其上，从而极大地削弱了他原有模式和方法的影响力。[72]

尽管接连不断受到专业人士的批评，汤因比在读者大众和媒体中却受到了追捧，并被奉为他那个时代最伟大的历史学家，而且，他关于西方文明现状和未来方向的言论被认为是十分重要和鼓舞人心的。因为，按照汤因比的观点，尽管所有其他伟大的集体都要么消失了，要么在走下坡路（后者包括远东、印度、东正教和伊斯兰文明），西方文明却充满活力，并且，汤因比认为只要那些掌握权威的人们欣然接受某种较高形式的"精神真理"，将基督教、印度教、佛教和伊斯兰教结合起来，那么文明的复苏和更新是可能的。他似乎在说的是，文明的衰落不但可以推迟，而且很可能可以完全避免："我们的未来基本上依靠我们自己。我们并非只能任由命运的无情摆布。"[73]随着冷战的到来，在战后美国，汤因比的书尤其受欢迎。1947年他引起了《时代》周刊、《生活》和《财富》等杂志的出版商亨利·卢斯（Henry Luce）的关注。卢斯认为汤因比正在为西方文明提供强有力的历史辩护，并且在倡导宗教信仰的重建，尤其是在美国，当时正面临着野蛮的共产主义想要控制那个去殖民化的两极世界的前所未有的挑战。"我们的文明，"1947年3月《时代》周刊将汤因比登上版面并在对他进行扼要介绍时坚称，"并非注定要灭亡"[74]。

汤因比的《历史研究》一书宣称西方文明在当时大西洋彼岸的领导下仍然具有生命力，这种看法在1945年之后的美国迅速获得了长达十年之久的响应。自从美国决定参与第一次世界大战之后，美国正在成为世界的"杰出代言人"和"文明典范"的意识在这个国家日益高涨，而随后几十年间，这种观点在一些具有影响力的著作

第五章 文　明

里有着详细的阐述。如查尔斯·A. 比尔德（Charles A. Beard）和玛丽·R. 比尔德（Mary R. Beard）所著的《美国文明的兴起》（*The Rise of American Civilization*）（1927 年）和马克斯·勒纳（Max Lerner）所著的《美国文明》（*America as a Civilization*）（1957 年）。而当西方后来面对大萧条时期和第二次世界大战前所未有的挑战时，美国各大学和学院为学生开设了一系列探究西方文明史的新课程，从古希腊、罗马，历经中世纪欧洲、文艺复兴和现代欧洲，直至当代美国，并为这个新兴市场提供了过剩的教科书，其中有华莱士·弗格森（Wallace K.Ferguson）和杰弗里·布鲁恩（Geoffrey Brunn）所撰写的《欧洲文明概述》（*A Survey of European Civilization*）（1939 年）以及阿瑟·瓦茨（Arthur Watts）的《西方文明史》（*A History of Western Civilization*）（1941 年）。[75]在 1945 年之后的几年里，这些后来成为大家所熟知的"Western civ"（西方文明）课程迅速地扩展到本科学生受众。他们宣扬并捍卫欧洲和美国这种独特的自由、宽容和进步的价值观；他们强调领导和守护西方是美国的责任与机遇；而且，他们造就了一个如饥似渴想阅读汤因比巨著并从中找到如何强化这些价值观方法的读者大众群体。

实际上，汤因比从未相信过 1945 年之后的十年左右时间里美国人强加在他身上的大部分东西。的确，他原先支持过"马歇尔计划"、北约组织的设立以及向朝鲜派兵的行动，但他总体上并不相信美国民主，认为这个国家过于世俗（像大多数西方国家一样），而且他也不赞同美国对俄国此后形成的普遍敌意。"西方帝国主义，"他在 1952 年写道，"而不是俄国共产主义，才是当今绝大多数人类的头号敌人，而西方并未觉察到这一点。"[76]他也不赞成亨利·卢斯关于美国注定要接替英国成为自由、文明世界反对共产主义专制、斯大林独裁以及俄国野蛮主义的领袖的主张。的确，汤因比长期以来都抱有一种"对西方文明的敌意"（虽然对古代西方文明并非如此），

205

而且，他认为美国只不过是那个死气沉沉的集体的外围部分而已，还认为美国在越南战争中所施行的那些"令人担忧的""殖民主义式的"和"穷兵黩武的"迫害是其错误追击"'世界共产主义'这匹传说中的怪兽"行为的一部分。[77]至于西方文明未来的前景，汤因比下了双面赌注，这是他那些大西洋彼岸的受众所不愿意承认的事实。他承认，它也许会反弹、复原并重申其主张。但所有其他文明已经"崩溃并粉身碎骨"，而"没有一个我们时代所诞生的文明之子可能轻易想象得到我们自己这个社会将免于陷入同样命运的危险"。[78]

在他们之间，梯加特、斯宾格勒和汤因比都试图强调人类最好应该被视为具有多元化的文明和身份。但在历史上存在过多少种文明的问题上，他们意见不一。他们无法令人满意地界定或描述其发展轨迹，在文明之间是否存在过互动的问题上，彼此互不相让，而且，他们也不确定未来各文明如何进化，以及多少种文明会进化。简言之，在文明一直以来都是最重要和最自觉的人类集体身份、是压过所有其他次要团体身份这一命题上，他们并未能提供令人信服的论证或前后一致的证实。然而汤因比的《历史研究》一经完成，社会学家、政治科学家便迫不及待地欣然接受他那看起来比其同时代大部分历史著述更为宽广的研究视野。20世纪60年代，他们推出了一连串的著作，提供了一系列的文明清单和类型，陈列众多的兴衰抛物线，并对这些文明何时、如何、为什么出现和消失等问题进行各种解读。[79]其中大部分都易受到曾经对准汤因比所做的那些批评，而且可预见的是他们并未得到大多数专业历史学家的青睐。但是，到了20世纪下半叶，当"冷战"进入巅峰时期，认为世界最好用相互对抗的多元文明视野来理解的观点已经成为那个时代的常识之一。

第五章 文明

文明的冲突

但是当柏林墙倒塌以及苏联于1991年解体之时，主张应该从西方文明为一方和共产主义为另一方的身份和意识形态之战的角度去理解这个世界的观点似乎一夜之间成为翻过去的历史一页；而在老布什总统在任期间所欣然接受和宣告的那个所谓自由、民主和资本主义显然已经战胜了极权主义、独裁和国家规划的"世界新秩序"里，从基于敌对身份和信仰之上的竞争性或冲突性文明角度去理解这个世界的想法看起来似乎已不再适用了。然而，布什总统又建立一个联盟来反对伊拉克的萨达姆·侯赛因，这件事在有些人看来也是后来很快就固化下来的新的集体身份和冲突已经形成的一个迹象和预兆。不到十年之后，在小布什在任期间，在一个似乎突然地和不祥地被重新极化的世界里，不仅仅应该从不同文明的角度，也应该从它们之间具有潜在对峙的——或者是实际"冲突"的——角度来理解人类的观点再次在伦敦和华盛顿的许多决策者中间获得广泛的支持。但是尽管吉本和汤因比作为历史学家撰写了有关文明和身份的著作，他们从不希望自己的解读会给那些当权者造成影响，然而，最近这段时期，政界、社会学界和政府部门还是开始了对这些问题的学术探讨，这些理论的一些实践者决心要影响政策，其中一个人就毫无疑问地这么做了。

巧合的是，在阿诺德·汤因比出版了以"文明的接触"为副标题一书的同一个十年里（虽然值得再次强调的是这个话题他并不感兴趣），有一本书以"文明冲突"为副标题，使这一词组第一次进入了公众意识。1926年，巴兹尔·马修斯（Basil Mathews）出版了《长途跋涉的年轻伊斯兰：文明冲突研究》（*Young Islam on Trek*：*A*

Study in the Clash of Civilizations），该书名也许是对汤因比此前所选词汇的有意调侃。马修斯是个美国传教士，他厌恶他认为是伊斯兰标志的穷兵黩武主张，而他虽然希望基督教最终取得胜利，但他担心这两种文明更可能发生战争冲突而不是一起寻求共同的未来。[80]但马修斯的著作并未产生多大影响力，而他这个词汇直至1990年才流行开来并引起共鸣，其时中东问题专家伯纳德·路易斯（Bernard Lewis）发表了一篇题为《穆斯林怒火的根源》（*The Roots of Muslim Rage*）的文章。在这篇文章里，路易斯认为穆斯林正日益受到西方俗世主义和现代主义威胁（而且常常被激怒），而这一点将使这两个集体之间在不久的将来更有可能爆发"文明的冲突"。[81]他的这个词汇后来被哈佛政治学家塞缪尔·菲利普斯·亨廷顿（Samuel P. Huntington）采用，起初是作为一篇文章的题目（虽然当时后面还附加一个问号），这篇文章于1993年夏发表于美国《外交》季刊（*Foreign Affairs*）上。这篇文章引起了人们的兴趣和反应是如此巨大，以至于三年后亨廷顿重新详细阐述这个主题（这次舍弃了问号），成为后来的畅销书：《文明的冲突与世界秩序的重建》（*The Clash of Civilizations and the Remaking of the World Order*）。[82]

亨廷顿显然受惠于伯纳德·路易斯文章的题目，同时他在探讨中东历史和政治问题时也借鉴了路易斯的文章。然而，他的整个主题——他希望"不但对学者有意义而且对决策者有用"——在地理上所涵盖的范围更广（虽然在历史深度的延伸上要少一些）。因为亨廷顿的目标是要为"冷战之后的全球政治演变提供一种解读"，而他建构其解释的身份单位是文明。"人类的历史，"他坚称，"是文明的历史。不可能用其他任何思路来思考人类的发展……在整个历史上，文明为人们提供了最广泛的认同。"[83]他相信文明包含了所有次要的群体团结和集体身份，不管他们是部落、民族群体、宗教派系或民族-国家，而且，那些执政的人在制定未来政策时很重要的是要理解"文明的本质、身份和动态"。总之，他区分了当前世界上仍然存在的"七个或八个主要文明"。他将那些文明称为西方文明、拉丁美洲文明、伊斯兰文明、中华文明（他早期文章中称为"儒教"文明）、印度文明、日本文明和东正教文明，这些文明相对较容易界定和辨认，除此之外，他又不大确定地加上非洲文明（"可能存在的"）和佛教文明（虽然他也承认这不是"一种主要文明"）。[84]

从这些多元文化主义角度来描述这个世界时，亨廷顿是将自己置于那些短视的必胜主义者的对立面的。美国在冷战中战胜了苏联之后，那些人已经开始欣然接受"西方的欧洲文明现在是世界的普世文明"这一广为流传的狭隘而自负的观点。但是，他坚持认为，这不是事情的真实情况，因为权力正在"从长期以来占主宰地位的西方向非西方的各文明转移"，这意味着了解所有这些伟大的世界人类群体是十分重要的。正如亨廷顿所定义的那样，文明最好是从文化角度，而尤其是日益活跃和伸张的宗教角度出发去理解，他认为这才是其"核心的本质特征"。[85]他们在信仰、机构、与世俗权威的关系以及改变信仰的目的和扩张主义野心的程度上，彼此之间有着显著的差异。其结果是，"政治与经济发展的主导模式""因文明的不同而不同"，这意味着"国际议事日程上的关键问题包含文明之间的差异"。如果人们能够认可、接受并想办法解决这些差异问题，亨廷顿强烈主张，那么这些文明和平共处是可能的。但是，如果不这么做，前景将会是暗淡的，而"文明之间的断层线"将会变成"未来的战线"。因此，亨廷顿的结论是在即将到来的这个时代，"建立在文明基础之上的国际秩序"是"最能有效地避免世界大战的保障"，而文明之间正在形成的可能冲突将构成"对世界和平的最大威胁"。但即使这些冲突也可能不过是通向即将到来的顶级争斗——"文明与野蛮之间更大的、全球性的'真正的冲突'"——路上的阶段性冲突而已。[86]

根据这些大致观察，亨廷顿为这个冷战后多极化世界的生存开具了一些具体的"药方"，他相信"各个国家日益从文明角度来确定自己的利益"。在西方，有很重大的"重建"任务摆在面前：西方必须承认它不再像以前那样是世界的霸主，它如今不过是几个文明当中的一个，它也必须通过拒绝多元文化主义以及重申基督教的重要性和传统的自由、民主价值观的独特性来复苏其精神力量。[87]这些任务由于一个更充满敌意的伊斯兰世界日益增长的实力和决心，也由于中国对西方所构成的威胁日益严重而变得更为必要和紧迫。随着这些断层线的不断扩大，西方与伊斯兰之间出现冲突或西方与中国之间发生战争的可能性是不能被排除在外的。"未来的危险冲突，"亨廷顿警告称，"可能会在西方的傲慢、伊斯兰国家的偏狭和中国的自信的相互作用下发生。"[88]最为理想的情况是，这三个文明应该通过尊重彼此的差异并将世界划分为边界清晰的影响范围而努力做到和平相处并寻求互谅互让的途径。但这一点不一定能保证做到，因为"西方傲慢"可能采取的一种形式是"对于其他文明事务的干涉"，亨廷顿对此表示谴责并担忧，认为这"可能是多元文明的世界中导致不稳定性和潜在的全球性冲突的唯一最危险的根源"。[89]

亨廷顿的文章和著作在新闻界和学术界掀起了广泛的评论，虽然其中一部分人持肯定态度，但不少是批判性意见。在用类似汤因比风格撰写有关文明的兴衰时，亨廷顿在他所谓的七个（或八个）"主要文明"是如何、什么时候或者为什么形成或者为何最近变得如此突出等问题上并未能提出令人信服的、长期的历史叙述。他宣称，这个世界在1920年已经分裂为西方帝国主义列强和其他国家两部分，而在20世纪60年代是"自由世界"与"共产主义阵营"，尽管在南亚、非洲和南美洲还有众多"不结盟国家"。但是，不知何故，突然间在他笔下，20世纪90年代的世界又变成了为"文明"所界定和支配的世界，这显然是早已长期存在的一个事实，尽管他们在过去的几十年里看起来并非事关重大。在20世纪期间对于世界历史来说,这并不是一种可信的历史版本。另外,如果对亨廷顿所谓的文明及其所体现和声明的集体身份认真加以审视,人们发现它只不过是建立在过于笼统的数据之上(其中至少所隐藏的和所披露的内容一样多),建立在一个支配性的变量既决定个体也决定集体身份(而忽视其余)的错误假设之上,建立在这些文明似乎是铁板一块、自我牢牢封存的世界地图之上(尽管作者也承认他们之间的边界常常模糊不清、界定不明)。[90]

根据亨廷顿自己所承认的,撰写《文明的冲突》是为了提供一种"简单化的现实地图",但在许多场合他将这种绘图法(既有字面上的意思也有隐喻性的意义)过于简化到一个点上:似乎真相不太重要或一点不起作用[91]。像他之前的斯宾格勒和汤因比一样,亨廷顿笔下的许多文明在认真审视之下只不过是武断的归类和标榜个人风格的构想而已。瑞典和西班牙是西方的一部分,而希腊不是;中华文明包括朝鲜却排除了日本,涵盖了越南但却遗漏了老挝;拉丁美洲"可以视为西方文明的一个亚文明或者被看作与西方有紧密联系,但在它是否属于西方的问题上有分歧的独立文明";非洲文明遍及撒哈拉以南的整个大陆,但其部落身份却仍然"普遍存在",而且它还没能"凝聚"成"一个独特的文明";而佛教文明,"虽然是一个主要的宗教,但还不是一个主要文明的基础",因为它在中国、朝鲜和日本被调适、同化或压制,而只是留存于斯里兰卡、缅甸、中国西藏地区、不丹、蒙古和印度支那部分地区。这种模糊的集体归类和"文化实体"很难令人信服。世界历史学家菲利普·费尔南多-阿梅斯托(Felipe Fernández-Armesto)注意到,亨廷顿"未能完全满足文明的界定或分类能与他所赋予其重要性相匹配的这一要求",这个观察显然是正确的。[92]

印度共和国的例子可以很好地说明他的这个缺陷,亨廷顿在此问题上宣称出现了一个与众不同的独立的"印度文明"。实际上，印度自 1947 年从英国独立出来之后一直是一个世俗的民主国家，意味着"印度教"从未成为其宪法中的一部分，这对于印度民族主义运动中那些更不愿妥协的势力来说是极为郁闷和失望的。[93] 的确，印度教徒在数量上一直占绝大多数，但是，除了印度尼西亚和稍逊一些的巴基斯坦以外，印度的穆斯林人口要比世界上任何其他国家要多（超过一亿四千万），而几乎在每个成为亨廷顿所谓的"伊斯兰文明"一分子的国家，其境内的穆斯林人口都比印度境内的几百万穆斯林人口数量要少。（在书中其他地方，在时而矛盾时而不准确的情况下，亨廷顿承认，他也曾认为印度根本不是一个单一文明，只不过是一个被穆斯林和印度教徒之间的"文明断层线"分开的"分裂的国家"。）[94] 另外，几百年来基督徒、帕西人、耆那教教徒、锡克教教徒、犹太人和佛教徒以及无神论者和不可知论者都曾居住在印度境内（而且常常是人丁兴旺）。这种宗教多元主义长期传统所表现出来的一个迹象是 2005 年这个国家的总统是一个穆斯林，其总理是锡克教徒，而其执政党领袖却是一个基督教徒。在这种情况下，要想将印度及其文明归类为"只是一个印度教国家"，按照阿马蒂亚·森（Amartya Sen）的话来说，是"一种十分怪异的想法"。[95]

亨廷顿的标志性概念"西方"和"伊斯兰"文明也同样遭受批评。因为，从加拿大和美国到法国和德国的据信为是单一的"西方"许多民族国家其实是具有完全不同的民族性的：非洲裔美国人是应该按照其美国公民权利算作美国人呢，还是应该算作"非洲"文明在大西洋彼岸的分支？以下这些国家的宪法规定和政治文化也同样是多元的：美国是一个横贯北美大陆的联邦国家，英国是一个融君主制、联盟和权力下移为一体的罕见的综合体，法国是一个高度中央集权的国家，等等。西方一直是理性、自由和民主的独一无二宝库的主张暴露了一种根深蒂固的、不仅仅对于西方自己而且是对于任何地方（或者，实际上是所有地方）的历史无知。[96] 而且，可以归入西方的、基督教麾下的宗教信仰范围也是令人惊讶地宽泛，而许多美国人最强烈反对欧洲的却是它太世俗。同样的反对意见也适用于将"伊斯兰"描述为一种镜像似的单一文明一事上，因为，就其宗旨和宗教实践看来，伊斯兰教也是一种非常多样化的宗教信仰，而且和基督教一样，也有自己的保守派、温和派、激进分子和极端分子。另外，也不可能将中东视为一个完全不同的或者单一的或是统一的地区，因为并没有"一个一致的'伊斯兰'"：约旦和伊朗、沙特阿拉伯和埃及、摩洛哥和土耳其是非常不同的国家，相应地有着不同的历史、政治文化、宪法规定和国际形象。[97]

在这些具体批评的表面之下是一种更普遍的反对意见，在此无须赘述。在专门从宗教角度定义文明的过程中，亨廷顿认为信仰与信念是人类身份和团结的最为重要和压倒性的准则。但是他并没有在任何时候对此进行成功的论证，而实际上也很难看得出来他能够做到这一点，因为值得再三强调的是，尽管一种特定的宗教信仰也许会有众多人认同，那也不过是一个人可能宣称的众多身份中的一种。而且，对有些人来说，它也许是最重要的，但对许多其他人来说并不是。无论如何，任何一个人在可能如何自我定义的问题上——他或她在自己的一系列从属关系中如何进行排序——显然是千变万化的，其中任何一种从属关系不可能永远比任何其他从属关系更居于领先地位。[98] 这一点对宣称文明是集体人类身份中最大、最包罗万象的类别这一主张尤其具有极大的适用性，因为这些庞大的、常常吸纳数以亿计民众的洲际群体能够用一种单一和共享的、凌驾于所有一切的从属关系来界定的想法未免过于简单到可笑的地步。然而，人们所正确认识到的这些所谓的文明越是复杂和多样，想去界定、区分和权衡它们就越是困难，更遑论宣称它们是所有身份中最重要的一种了。这就是亨廷顿既未提及也未解决的集体身份中最基本的吊诡之处。

还有，并不令人感到意外的是，他也误解了——实际上，是漠视了——他的图表所展示出来的那些封闭的、被保护的和具有清晰而难于渗透边界的文明之间所存在的许多重叠、互动与关联。的确，亨廷顿承认实际上陆地边界并非能如此精确或清晰界定，却没有得出如下显而易见的结论，即在一种形式的管辖权不知不觉地与另一种管辖权相融合与合并的这些地方，既可能成为跨民族或跨文化的接触互动区域，也可能成为具有潜在对峙与冲突的地区。[99]而且，像许多图表那样，亨廷顿将这个世界按陆地区域划分成各自独立的一些政府的做法也产生另一种方式的误导，因为这样做未能体现在民众、货物、货币、服务、信息以及思想观念等方面的大规模跨陆地和越洋流动与迁移。这些流动与迁移几乎将地球上最偏远的地区都联系了起来，并且在人类历史上达到了从未有过的巨大程度。就亨廷顿所承认的这个世界上日益增长的相互联系来说，他认为这种联系强化了特定文明身份并加速了文明间的冲突；然而有证据表明，这些形形色色的、日益增长的和方方面面的接触至少同样可能拉近人们之间、民族之间和文明之间的距离，使他们在共享经历、身份和全球一体化中产生一种恢复生机的、强化的认同感。[100]

自从亨廷顿的文章和著作问世以来，人们所做的详细研究证实了早期时候的这些疑问。[101]在政治方面，大多数国家基本上以自身利益为重而行事，并非以自己作为任何一个更大范围的集体中的一员或从属地位为出发点；对各个国家的领导人和全体公民来说，其国家内部的个人关切和需要优先考虑的事情仍然比任何文明统一体上的更高级别的意识或要求更为重要。文明总是很难被描述和界定，因此他们无法以统一的、一致的和导向性的目标行事也就不足为奇了，这一点削弱了亨廷顿所主张的正是"各文明之间的差异"才"激发了最持久和最暴力的冲突"这一论断。[102]尤其是西方与伊斯兰之间由于其如此对立的历史和如此截然不同的价值观肯定会发生冲突这一观点也经不起仔细推敲。前面章节中所引用的大量证据表明，就长期而言，基督教与伊斯兰教之间的关系既有敌对与冲突，也有适应与对话，而且最近的调查很清楚地显示两者之间存在一些共同的价值观，包括民主思想和理想，这些东西对许多穆斯林和基督徒同样具有吸引力。[103] 无论如何，自从 1945 年以来，不管是冷战期间还是冷战结束之后，同一文明——按照亨廷顿的界定——内部的国家之间所爆发的冲突在许多情况下要比不同文明间的国家之间所爆发的冲突要多得多，这一点显然并不支持他所预测的未来的冲突很可能发生在不同文明之间这一观点。[104]

尽管，或者可能是因为有这些主要的错误和局限，亨廷顿的著作对那些新保守主义政客、知识分子和福音派基督徒有极为强大的吸引力，这些人在 20 世纪 90 年代末极希望深陷丑闻的克林顿政府将为更加果敢武断的共和党政府所取代。他们发现其"简单化的范式或图表"很有吸引力和说服力，十分高兴地将其视为"对人类思想和行动不可或缺"。[105] 他们赞同亨廷顿所坚称的宗教在决定最大集体身份时的重要性；他们赞同西方有必要重新发掘其身份认同和目标意识；而且（在某种程度上）他们赞赏在关乎西方与世界其余地区之间的未来关系上他所给予的指导和他所提出的警告。但是，正像吉本和汤因比被那些想借其名义为自己的观点和政策提供正当性证明的权威人士和政客们所误解或过度简化的那样，亨廷顿也同样（或至少是部分地）被美国右翼分子误读或歪曲。因为他不断地坚称后冷战时代的世界是多极化的世界，而全球影响力正在日益衰退的西方所面临的最为紧迫的任务不是挑起对抗，而是与那些正在变得日益重要的其他文明达成某种形式的调和。通过这些手段，亨廷顿希望，他所认为的"不太可能但不是不可能爆发"的"文明的冲突"也许能够得以避免。所以尽管对于新保守派来说亨廷顿的著作是为冲突和单边主义辩护的一种宣言，但实际上它远非一种充满好战主义的警告。

亨廷顿的观点在发表之初就得到"现实主义"学派的一些外交政策名人如亨利·基辛格等人的青睐，但尚未引起公众的普遍注意。直至若干年之后发生了"9·11"事件，他的"文明的冲突"这一命题似乎一夜之间成为对过往刚发生的事件和未来可能事态最具影响力的解读。尤其有三种人以极大的热情与狂热拥抱他们自认为是亨廷顿对这些事件的解读。第一种人是美国媒体，他们"自然而然地、含蓄地和全体一致地"并且不假思索和分析地得出结论，认为亨廷顿对陷入致命的全球性冲突的两个文明所作的分析是正确的。[106] 第二种人是乔治·布什总统及其追随者，这些人包括威廉·克里斯托尔（William Kristol）、理查德·珀尔（Richard Perle）和罗伯特·卡根（Robert Kagan）等这类新保守主义知识分子，直至英国首相托尼·布莱尔以及他的大部分内阁成员和下院议员，这些人强烈主张发动一场新的"圣战"以"拯救文明本身"。于是有了侵略伊拉克和阿富汗的战争以及有关"反恐战争"的摩尼教式说辞。后者被视为是一场光明力量与"邪恶轴心"之间、犹太基督教的自由和民主为一方势力与伊斯兰暴政和专制为另一方势力之间的伟大斗争。[107] 而欣然接受亨廷顿观点的第三种人，虽然他们来自对立一方，是本·拉登自己的追随者。他们狂热地认为，基地组织正在与西方的冲突中领导伊斯兰世界进行一场圣战，反抗强大的、邪恶的、丑陋和堕落的魔鬼撒旦，而这条大毒蛇的头就是美国。[108]

一段时间里，的确看起来可以认为这个世界正在以亨廷顿所分析和预测的方式受到一场世界末日似的"冲突"的威胁和切割："我们，"已故的克里斯多福·希金斯（Christopher Hitchens）注意到，"必须为文明而战，野蛮主义必须被战胜。"[109] 但是，几乎从一开始，很清楚的一点是双方都并非像这些程式化的极端观点所认为的那样团结或具有同质性。很快人们就发现，那些死于双子塔倒塌的人中有几百个是穆斯林，而萨达姆·侯赛因在伊拉克的政权无论如何残暴，但从阿拉伯世界的准则来看都是一个非常世俗的政权，对本·拉登的伊斯兰好战主义并不抱有同情心，更遑论对他想建立一个穆斯林哈里发王国的野心。[110]对于那些希望将基督教西方与伊斯兰世界之间的冲突刻画成是深刻而分裂性的人们来说，这些事实令他们尴尬，而且这还预示了接下来要发生的事情。所谓的"反恐战争"后来很快就在大西洋两岸极不受欢迎，而美国国防部长唐纳德·拉姆斯菲尔德（Donald Rumsfeld）对"老欧洲"的浮躁的谴责表明了"基督教文明"并非像布什或布莱尔一再以过度兴奋的措辞所宣称的那么团结或是狂热。而在被假定成"另外一方"那里，许多阿拉伯政府对世贸中心的袭击表示谴责，宣称这是极不合适的，并非经过一致同意的伊斯兰身份表达，他们实际上一直致力于将其界定为一种和平的宗教信仰。同时，这种信仰里的许多分歧——主要存在于此前外界很少谈论到的逊尼派与什叶派之间——在伊拉克被入侵之后开始变得突出起来。[111]

然而，布什和布莱尔两人仍旧坚称他们正投身于一场摩尼教式的冲突，在定义并捍卫文明，对抗野蛮、恐怖、黑暗和邪恶的势力。作为一个"重生基督徒"，乔治·布什套用《马太福音》里的表达方式，你要么与美国站在一起，要么就是反对美国。而托尼·布莱尔也用同样强烈而不容置疑的口吻。"我不相信，"他说道，"今天在伊拉克正在发生的事情，如果说不是一场正确与错误之间的绝对出于本心的、意义深远的斗争，它还能是什么。"这两位领导人对细节、妥协、对话或调和都不感兴趣，而罗伊·詹金斯（Roy Jenkins）对布莱尔的评论同样适用于布什："这位首相，远非缺乏信念，而是太有信念，尤其在处理英国之外的世界事务时。他的摩尼教式的看法现在似乎都让我厌烦不已了，看待事情总是用善与恶、黑与白的绝对词汇，死磕这些事情，想当然地相信如果恶被根除了，善就必然会随之而来。"[112]然而，不管是布什还是布莱尔，都没能成功地使"西方"大多数民众相信对世贸中心的袭击就像当初反法西斯主义的热战或者是反对共产主义的冷战那样是全球战争中的第一波打击。至少，他们本应该更加细心去阅读亨廷顿的著作，因为尽管他将文明视为集体人类身份的终极单位所作的分析有缺陷，但他却不断地敦促人们去和解而不是对峙，而且他也曾经清楚地劝告不要采取先发制人的军事行动。的确，在"9·11"之后，他拒绝支持"反恐战争"或者美国主导的入侵伊拉克的行动。[113]

那么，所谓在"善与恶"之间的"单一二元对立斗争"中"划分战线"的布什-布莱尔这一世界观为其继任者所公开拒绝并不令人感到意外。[114]决心要在西方与伊斯兰之间的关系中"寻求新起点"，奥巴马总统摒弃了将"文明的冲突"用于解读这个世界的灾难的做法，并倡导对话与和解的优点和优先地位。他在2009年于土耳其的一次讲话中很清楚地表明自己的立场，他告诉他的听众，说他们的国家"不是东西方分裂的所在地：这是东西双方走到一起的一个地方"，他后来又在开罗大学的演讲中对这一观点作了进一步的阐述。[115]他指出，"伊斯兰与西方之间的关系"有时具有"冲突和宗教战争"的色彩，但是曾经也存在过"几百年的共存与合作"。总的来说，他深信，"我们作为人类所拥有的共同利益远比将我们驱散开来的力量更强大"，而且他呼吁基督教与伊斯兰之间应该立足于"持续努力做到互相倾听、互相学习、互相尊重以及寻找共同点"而展开对话。他谈到伊斯兰在数学、医药、建筑、诗歌、音乐方面的伟大成就，是西方人应该要感恩的成就。他敦促美国人和穆斯林应该彼此摒弃那些粗糙的刻板印象，专注于"寻找我们共有的事物"，而不是只"看到差异之处"，以及要"承认我们共同的人性"。[116]

第五章 文　明

文明及其不满

　　自 18 世纪末以来，文明（以及有时是蛮族）是构成人类集体身份最广泛、最重要的终极形态的提法一直饱受关注和颇具吸引力，因为这一提法为自有人类以来的历史多样性和复杂性提供了最全面却又是最简单的描绘。这样一种关于人类身份的观点在 19 世纪时得到了英国哲学家约翰·斯图亚特·穆勒和法国政治家兼历史学家弗朗索瓦·基佐的支持，而从那以后这种观点在那些想动员公众支持某一项特殊的国际事业或海外项目——比如说想保护文明不受野蛮主义侵略，或保护一种文明形态免受另一种文明形态的威胁——的专家、政策制定者和政治领导人中间尤其饱受关注和颇具吸引力。[117]但是在过去两百年以来，有证据清楚表明，当政治领导人想从如上述提到的几位作者那里提取自己所需要的集体身份类别的时候，他们总是会利用文学创作与学术探讨自由，将原文本中的身份类别与经过自己进一步简化过的版本结合起来。结果，那些合成出来的集体身份几乎总是具有误导性，正如所谓的"文明的冲突"这个案例一样，对有些人来说颇具说服力，而对其他人来说则是完全不足为信，而且，长期积累下来的证据充分表明怀疑论者比那些信以为真者更正确。[118]

　　的确，文明与野蛮或者文明与文明——作为具有对抗性人类身份、意识和代理者的终极表现形式——之间注定会发生对峙和战争的这一观念，不管是在修辞学上，还是在制图学上都是很容易构建起来的。摩尼教式的"我们"与"他们"，"好"与"坏"等这些简约化表达形式，通过狂热的词语大师会被鼓吹到全世界范围，而且，它们在纸上看起来很真实，就像通过诸如世界地图的描绘方式使它们在视觉感官上产生十分可信的感觉一样。然而，如果说有像文明这样的实体存在的话——请吉本、汤因比和亨廷顿海涵——从长期来看，这也不是它们相互作用和彼此互动的方式。而且，即使这些文明实体事实上的确存在的话，也没有多少证据能表明它们——再次请吉本、汤因比和亨廷顿原谅我这么说——在长期的时间里总是自我封闭或具有冲突倾向。正如菲利普·费尔南多-阿梅斯托在对这一主题进行独立研究后所写的那样，"即使当它们陷入看起来是彼此敌对状态的时候——如古罗马和波斯，或是中世纪的基督教世界与伊斯兰——各文明也往往发展出相互认可以及有时相互支持的关系……尽管也有偶然的例外情况"。他总结道："除非与其他文明接触，否则的话任何一个文明在达到高层次的物质成就时似乎很难再持续下来。"[119] 就像宗教、民族、阶级、性别和种族一样，在文明问题上，如果我们对可以跨越有些人认为所不能渗透的边界而进行对话的可能性视而不见的话，那对我们将是危险的。

的确，近年来联合国为了推动共同人性的全球认同感，专门致力于鼓励跨文明对话和接触。这份努力终于促成了 2006 年 11 月一份题为《文明联盟》(*The Alliance of Civilizations*) 报告的问世。文化之间的关系史，这份报告总结道，它不仅仅具有"战争和对抗"的特点，也是一部"互相借鉴和频繁交流的历史"，因为各文明"在与其他文明相处时是互相重叠、相互作用和进化的"。从其人性化的国际主义和出于善意的自由主义来讲，这样一份文件对于那些套用和败坏亨廷顿"文明的冲突"这一论题的好战的单边主义者来说是遥不可及的。[120] 然而，从某种重大意义上来说，这份联合国文件正如其题目所清楚表明的那样，接受了亨廷顿和那些援引其著作以证明"反恐战争"正当性的人们所提出的假设，即这个世界被划分为不同的文明群体，它们构成了集体人类身份的最高形式。虽然在文明是否互相冲突或相互对话问题上与新保守派分道扬镳,他们在文明无疑的确存在这一信念上与后者并没什么两样。[121]

但是,它们过去和现在真的存在吗?在这个话题上做了13场电视节目之后,艺术史学家肯尼斯·克拉克爵士(Sir Kenneth Clark)认为要给文明进行界定和描述是极为困难的。[122]他这种看法在当时是非常正确的,而且现在也是。尽管有不计其数的来自许多学科的学者曾经努力过,至今对于过去曾经有过多少个文明或现在有多少个文明的问题上仍然莫衷一是。正如想要仅按照一个标准——比如宗教——对一个人的身份进行定义明显是不够的一样,用单一标准来定义文明也是如此。不过,要是在许多标准的基础上对文明进行界定,其所得到的身份类别则会因走向另一个极端而显得毫无意义。还有,尽管文明作为集体人类团结最大和最包容的形式存在着深层次的缺陷,它对于那些希望将事实进行分门别类并归入其各自最简单的类别和身份的人们来说仍然具有吸引力,只要这些类别和身份本身所存在的混乱和矛盾在实践经验中没有暴露出来,它们就会持续在人们中间流行。如果希望在长达两百年时间里一直被如此普遍而轻易地使用的一个词语现在可能被废弃不用的话,这显然无视那些历史证据。但是,未来的世界领导人如果还要使用"文明"这个词的话,最好要更慎重一些,不要像最近那些人一样,不负责任地玩弄这个词语,造成恶劣影响。在所有的人类身份的集体形态中,文明是最模糊不清的,而且正是由于这种模糊性才使其具有如此立竿见影的吸引力和危险性。正如约翰逊博士所意识到的那样,这是我们宁可不要的一个词语、一个概念、一个类别和一个人类集体与冲突的说法。[123]

结　语

> 不但在实践上，而且在知识上将这个世界分裂成两半难道不是我们这个时代难以根除的危险？
>
> ——查尔斯·珀西·斯诺（C.P.Snow）
> 《丑闻》（*The Affair*）

> 就我所知，以前从未有哪个时代像我们今天这个时代一样，所有人类的共同人性，仅凭我们都是人类，而被如此广泛认可并加以实践。
>
> ——阿诺德·约瑟夫·汤因比
> 《经历》（*Experiences*）

尽管存在着不可否认的差异和变体，该书所探讨的集体身份都具有一些至关重要的共同特征。其一，每种身份被人们援引并采纳是为了推动特定群体的利益：比如，各宗教都会竞相提出自己的主张，宣称自己才是独一无二具有接近其各自神灵的特权；每个民族都强调自己具有相对于任何或所有其他民族的与众不同的特征和令人羡慕的美德；女性与男性的斗争是为了消除几百年来的剥削和歧视；白人强迫黑人接受其优越感，但黑人为解放自己而战斗；各文明之间为谁善谁恶问题上的不同观念而产生冲突。其二，众多领导人和作家都曾宣称这几种团结形态中的某一种要比其余任何人类集体形态都更具同质性和重要性，因此极像是在园艺比赛中胜出的一个西葫芦或萝卜或南瓜，看起来比其任何竞争对手都更大、更好和更重要。其三，这些身份似乎都以天生的、固有的、对立的和对抗性的形式出现，以至于整个世界都要按摩尼教式的角度来理解，被视为是宗教之间、民族之间、性别之间、种族之间或是文明之间一个巨大的战场。其四，这些争战中的团结形态都是通过对记忆的肯定、对历史传奇的强化和一些拒绝承认更广泛意义的共同人性的历史叙事而得以维系。

正如前面一些章节中我们所承认的，几个世纪以来在不同群体间的确出现过紧张与冲突的局势，这些群体曾一度要寻求自我定义，或在本书所探讨的六种身份类别中被定义为其中的一种。[1]为保护或提升一些宗教、民族或文明的地位，他们之间也的确发生过战争和冲突，而性别和种族层面上也曾经出现过一连串社会和政治动荡，包括非暴力反抗和内战。但是，这些人为建构起来的、互相对立且其优先性和重要性通常被过度夸大的人类群体，也的确应该用更健康的怀疑主义观点来审视。首先，他们并非如其领导人、护教者、鼓吹者和历史学家所宣称的那么具有同质性、铁桶一般，或包罗万象，或天生好战和具有根深蒂固的对抗性。比如，我们理应设问一下：大部分基督徒、日耳曼人、妇女、黑人或西方民众到底有多经常感到自己享有一种共同身份去反对大部分的教外人、法兰西人、男人、白人或野蛮人？宣称这些团体具有同质性、一致性和天生好战的主张在仔细审视之下无一例外地粉碎成无数碎片、充斥着各种重大异常情况和众多其他的竞争性身份。类似这些身份类别上充满杀气的动员，总是要靠诉诸从来就未曾存在过的统一与包容的整体性主张才得以成功，这些身份充其量是那些似乎与政治进程和政府实体有着令人遗憾的、密不可分的关系的"虚构物"。[2]

至于从马克思和恩格斯、罗伯特·克诺斯直至杰梅茵·格里尔和乔治·布什等人所宣称的主张，其大意是这五种身份中的某一种是超越或兼并其他几种身份的最首要的身份形式，可以用来解释人类行为、历史、现在与未来，现在看来，这些主张很明显并非都是正确的。我们可以想见，如果说其中一种是对的，而其余四种都是错的，但是通过大量充足的证据对其中任何一种进行判断，似乎不难得出结论，任何一种身份可以完全代表并支配这五种身份形式的主张从未经得起考验，正如威廉·施文克·吉尔伯特（W.S.Gilbert）的格言所说的，"当人人都是个人物时，那么谁也不是人物"。不管从个人还是集体角度来说，我们都是拥有多重而不仅仅是一重身份的生物，我们同时生活在许多不同的、多元的群体之中，而他们在特定语境和具体情况下有其各自不同的重要性，有其各自不同的需要引起我们关注的诉求。阿马蒂亚·森（Amartya Sen）在这点上有很正确的观点，他认为，"居然能够按照一些单一的、支配性的分割体系将这世界上的人类作非此即彼的区分"，这实在是一种"怪异的假想"，而以这种错误的"单一主义"方法来处理我们所有人同时都拥有的众多身份，不但在本质上是错误的、在经验上是不正确的，而且无视并削弱了我们人类更具有广泛性和包容性的"共同人性"这一集体范畴的存在基础。[3]

这些主张也错误地假设，这个世界在单一的、包罗万象的集体之间是分裂和极化的。然而，有一点再怎么重复都不过分，尽管在被马修·阿诺德（Matthew Arnold）非常有名地描述为：黑夜里"在被黑暗所包围的原野上"相互厮杀的"无知的军队"之间的那些冲突不可否认是人类历史的一个重要组成部分，但是在"我们"与"他们"、"好人"与"坏人"、光明力量与黑暗势力之间的冲突中时常被用于声明、点燃和煽动对立情绪的那种摩尼教式的世界观并不能正确认识或描述这种凌乱、复杂、不稳定、多层面的、彼此相关与互联的人类关系的现实情况。[4]正如书中所一再表明的那样，跨越那些据信为不可逾越的分界线——比如在基督徒与教外人之间，或是日耳曼人与法兰西人、工人与资本家、妇女与男人、黑人与白人、西方与非西方之间——而进行的对话是整个人类经验中实质性的，甚至可能是占压倒性优势的组成部分。不管是从个人还是集体角度来看，我们已经知道人类历史的现实充满了对话、互动、联系、借鉴、融合与同化，至少像分歧、敌对、好战、冲突、孤立或厌恶那样各占半壁江山。我们对过去和现在的意识经常被过于强调冲突与差异的重要性左右，这一点不但对我们追求知识有害无益，而且歪曲了人类状态的本质，选错了本可以使人类状态得以改善以及可能更进一步得以改善的最佳途径。

在主张人类分裂的支持者和倡导者中，很经常在群体身份的煽动与表达之间产生一种简单的因果关系假设，最终会给当权者施加压力并推动人类的进步，比如殖民地的民族主义者会为摆脱帝国主义控制而战；全世界范围的妇女寻求获得自由与平等，或是在美国的黑人发起民权运动。但是，尽管有些集体群落围绕这些美好的主张而得以确立并取得可观的成果，但并非所有集体群落都成功得以确立，也并非都取得成果，比如为了完全不同（而且是应受谴责的）目的而鼓动雅利安人起来反对犹太人，或鼓动白人至上主义者反对黑人就是很明显的例证。还有另外一种假设是，这些鼓动总会达到目的，但那些殖民地赢得独立也好，或是妇女境况得以改善也好，或是美国黑人获得民权也好，或是南非种族隔离终被消灭也好，其过程却明显要复杂得多。[5]这些鼓动也许起到了一定的作用，但仅仅是其中一个因素而已。而且，这些事业中最成功的一些领导人是通过跨越分界线的诉求而不是基于对手身份才达到目的的，比如马丁·路德·金通过推动黑人与白人共享民权，而不是牺牲白人利益的做法来提升黑人利益；贝蒂·弗里丹在追求其女性主义目标时既动员女人也动员男人；而在谴责种族隔离政策时，曼德拉不仅关心黑人，还包括整个人类的利益。

即使是有时只提倡群体利益、特定身份和团体对抗的那些人，也经常会注意到更宽容和更包容的观点所带来的力量、智慧和理性。其中之一便是鲁德亚德·吉卜林，宣称白人肩负重担，提倡白人至上，不断地以种族主义诗人身份提出主张和发表谴责性言论。但他有时会以一种完全不同的语气强烈主张以更开阔的视野看待人性，认为人类的差异性终将在其相似性里溶解殆尽：

>　　所有善良的人们都同意
>　　所有善良的人们都说
>　　所有的好人，像"我们"一样，是"我们"
>　　舍此 其他人是"他们"
>　　但如果你跨过海洋，
>　　而不是停留在路对面
>　　你最终（想一想！）也许会将"我们"
>　　视为不过是另一形式的"他们"[6]

而同样持这种观点的一个组织便是基督教。在历史上大部分的时间里，基督教对待其他宗教都一贯采取好战和仇视的反对态度，对自己教内持异端学说的派别也是如此，但在20世纪，它也是反对种族主义和虐待妇女这些罪恶以及追求伸张普遍人性的一支重要力量。[7]

然而，威·斯·奈保尔（V.S.Naipaul）以前所说的"那种已经迷失的人类交往的大理念"却没有引起历史学家多大的关注，即使是在世界历史、全球历史和跨民族历史比以往任何时候都更加被人们提倡和更为流行的我们这个时代也是如此。[8]这部分是因为构成并成为我们普遍人性之典型的那些行为和态度在历史学家眼里往往没有吸引力，就像是好消息之于新闻记者一样：人类活动的默认模式——司空见惯的一种现实——不知为何要么微不足道，要么十分无趣，因而对于新闻标题来说几乎没有什么价值。[9]而这种缺乏吸引力的事实不管是在政界还是在学界，都是很明显不过的事情。往左了说，人们所偏爱的人类行为和关系模式始终是那种为魅力非凡的领导人所鼓动起来的、通过发动反对敌对势力和邪恶敌人的斗争与冲突而达到美好目标的那些集体身份模式。往右了说，普遍人性的观念还会因为人们强调个人之间斗争与竞争的重要性而难见天日，这种原子论（以及敌对的）观点因玛格丽特·撒切尔所谓"没有什么社会之类的东西"这一句话而成为不朽的观点。这两种观点都使得我们具有超越差异性的共同人性这种更重要的主张或更重大的主题没有立锥之地。然而，人类历史不仅要从竞争性的个体和适者生存角度，或是从处于潜在或真实的冲突中的集体身份角度，也应该从跨越这些分界线的人类的关切点、活动和成就的角度去接近、理解、解释和描写。"历史与人性，"一个美国学者写道，"无论是从民族、种族、区域或是大陆层面上，实际上都不是关在盒子里的。一部好的历史应该要反映这个真相。"[10]

正如已故的 J.H.帕朗伯（J.H.Plumb）曾经说过，历史"既不是教外人的，也不是基督徒的，它不属于任何民族或阶级，它是全世界的；它属于最广义上的全人类"。[11]以此观之，历史学家的首要工作不是帮助构建离散的、独立的、自我关注的和相互排斥的团体身份把戏。这项差事长期以来一直是未经认真审视的头等要事，给我们需要对身份多样性进行更为复杂、动态的和更迫切而彻底的理解带来不利影响。这些身份多样性，时而表现在个体层面，时而在集体层面，时而是分开的，时而是共享的，以独特而不断变化的方式使我们所有人充满朝气和活力。单纯建立在分割的过去之上的历史否定了我们对人类一直共享的东西的合理继承，即一种"在充分和谐有序的、不应经常被分裂的社会中共处"的能力。那么，有一点确定无疑的是，我们在沉迷于次要的（却被人们过度研究的）人类分裂研究的时候，是否至少也应该将人类实质上所具有的统一性问题（但研究不充分）作为我们研究的出发点？[12]

正如阿诺德·汤因比在上文引用的话中所表达的那样，在他晚年完成了《历史研究》之后，这成为他的观点。而且他的传记再次有力而适当地肯定了这种更广阔、更明智的观点，作者威廉·麦克尼尔（William H. McNeill）说道：

> 人类整体上具有一种共性，这种共性是历史学家们可能竭力想去理解的东西，就好比他们想竭力去理解是什么将任何较之次要的团体团结在一起一样。一部浅显易懂的世界史应该能够通过培养个人与整个人类集体成功与苦难的认同感，从而去削弱团体接触中的致命性因素，而不是像狭隘的史学家那样总要去强化人类之间的种种冲突。的确，在我看来这才是我们这个时代历史界的道德义务。[13]

在这一点上，麦克尼尔无疑是对的：人类历史中的彼此合作至少与相互冲突一样重要，同样，人们对陌生人的善行与人们对异己和他性的执迷也是平分秋色的。撰写历史的重要性绝不亚于活在当下，我们的视野必须超越分歧、超越群体利益、超越身份政治以及狭隘的关切，去拥抱、去赞美过去、现在和将来一直将我们紧紧维系在一起的共同人性。[14]

致　谢

虽然我对这个主题已经思考了很长时间,但促使我将一些初步想法付之于书的直接因素是受邀参加剑桥大学历史学院于2007年春季学期的乔治·麦考雷·特里维廉(George Macaulay Trevelyan)讲座。感谢昆汀·斯金纳教授(Professor Quentin Skinner)和董事会的邀请,感谢理查德·J.埃文斯教授(Professor Richard J. Evans)激励我抓住了一个可能吸引本科生的大话题,以及感谢剑桥基督学院的院长和杰出校友在我访问期间对我的慷慨款待。我已经写了特里维廉的传记,我很高兴有机会向他表达另一种敬意,而且感到特别荣幸的是,能在为纪念他所开设的系列论坛历经整整50年之际开设讲座。这本书是我原文的拓展和重写版,加入了许多新素材和更加全面的论证,我删除了有关特里维廉的生活、工作和家庭的开场白,这类开场白似乎适合剑桥当地的学术背景,但不适合我这次的出版,我希望此次出版像特里维廉自己的作品那样,能够覆盖更广泛的受众。

在处理这个主题时,我查阅了大量远远超出我有限知识范围的文献,感谢许多在过去(和现在)不属于我的领域中帮助过我的朋友们:安东尼·阿皮亚、罗伯特·阿滕伯勒、克里斯托弗·贝利、大卫·贝尔、已故的以赛亚·柏林、格伦·鲍尔斯克、朱迪思·布朗、彼得·布朗、理查德·布利特、欧文·查德威克、约翰·达尔文、约翰·埃利奥特、菲利普·费尔南多·阿梅斯托、埃里克·方纳、罗伊·福斯特、蒂莫西·加顿·阿什、安东尼·格拉夫顿、约翰·霍尔、亨利·哈迪、已故的埃里克·霍布斯鲍姆、布鲁克斯·霍斯菲尔德、迈克尔·霍华德、罗纳德·海姆、乔纳森·以色列、已故的托尼·朱特、斯蒂芬·兰波特、诺米·利维-卡里克、安东尼·洛、尼尔·麦格雷戈、克尔斯滕·麦肯齐、阿拉斯泰尔·麦克拉克伦、彼得·曼德勒、菲尔·诺德、画家内尔·欧文、已故的西蒙·普莱斯、大卫·雷诺兹、邓肯·罗宾逊、丹尼尔·T.罗杰斯、艾玛·罗斯柴尔德、斯图尔特·施瓦茨、哈米什·斯科特、阿玛蒂亚·森、克里斯汀·斯坦塞尔、雪莉·蒂尔曼、肖恩·威伦茨和阿德里安·杨。作为沃尔夫森历史奖的评委，我阅读了许多关于不同主题的书籍，并与共同评委基思·托马斯、艾弗利尔·卡梅隆、理查德·J.埃文斯和朱莉娅·史密斯展开了讨论，这些都令我大受裨益。其中一些章节的早期版本在伦敦历史研究所、普林斯顿大学人文委员会、弗吉尼亚大学拉什顿讲座、堪培拉澳大利亚国立大学以及墨尔本的创意节向众人作讲座时公开过。

　　作为伦敦大学历史研究所英国历史的伊丽莎白女王教授，我承担了特里维廉讲座的最初工作，并且以普林斯顿大学人文委员会怀特尼·J.奥提斯高级研究员的身份完成了为创作本书的文献阅读工作。我感谢两个机构的许多同事和朋友的帮助、支持和鼓励，特别是伦敦的迈尔斯·泰勒、伊莱恩·沃尔特斯、海伦·麦卡锡、詹妮弗·沃利斯和玛莎·范德利，以及普林斯顿的杰里米·阿德尔曼、安东尼·格拉夫顿、哈罗德·詹姆斯、威廉·切斯特·乔丹、菲尔·诺德、卡罗尔·里戈洛特和吉迪恩·罗森。这本书的大部分内容是在我担任加利福尼亚州圣马力诺亨廷顿图书馆弗莱彻琼斯基金会杰出研究员和普林斯顿高等研究院院长访问学者期间撰写的。我

致 谢

非常感谢亨廷顿的罗伊·里奇和苏西·卡拉斯诺，以及高等研究院的彼得·戈达德，感谢他们对我的热烈欢迎，以及为我进行深入思考和专注写作提供了理想环境。

我一如既往地感谢我的经纪人，伦敦的吉尔·柯勒律治和纽约的迈克尔·卡莱尔，他们帮我铺平了从最初的想法到手稿再到出版的坎坷道路，我要感谢大西洋彼岸我的两位编辑和朋友的帮助、智慧和指导，他们是企鹅公司的西蒙·温德和阿尔弗雷德·A.克诺普夫公司的乔治·安德烈，又一次与他们一起工作是一种快乐。我还要感谢金·日霞以高度的警觉性和效率监督本书的制作，感谢罗兰·奥特威尔对文本的精心编辑，感谢莎拉·布鲁克斯对校样提供了帮助。琳达·科利一如既往地让生活值得生活，让书籍值得写作，我再次向她表达感谢和我对她的爱。我将这部作品献给两位亲爱的朋友，他们在医学和音乐以及其他许多方面的生活不断提醒、体现和庆祝我们所有人共有的人性。我写这本书的目的是希望它能帮助我们更好地意识到、欣赏、理解和认识我们共同拥有的更广泛的存在，这种存在超越了单一的身份、夸大的分歧和极化的仇恨，这种仇恨太容易、太多时候变得太大、太扭曲，在我们的生活中太过有害。

大卫·坎纳丁·诺福克，英国
2012 年 7 月 10 日

注　释

序　言

1.有关乔治·沃克·布什世界观形成的组成要素,请参看 M. Lind, *Made in Texas: George W. Bush and the Southern Takeover of American Politics* (New York, 2002)。最近三个月有关摩尼教表达方式的例子,参看 D.Berreby, *Us and Them: Understanding Your Tribal Mind* (New York, 2005); C.Jennings, *Them and Us: The American Invasion of British High Society* (London, 2007); W.Hutton, *Them and Us: Politics, Greed and Inequality—Why We Need a Fair Society* (London, 2010)。

2.引自 E.Luce, "A Tragedy of Errors," *Financial Times*, January 19, 2009。

3. T. Todorov, *The Fear of Barbarians: Beyond the Clash of Civilizations* (Chicago, 2010), pp.91, 100–101, 104.

4.D.Bell, "Class Consciousness and the Fall of the Bourgeois Revolution," *Critical Review* 16(2004): 336–38; P.Novick, *That Noble Dream: The "Objectivity Question" and the American Historical Profession* (Cambridge, 1988), pp.469–521.

5.M.Guibernan, *The Identity of Nations* (Cambridge, 2007), p.173.

6.C.Geertz,"What Is a State If It Is Not a Sovereign?: Reflections on Politics in Complicated Places," *Current Anthropology* 45(2004): 584; F.Nussbaum,"The Politics of Difference," *Eighteenth-Century Studies* 23(1990): 375-86; S.Collini, *English Pasts: Essays in History and Culture*(Oxford,1999),p.264; C.Hall,"Introduction: Thinking the Postcolonial, Thinking the Empire," in C.Hall, ed., *Cultures of Empire: A Reader*(Manchester,2000),p.16; K.Wilson, "Introduction: Histories, Empires, Modernities," in K.Wilson, ed., *Cultures, Identity and Modernity in Britain and the Empire, 1660-1840*(Cambridge,2004),p.5.对于最近想要用"分歧"这一概念作为组织原则来书写世界历史,请参看 J.Burbank and F.Cooper, *Empires in World History: Power and the Politics of Difference*(Princeton,2010)。

7.L.Colley,"Britishness and Otherness: An Argument," *Journal of British Studies* 31(1992): 309-29; W.H.McNeill,"Mythistory, or Truth, Myth, History, and Historians," *American Historical Review* 91(1986): 5.

8.M.Nussbaum, *Not for Profit: Why Democracy Needs the Humanities*(Princeton,2010),pp.28-29,35-36; A.Appiah, *Cosmopolitanism: Ethics in a World of Strangers*(New York, 2006), pp. xx-xxi. 也请参考看 A.Ryan, "Cosmopolitans," *New York Review of Books*, June 22, 2006, pp. 46-48.

9.M. Angelou, "Human Family," in *I Shall Not Be Moved*(New York,1990),p.5.

10.T.Garton Ash,"Obama's Beijing Balancing Act Points to the New Challenge for the West,"英国卫报 2009 年 11 月 8 日电; Garton Ash, "Obama Must Wish He Were Cameron,"英国卫报 2010 年 7 月 22 日电; N.MacGregor,"The Whole World in Our Hands,"英国卫报 2004 年 7 月 24 日电; MacGregor,"Britain Is at the Centre of a Conversation with the World,"英国卫报 2007 年 4 月 19 日电;MacGregor,*A History of the World in 100 Objects*(London,2011),pp.xviii,xxv.

11.Bill Clinton,"World Without Walls,"英国卫报 2002 年 1 月 26 日电;Clinton,"My Vision for Peace,"*Observer*,September 8,2002.

12.Todorov,*Fear of Barbarians*,p.197.Raymond Aron 曾经持类似观点,他认为生活"不是善恶之间而是好恶之间的斗争",这一观点引自 T.Judt,*The Burden of Responsibility*(Chicago,1998),p.182。

13.对于这一概括性观点可贵而可敬的特殊案例,请参看 M.Macmillan,*Dangerous Games*:*The Uses and Abuses of History*(New York,2009),pp.54-90.

14.J.Goody,*Production and Reproduction*:*A Comparative Study of the Domestic Domain*(Cambridge,1976),p.ix;M.B.Finocchiaro,"Science,Religion,and the Historiography of the Galileo Affair:On the Undesirability of Oversimplification,"*Osiris* 16(2001):116.

15.B.Bailyn,"How England Became Modern:A Revolutionary View,"*New York Review of Books*,November 19,2009,p.44;L.Putnam,"To Study the Fragments/Whole:Microhistory and the Atlantic World,"*Journal of Social History* 39(2006):617.

16.K.V.Thomas,*The Ends of Life*:*Roads to Fulfillment in Early Modern England*(Oxford,2009),p.6.

17.P.Vallely,"Blair's Glinting Eye Turns to Iran,"*Independent on Sunday*,January 23,2011.也请参看"the Angolan Freedom Fighter Artur Carlos Mauricio Pestana dos Santos(Pepetela),"*Mayombe*(London,1983),p.2。

第一章 宗 教

1.Matthew 25:31-46.

2.P.Brown,*The World,of Late Antiquity from Marcus Aurelius to Mohammad*(London,1971),pp.54-55.

3.A.Pagden,*Worlds at War: The 2,500-Year Struggle Between East and West*(Oxford,2008),pp.124-27.

4.R.Lane Fox,*Pagans and Christians*(Harmondsworth,1996),pp.561-571; H.Katouzian,*The Persians: Ancient,Medieval and Modern Iran*(London,2009),pp.49-58.

5. M. E. Marty, *When Faiths Collide* (Oxford, 2005), p. 159; W. Lippman,*A Preface to Morals*(New York,1929),p.76; Matthew 12:30.

6.Matthew 25:35.

7.Marty,*When Faiths Collide*,p.134.

8.J.Wolffe,introduction to J.Wolffe,ed,.*Religion in History: Conflict, Conversion and Coexistence*(Manchester,2004),pp.5-6.

9.H.R.Trevor-Roper,*The Rise of Christian Europe*(London,1965).

10.J.G.A.Pocock,*Barbarism and Religion*, vol.3,*The First Decline and Fall*(Cambridge,2003),pp.71-74; G.Clark,*Christianity and Roman Society*(Cambridge,2004),pp.9-10.

11.G.A.Bonnard,ed.,*Edward Gibbon: Memoirs of My Life*(London, 1966 ed.),p.147; Pocock,*First Decline and Fall*, p.497.

12.J. W. Swain, *Edward Gibbon the Historian* (London, 1966), pp. 62-70; P.Brown,"Gibbon's Views on Culture and Society in the Fifth and Sixth Centuries," in G.W.Bowersock, J.Clive, and S.R.Graubard, eds., *Edward Gibbon and the Decline and Fall of the Roman Empire* (Cambridge,Mass.,1977),pp.43-45.

13.R.Porter,*Gibbon*(London,1988),pp.1,112-15.

14.D. P. Jordan, *Gibbon and His Roman Empire* (Urbana, 1971), p.106.

15. Porter, *Gibbon*, pp. 105–106; J. W. Burrow, *Gibbon* (Oxford, 1985), pp.52–55.

16. Porter, *Gibbon*, p.119.

17. Burrow, *Gibbon*, p.53.

18. P. B. Craddock, *Edward Gibbon, Luminous Historian, 1772–1794* (Baltimore, 1989), pp.60–63.

19. Porter, *Gibbon*, pp.121–23.

20. L. Gossman, *The Empire Unpossess'd: An Essay on Gibbon's "Decline and Fall"* (Cambridge, 1981), pp.33, 47; Jordan, *Gibbon and His Roman Empire*, p.106; Burrow, *Gibbon*, p.51.

21. Porter, *Gibbon*, pp.125–129.

22. Porter, *Gibbon*, p.117.

23. Jordan, *Gibbon and His Roman Empire*, pp.106, 112; Porter, *Gibbon*, p.115; Burrow, *Gibbon*, p.63.

24. Swain, *Gibbon the Historian*, p.66; Craddock, *Gibbon, Luminous Historian*, p.63.

25. J. G. A. Pocock, *Barbarism and Religion*, vol.1, *The Enlightenments of Edward Gibbon* 1737–1764 (Cambridge, 1999), p.283; Porter, *Gibbon*, p.116; Bonnard, *Edward Gibbon*, p.136; Burrow, *Gibbon*, p.66.

26. Burrow, *Gibbon*, p.53.

27. Clark, *Christianity and Roman Society*, p.35; J. Huskinson, "Pagan and Christian in the Third to Fifth Centuries," in Wolffe, *Religion in History*, p.15.

28. R. A. Markus, *The End of Ancient Christianity* (Cambridge, 1990), pp.21–22; Burrow, *Gibbon*, p.56.

29. Jordan, *Gibbon and His Roman Empire*, p.107.

30. Porter, *Gibbon*, pp.124–128.

31. Lane Fox, *Pagans and Christians*, p.592; Brown, *World of Late Antiquity*, p.104.

32. B. Caseau, "Sacred Landscapes," in G. W. Bowersock, P. Brown, and O. Grabar, eds., *Interpreting Late Antiquity: Essays on the Postclassical World* (Cambridge, Mass., 2001), pp.34–35; C. Kelley, "Empire Building," 同上, pp.184-85; M. Beard, J. North, and S. Price, *Religions of Rome*, vol.1, *A History* (Cambridge, 1998), pp.364–375; Lane Fox, *Pagans and Christians*, pp.609-662; Clark, *Christianity and Roman Society*, p.14.

33. A. Cameron, *The Mediterranean World in Late Antiquity, AD 395–600* (London, 1993), pp.7–8; M. Vessey, "The Demise of the Christian Writer and the Re-Making of 'Late Antiquity': From H.-L. Marrou's *Saint Augustine* (1938) to Peter Brown's Holy Man (1983)," *Journal of Early Christian Studies* 6(1998), pp.377-411.

34. P. Brown, "Christianization and Religious Conflict," in A. Cameron and P. Gamsey, eds., *The Cambridge Ancient History*, vol.13, *The Late Empire, A.D.337-425* (Cambridge, 1998), p.641.

35. Wolffe, introduction to *Religion in History*, pp.6-8; Beard, North, and Price, *Religions of Rome*, p.388.

36. Clark, *Christianity and Roman Society*, pp.38–53; G. W. Bowersock, *Martyrdom and Rome* (Cambridge, 1995), pp.2, 18, 41-43.

37. Huskinson, "Pagan and Christian," pp.21-22.

38. K. Shelton, *The Esquiline Treasure* (London, 1988), pp.72-75.

39. B. Caseau, "Sacred Landscapes," pp.29-30.

40. J. Sandwell, "Christian Self Definition in the Fourth Century AD: John Chrysostom on Christianity, Imperial Rule and the City," in J. Sandwell and J. Huskinson, eds., *Culture and Society in Later Roman Antioch*

(Oxford,2003),pp.35-58.

41.Huskinson,"Pagan and Christian," pp.29-31.

42.Brown,"Christianization and Religious Conflict," pp.632-635; Lane Fox, *Pagans and Christians*, pp.586,607-608; Markus, *End of Ancient Christianity*, p.28; Clark, *Christianity and Roman Society*, p.10.

43.Huskinson,"Pagan and Christian," p.35.

44.Introduction to Bowersock, Brown, and Grabar, *Interpreting Late Antiquity*, p.xi.

45.Clark, *Christianity and Roman Society*, pp.11,14.

46.Brown, *World of Late Antiquity*, pp.70-72; Markus, *End of Ancient Christianity*, p.110.

47.Clark, *Christianity and Roman Society*, p.1; Cameron, *Mediterranean World*, p.144.也请参看 R.Bartlett, "Reflections on Paganism and Christianity in Medieval Europe," *Proceedings of the British Academy* 101(1998):55-76.

48.Porter, *Gibbon*, pp.85,132.

49.同上,pp.4,85,104-7,144-45; Burrow, *Gibbon*, pp.49-51; D.J.Geanakopolos, "Edward Gibbon and Byzantine Ecclesiastical History," *Church History* 35(1966):170-185; S.Runciman, "Gibbon and Byzantium," in Bowersock, Clive, and Graubard, *Gibbon and the Decline and Fall of the Roman Empire*, pp.53-60.

50.Porter, *Gibbon*, pp.130-31; Burrow, *Gibbon*, pp.77-78.

51.A.Cameron, "Thinking with Byzantium," *Transactions of the Royal Historical Society*,6th.ser.,21(2011), p.54.

52.R.W.Bulliet, *The Case for Islamo-Chrisdan Civilization* (New York,2004),pp.1-45.

53.Brown, *World of Late Antiquity*, p.194; R.Fletcher, *The Cross and* the Crescent: The Dramatic Story of the Earliest Encounters Between Christians and Muslims(London,2004), pp.11-15,42-44.

54. R.Crowley, Empires of the Sea: The Final Battle for the Mediterranean,1521-1580 (London,2008); B.Rogerson, The Last Crusaders: The Hundred-Year Batde for the Centre of the World(London,2009).

55. N. Housley, Fighting for the Cross: Crusading to the Holy Land (London,2009), pp.208-37; B.J.Kaplan, Divided by Faith: Religious Conflict and the Practice of Toleration in Early Modem Europe(Cambridge, Mass.,2007), pp.300-12.

56. J.Riley-Smith, The Crusades, Christianity and Islam(New York, 2008), pp.1-7; H.Kennedy, The Great Arab Conquests: How the Spread of Islam Changed the World We Live In(London,2007), p.50; S.O'Shea, Sea of Faith: Islam and Christianity in the Medieval Mediterranean World(London,2006), p.173.

57. A. Wheatcroft, Infidels: The Conflict Between Christendom and Island 638-2002(London,2003), pp.275-309.

58. H. Pirenne, Muhammad and Charlemagne (London, 1939), pp. 151-53,165-66,183-85,284.

59. Wheatcroft, Infidels, pp.xxxi,5,39,48,59,157,309.较为近期出现的类似观点请参看 A.Wheatcroft, The Enemy at the Gate: Habsburgs, Ottomans and the Battle for Europe(London,2008)。

60. Pagden, Worlds at War, pp.1-31,137-38,171,176-77.

61. Wheatcroft, Infidels, p.314.

62. 同上,pp.xxxi,5-6,38,202; Pagden, Worlds at War, pp.xiv,xx。

63. D.MacCulloch, The Reformation: A History(New York,2004), p. 676; A. Walsham, Charitable Hatred: Tolerance and Intolerance in England,1500-1700(Manchester,2009), p.238.

64. Fletcher, *Cross and the Crescent*, pp.18,20; R.Bonney, *Jihad: From Qur'an to bin Laden* (London,2004), pp.1-14,395-423; O'Shea, *Sea of Faith*, pp.15,171-72; Z.Karabell, *People of the Book: The Forgotten History of Islam and the West* (London,2007), pp.4,20,26.

65. H.Goddard, *Christians and Muslims: From Double Standards to Mutual Understanding* (London,1995), pp.103-24.

66. O'Shea, *Sea of Faith*, pp.111,269.

67. Karabell, *People of the Book*, pp.181-82.

68. 同上, pp.82-83; I.Almond, *Two Faiths, One Banner: When Muslims Marched with Christians across Europe's Battlegrounds* (London, 2009), esp.pp.8-12。

69. O'Shea, *Sea of Faith*, pp.141,156; T.S.Ashbridge, "The 'Crusader' Community at Antioch: The Impact of Interaction with Byzantium and Islam," *Transactions of the Royal Historical Society*, 6th ser." 9 (1999):319-21. 对于十字军极化身份如何被削弱的另一个例子，请参看 P.E.Chevedden, "The Islamic View and the Christian View of the Crusades: A New Synthesis," *History* 93(2008):181-200。

70. D.M.Varisco, *Reading Orientalism: Said and the Unsaid* (Seattle, 2007), p.123; Rogerson, *Last Crusaders*, p.4.

71. Fletcher, *Cross and the Crescent*, pp.20-21; N.Matar, "John Locke and the Turbanned Nations," *Journal of Islamic Studies* 2(1991): 67-77; Karabell, *People of the Book*, pp.158-79; O'Shea, *Sea of Faith*, pp.277-83; M.Mazower, *Salonica, City of Ghosts: Christians, Muslims and Jews, 1430-1950* (New York,2005), p.24.

72. Fletcher, *Cross and the Crescent*, pp.60-65; Karabell, *People of the Book*, pp.6,101-14; O'Shea, *Sea of Faith*, p.233.

73. F.Braudel, *The Mediterranean, and the Mediterranean. World in the*

Age of Philip II, 2 vols. (London, 1972), vol.2, pp.757-835; D.Abulafia, *The Great Sea: A Human History of the Mediterranean* (London, 2011), pp. 258-70.

74. Fletcher, *Cross and the Crescent*, pp.38-39, 57-58, 116-30; J. Lyons, *The House of Wisdom: How Arabs Transformed Western Civilization* (London, 2009), pp.4-5.

75. W. Dalrymple, "The Truth About Muslims," *New York Review of Books*, November 4, 2004, p. 32; J. H. Elliott, "A Question of Coexistence," *New York Review of Books*, August 13, 2009, pp.38-39, 42.

76. O'Shea, *Sea of Faith*, pp.131-40; M.R.Menocal, *The Ornament of the World: How Muslims, Jews, and Christians Created a Culture of Tolerance in Medieval Spain* (New York, 2002), pp.17-49; H.Kennedy, *The Court of the Caliphs: The Rise and Fall of Islam's Greatest Dynasty* (London, 2004), esp.pp.112-44.

77. J. Mather, *Pashas: Britons in the Middle East*, 1550 - 1850 (London, 2009), pp. 89 - 99, 166 - 67; M. Greene, *A Shared World: Christians and Muslims in the Early Modem Mediterranean* (Princeton, 2000), esp.pp.3-12; A.Lebor, *City of Oranges: Arabs and Jews in Jaffa* (London, 2006), pp.11-14; P.Mansel, *Levant: Splendour and Catastrophe on the Mediterranean* (London, 2010), pp.1-3, 356; D.Quataert, *The Ottoman Empire*, 1700 - 1922 (Cambridge, 2000), pp. 172 - 79; Mazower, *Salomca*, pp.10, 23.

78. D.Howard, *Venice and the East* (London, 2000); Institut du Monde Arabe, *Venise et l'Orient*, 828-1797 (Paris, 2006); L.Jardine and J.Brotton, *Global Interests: Renaissance Art Between East and West* (London, 2000); G. MacLean, ed., *Re - Orienting the Renaissance: Cultural Exchanges with the East* (London, 2005).

79. J. Cuno, *Who Owns Antiquity? Museums and the Battle over Our Ancient Heritage* (Princeton, 2008), pp.68-70, and references cited there; N. Matar, *Islam in Britain*, 1558-1685 (Cambridge, 1998); Matar, *Turk, Moors and Englishmen in the Age of Discovery* (Cambridge, 1999); Matar, *In the Lands of the Christians: Arabic Travel Writing in the Seventeenth Century* (London, 2003).

80. O'Shea, *Sea of Faith*, pp.8-9.

81. N.Z. Davis, *Trickster Travels: A Sixteenth-Century Muslim Between Worlds* (New York, 2006). 对于接近半世纪后犹太人阶层流动的类似例子，请参看 M. Garcia-Arenal and G. Wiegers, *A Man of Three Worlds: Samuel Pdllache, a Moroccan Jew in Catholic and Protestant Europe* (Baltimore, 2003)。

82. C. Geertz, "Among the Infidels," *New York Review of Books*, March 23, 2006, pp.23-24.

83. Elliott, "Question of Coexistence," pp.39, 42; Karabell, *People of the Book*, pp.8, 279-281.

84. Sir S. Runciman, *A History of the Crusades*, vol.3, *The Kingdom of Acre* (Cambridge, 1955), p.480.

85. Fletcher, *Cross and the Crescent*, p.158.

86. 对于最近两个更具有操作性方法的例子，请参看 T. Ashbridge, *The Crusades: The War for the Holy Land* (London, 2009); J. Phillips, *Holy Warriors: A Modem History of the Crusades* (London, 2009)。

87. Karabell, *People of the Book*, p.8; Dalrymple, Truth About Muslims: p.34; Bulliet, *Islamo-Christian Civilization*, p.45.

88. F. Femández-Armesto, "Struggle, What Struggle?" *Sunday Times, Culture*, May 4, 2003, p.43.

89. Porter, *Gibbon*, p.132.

90. S. Freuded., *Civilization and Its Discontents* (New York, 1989 ed.), p.72; p.Baldwin, *The Narcissism of Minor Differences: How America and Europe Are Alike* (Oxford, 2009), p.10.

91. Kaplan, *Divided by Faith*, pp.2, 128-29.

92. G. Parker, ed., *The Thirty Years War* (New York, 1984), pp.210-211; P.H.Wilson, *Europe's Tragedy: A History of the Thirty Years War* (London, 2008), pp.779-821;

MacCulloch, *The RefoTmation*, pp.xx-xxi, 485, 671-72; J.H.Elliott, *Europe Divided*, 1559-1598 (London, 1968), pp.388-397.

93. S. Clark, *Thinking with Demons: The Idea of Witchcraft in Early Modem Europe* (Oxford, 1997), pp.64, 377.

94. Kaplan, *Divided by Faith*, pp.26, 34-38, 47.

95. Wilson, *Europe's Tragedy*, p.465.

96. K.V.Thomas, "Speak of the Devil," *New York Review of Books*, April 27, 2006, p.34.

97. E. Cameron, *Interpreting Christian History: The Challenge of the Church's Past* (Oxford, 2005), pp.131-144.

98. J.L.Quantin, *The Church of England and Christian Antiquity: The Construction of a Confessional Identity in the Seventeenth Century* (Oxford, 2009); P.Kewes, ed., *The Uses of History in Early Modem England* (San Marino, Calif., 2006); S. Ditchfield, *Liturgy, Sanctity and History in Tridentine Italy: Pietro Maria Campi and the Preservation of the Particular* (Cambridge, 1995).关于英国新教和天主教宗教改革历史富有启发性的观点,请分别参看 R.O'Day, *The Debate on the English Reformation* (London, 1986); J. Vidmar, *English Catholic Historians and the English Reformation*, 1585-1954 (Brighton, 2005)。

99. Kaplan, *Divided by Faith*, p.102.

100. Kaplan, *Divided by Faith*, pp.150-151.

101. Kaplan, *Divided by Faith*, p.130.

102. MacCulloch, *The Reformation*, pp.226-231,302-303; P. Matheson, *Cardinal Contarini at Regensburg* (Oxford, 1972); D. Nugent, *Ecumenism in the Age of the Reformation: The Colloquy of Poissy* (Cambridge, Mass., 1974); E. Tongle, "A Mini-Colloquy of Poissy' in Brittany: Inter-confessional Dialogue in Nantes in 1562," in L. Racaut and A. Ryrie, eds., *Moderate Voices in the European Reformation* (Aidershot, 2005), pp.51-69.

103. L. Racaut and A. Ryrie, "Introduction: Between Coercion and Persuasion,"同上, pp.2, 12.

104. Kaplan, *Divided by Faith*, pp.15-22; H. R. Guiggisberg, *Sebastian Castellio, 1515-1563: Humanist and Defender of Religious Toleration in a Confessional Age* (Aidershot, 2003).

105. M. Greengrass, "Conclusion: Moderate Voices: Mixed Messages," in Racaut and Ryrie, *Moderate Voices in the European Reformation*, pp.208-11; Q. Skinner, *The Foundations of Modem Political Thought*, 2 vols. (Cambridge, 1978), vol.2, p.249.

106. Kaplan, *Divided by Faith*, pp.111-12.

107. MacCulloch, *The Reformation*, pp.262-263, 343-344, 471-473, 677.

108. Wilson, *Europe's Tragedy*, pp.9-10, 377; Wilson, "Dynasty, Constitution, and Confession: The Role of Religion in the Thirty Years War," *International History Review* 30(2008): 473-514.

109. MacCulloch, *The Reformation*, pp.495-501.

110. Wilson, *Europe's Tragedy*, pp.758-762.

111. Kaplan, *Divided by Faith*, p.12.

112. R. W. Scribner, "Preconditions of Tolerance and Intolerance in Sixteenth-Century Germany," in O.P.Grell and R.W.Scribner, eds., *Tolerance and Intolerance in the European Reformation* (Cambridge, 1996), p.34, 38.

113. Kaplan, *Divided by Faith*, p.131; C.Ginzburg, *The Cheese and the Worms: The Cosmos of a Sixteenth-Century Miller* (Baltimore, 1992), pp.9-10, 49-51, 62.

114. 同上, p.76。

115. Walsham, *Charitable Hatred*, pp.11, 20-21, 26-30, 207-208.

116. R. Muchembled, introduction to E. Andor and I. G. Toth, eds., *Frontiers of Faith: Religious Exchange and the Constittidon of Religious Identities^ 1400-1750* (Budapest, 2001), p.4.

117. Kaplan, *Divided by Faith*, pp.134-135, 144-148, 172-190; Kaplan, *Calvinists and Libertines: Confession and Community in Utrecht, 1578-1620* (Oxford, 1995), p.27.

118. Kaplan, *Divided by Faith*, pp.217-245.

119. Kaplan, *Divided by Faith*, p.251.

120. Kaplan, *Divided by Faith*, pp.254-293.

121. Walsham, *Charitable Hatred*, p.12.

122. S. B. Schwartz, *All Can Be Saved: Religious Tolerance and Salvation in the Iberian Atlantic World* (London, 2008), pp.84-87.

123. Elliott, "Question of Coexistence," p.42.

124. M. Macmillan, *Dangerous Games: The Uses and Abuses of History* (New York, 2009), pp.73-78.

125. V. Smith, *Akbar: The Great Mogul* (Oxford, 1917), p.257; A. Sen, *The Argumentative Indian: Writings on Indian History, Culture and Identity* (London, 2005), pp.xii, 17-19, 76, 274, 287-293.

126. D. Barenboim, Everything Is Connected: The Power of Music (London, 2008), pp.43-44, 60-74. 也请参看 J.Goldberg, A Muslim and a Jew Across the Middle East Divide(New York, 2006)。

127. Sen, Argumentative Indian, p.25.

128. J. Woffe, "Contentious Christians: Protestant-Catholic Conflict Since the Reformation," in Wolffe, Religion in History, p.98.

129. Karabell, People of the Book, p.182. 具有讽刺意味的是,卫克安在认为"基督教"和"伊斯兰教"之间充满宗教冲突的同时,他很不情愿地承认:"不管是在东方还是西方、在过去还是现在,很少有人愿意完全按照《圣经》和律法生活。大部分人在其生活中遵从的是他们各自所在群体和社区的风俗习惯。至少在这一点上,他是正确的。Wheatcroft, Infidels, p.308, 在其原文中强调了这一点。

130. J. Fulton, The Tragedy of Belief: Division, Politics and Religion in Ireland(Oxford, 1991), pp.176-177, 180; M.Elliott, The Catholics of Ulster: A History (London, 2000), pp.458-460; D.H.Akenson, Intolerance: The E-Coli of the Human Mind(Canberra, 2004), p.60.

131. Fulton, Tragedy of Belief, pp.180-181.

132. Elliott, Catholics of Ulster, p.459.

133. Fulton, Tragedy of Belief, p.187.

134. M. Elliott, When God Took Sides: Religion and Identity in Ireland-Unfinished History(Oxford, 2008), p.4.

135. 参见 Ginzburg, Cheese and the Worms, pp.37-39.

第二章 民 族

1. C.de Gaulle, Memoirs of Hope: Renewal, 1958-1962; Endeavour, pp.3-4, 301. 关于法国"天然的"却是"变动的"疆界,请参看 P.Sahlins, "Natural Frontiers Revisited: France's Boundaries Since the Seventeenth

Century," *American Historical Review* 95(1990), pp.1423-1451.

2.M.Howard,*War and the Nation State*(Oxford,1978),pp.11,15; D. Cannadine,*Making History Now and Then: Discoveries, Controversies and Explorations*(London,2008), pp.173-174; E.J.Hobsbawm,*The Age of Empire*,1875-1914 (London,1987),pp.142-164.

3.对于这种本质上的"现代主义"的解释,详见 B.Anderson, *Imagined Communities: Reflections on the Origin and Spread of Nationalism*(London,1983),pp.46,81,191; E.Gellner,*Nations and Nationalism*(Oxford, 1983), pp.25,35-38,51-55; Gellner,*Nationalism* (London,1997), p.13; E.J.Hobsbawm,*Nations and Nationalism Since 1780: Programme,Myth,Reality*(2nd ed.,Cambridge,1992),pp.5,9-10,14; J.Breuilly,*Nationalism and the State*(2nd ed., Manchester,1993), p.85. 关于 19 世纪被认为是"民族缔造"的世纪,请参看 W.Bagehot, *Physics and Politics* (London,1887),chs.3 and 4。

4.G.M.Trevelyan to John Maynard Keynes,February 1905,引自 D. Cannadine,*G.M.Trevelyan: A Life in History* (London,1992),p.63; I.Tyrrell,*Transnational Nation: United States History in Global Perspective since 1789* (London,2007),p.3.

5.F.Braudel, *The Identity of France*,vol.1,*History and Environment* (London,1988),pp.18-19,21-22; S.Berger,"A Return to the National Paradigm? National History Writing in Germany, Italy, France and Britain from 1945 to the Present," *Journal of Modern History* 77 (2005): 654-55; J.H.Elliott,*National and Comparative History*(Oxford,1991), p.20.

6.Braudel,*History and Environment*,pp.15,17,18-19,23-25; S.L. Kaplan, "Long-Run Lamentations: Braudel on France," *Journal of Modern History* 63(1991): 341.

7.F.Braudel, *On History*(Chicago,1980), p.191; J.Jackson, "Historians and the Nation in Contemporary France," in S.Berger, M.Donovan, and K.Passmore, eds., *Writing National Histories: Western Europe Since 1800*(London,1999), pp.241-42.

8.F.Braudel, *The Mediterranean and the Mediterranean World in the Age of Philip II*, 2 vols.(London,1972), vol.2, p.901.

9.Kaplan, "Long-Run Lamentations," p.342; L.Hunt, "French History in the Last Twenty Years: The Rise and Fall of the *Annales* Paradigm," *Journal of Contemporary History* 21(1986): 209-13; S.Kinser, "*Annaliste* Paradigm? The Geohistorical Structuralism of Fernand Braudel," *American Historical Review* 86(1981): 63-105.

10.最新调查，请参看 Berger, Donovan, and Passmore, *Writing National Histories*。

11.关于另一个这样的定义，请参看 J.J.Kellas, *The Politics of Nationalism and Ethnicity*(London,1992), pp.2-3。

12.许多学者持不同意见，有学者认为国家和民族认同与"现代性"相关，有学者认为国家和民族认同是"永恒的"，请参看 A.D.Smith, "National Identities: Modern and Medieval?" in S.Forde, L.Johnson, and A.V.Murray, eds., *Concepts of National Identity in the Middle Ages*(Leeds, 1995), pp.22-24; C.Kidd, *British Identities Before Nationalism: Ethnicity and Nationhood in the Atlantic World*, 1600-1800(Cambridge,1999), pp.1-6。

13.E.J.Hobsbawm, *Interesting Times: A Twentieth-Century Life*(London, 2002), p.310.许多专家、社会学家和政治学家也编写了大量关于民族主义和民族认同的书籍；其中一部作品几乎完全用政治术语来定义民族身份，见 W.Norman, *Negotiating Nationalism: Nation-Building, Federalism and Secession in the Multinational State*(Oxford, 2006), pp.

33-37。

14.L.Johnson,"Imagining Communities: Medieval and Modern," in Forde,Johnson,and Murray,*National Identity in the Middle Ages*,pp.1-20; S.Reynolds,"The Idea of the Nation as a Political Community," in L.Scales and O.Zimmer,eds.,*Power and the Nation in European History*(Cambridge,2005),pp.54-66; A.Hastings,*The Construction of Nationhood: Ethnicity,Religion and Nationalism*(Cambridge,1997),pp.1-13; T.C.W.Blanning,*The Culture of Power and the Power of Culture: Old Regime Europe*,1660-1789(Oxford,2002),pp.15-25; T.Turville-Petre,*England the Nation: Language,Literature and National Identity*,1290-1340(Oxford,1996),p.v; C.Hirsch,*The Origins of Nationalism: An Alternative History from Ancient Rome to Early Modern Germany*(Cambridge,2011),pp.1-33.

15.Smith,"National Identities: Modern and Medieval?" pp.29-32,46; S.Grosby,*Nationalism: A Very Short Introduction*(Oxford,2005),pp.57-72.

16.Hastings,*Construction of Nationhood*,p.18.

17.同上,p.186; Blanning,*Culture of Power*,p.23。

18.H.Koht,"The Dawn of Nationalism in Europe," *American Historical Review* 52(1947): 266.

19.M.T.Clanchy,*England and Its Rulers*,1066-1307(Oxford,2006 ed.),pp.240-41.

20.R.R.Davies,"The Peoples of Britain and Ireland,1100-1400: I.Identities," *Transactions of the Royal Historical Society*,6th ser.,4(1994): 4-5.

21.同上,p.7; S.Foot,"The Making of Angelcyn: English Identity before the Norman Conquest," *Transactions of the Royal Historical Society*,

6th ser.,6(1996):28。

22. G. R. Elton, *The English* (Oxford, 1993), pp.27-28; J. Campbell, "The Late Anglo-Saxon State: A Maximum View," *Proceedings of the British Academy* 87(1995): 47; A. P. Smyth, "The Emergence of English Identity, 700-1000," in A. P. Smyth, ed., *Medieval Europeans: Studies in Ethnic Identity and National Perspectives in Medieval Europe* (London, 1998), pp.24-52; Foot, "Making of Angelcyn," pp.37,49.

23. R. R. Davies, "The Peoples of Britain and Ireland, 1100-1400: II: Names, Boundaries and Regnal Solidarities," *Transactions of the Royal Historical Society*, 6th ser., 5(1995): 12; Davies, "The Peoples of Britain and Ireland, 1100-1400: IV: Language and Historical Mythology," *Transactions of the Royal Historical Society*, 6th ser., 7(1997): 12, 19-20; J. Gillingham, *The English in the Twelfth Century: Imperialism, National Identity and Political Values* (Woodbridge, 2000), pp. xvi, 113-44; Turville-Petre, *England the Nation*, p. 216; Hastings, *Construction of Nationhood*, pp.15, 35-38, 47-48. But cf. D. Pearsall, "Chaucer and Englishness," *Proceedings of the British Academy* 101 (1998): 77-99.

24. S. Reynolds, *Kingdoms and Communities in Western Europe, 900-1300*, 2nd ed. (Oxford, 1997), pp. lix, 250-92.

25. Blanning, *Culture of Power*, p.21; Koht, "Dawn of Nationalism," p.277; L. Scales, *The Shaping of German Identity, Authority and Crisis, 1245-1414* (Cambridge, 2012), passim.

26. Blanning, *Culture of Power*, p.21; M. G. Dietz, "Patriotism," in T. Ball, J. Farr, and R. L. Hanson, eds., *Political Innovation and Conceptual Change* (Cambridge, 1989), p.181.

27. Davies, "Identities," p.10.

28. J. Gillingham, "1066 and All That Elton," *Transactions of the Royal Historical Society*, 6th ser., 7(1997): 330; Gillingham, *English in the Twelfth Century*, p.xvi.

29. Davies, "Identities," pp.19-20; Davies, "Names, Boundaries, and Regnal Solidarities," pp.16-17; Reynolds, "Idea of the Nation," p.58.

30. Blanning, *Culture of Power*, p.21; Koht, "Dawn of Nationalism," p.279; P. Sahlins, *Boundaries: The Making of France and Spain in the Pyrenees* (Los Angeles, 1989), p.271.

31. O. Ranum, introduction to O. Ranum, ed., *National Consciousness, History and Political Culture in Early-Modern Europe* (Baltimore, 1975), p.1.

32. T.C.W. Blanning, *The Pursuit of Glory: Europe, 1648-1815* (London, 2007), pp.306-07.

33. Ranum, introduction to *National Consciousness*, p.5; Hastings, *Construction of Nationhood*, pp.99, 114.

34. Hastings, *Construction of Nationhood*, pp.56-57; L. Greenfield, *Nationalism: Five Roads to Modernity* (Cambridge, Mass., 1992), pp.60-70. 当然,莎士比亚称"英格兰占领了整个大不列颠并统于一尊"这一说法是有问题的,因为当时大部分地区都居住着苏格兰人和威尔士人。

35. Blanning, *Culture of Power*, p.22; J.O. Bartley, *Teague, Shenkin, and Sawney: Being an Historical Study of the Earliest Irish, Welsh and Scottish Characters in English Plays* (Cork, 1954), 散见于该书各处。

36. M.J. Rodriguez-Salgado, "Christians, Civilized and Spanish: Multiple Identities in Sixteenth-Century Spain," *Transactions of the Royal Historical Society*, 6th ser., 8(1998): 237-38.

37.Blanning, *Culture of Power*, pp.290-301; Blanning, *Pursuit of Glory*, pp.305, 310-12.

38.原因见 Greenfield, *Nationalism*, chs.2-4; Blanning, *Culture of Power*, chs.6-7。

39.Schulze, *States, Nations and Nationalism*, pp.111-12; but cf.D. Bell, *The Cult of the Nation in France: Inventing Nationalism*, 1680-1800 (Cambridge, Mass., 2001), pp.5-6.

40.Ranum, introduction to *National Consciousness*, pp.12-13; Blanning, *Pursuit of Glory*, p.307.

41.But cf.Turville-Petre, *England the Nation*, p.40.

42.Hastings, *Construction of Nationhood*, pp.185-200.

43.J.H.Elliott, *Spain, Europe and the Wider World*, 1500-1800 (London, 2009), pp.3-24.

44.Blanning, *Pursuit of Glory*, p.307.

45.Ranum, introduction to *National Consciousness*, pp.2-5, Elliott, *Spain, Europe and the Wider World*, p.xvi.

46.C.Tilly, "Reflections on the History of European State-Making," in C.Tilly, ed., *The Formation of National States in Western Europe* (Princeton, 1975), p.15.

47.M.Howard, *War in European History*, 2nd ed.(Oxford, 2009), pp.11, 20-21.

48.同上, pp.20-37, 70-73, 110-11。

49.同上, pp.72-73。

50.R.Bartlett, *The Making of Europe: Conquest, Colonization, and Cultural Change*, 950-1350 (Princeton, 1993), p.196.

51.R.J.W.Evans, *The Language of History and the History of Language* (Oxford, 1998), pp.13-20.

52. Bell, *Cult of the Nation*, pp.16, 171-73; Blanning, *Culture of Power*, pp.234-36.

53. D. Armitage and M. Braddick, introduction to D. Armitage and M. Braddick, eds., *The British Atlantic World*, 1500-1800 (Basingstoke, UK, 2002), pp.6-7; Elliott, *Spain, Europe and the Wider World*, pp.173-210; Rodriguez-Salgado, "Multiple Identities in Sixteenth-Century Spain," pp.238-51.

54. Blanning, *Pursuit of Glory*, pp.319-21; Bell, *Cult of the Nation*, pp.9-14; Elliott, *Spain, Europe and the Wider World*, pp.211-29; J. Adelman, "An Age of Imperial Revolutions," *American Historical Review* 113 (2008): 319-40.

55. Howard, *War in European History*, pp.93-115.

56. C. S. Maier, "Consigning the Twentieth Century to History: Alternative Narratives for the Modern Era," *American Historical Review* 105 (2000): 807-8.

57. 同上, p.814。

58. 同上, pp.816, 819, 823。

59. E. W. Anderson, "Geopolitics: International Boundaries as Fighting Places," *Journal of Strategic Studies* 22 (1999): 127-28; Lord Curzon of Kedleston, *Frontiers: The Romanes Lecture of* 1907 (Oxford, 1908), p.7.

60. Maier, "Consigning the Twentieth Century to History," pp.820-21; N. Faith, *The World the Railways Made* (London, 1990), pp.58-70.

61. G. L. Mosse, *The Nationalization of the Masses: Political Symbolism and Mass Movements in Germany from the Napoleonic Wars Through the Third Reich* (New York, 1975), esp. pp.1-3; E. Weber, *Peasants into Frenchmen: The Modernization of Rural France*, 1870-1914 (Stanford,

1975),详见 pp.ix-xi,485-86。

62.Hobsbawm,*Age of Empire*,pp.84-111,142-64;Howard,*War in European History*,pp.110-11;Howard,*War and the Nation State*,pp.8-12.

63.Cannadine,*Making History Now and Then*,pp.173-78;G.G.Iggers,"Nationalism and Historiography,1789-1996:The German Example in Historical Perspective";B.Stuchtey,"Literature,Liberty and the Life of the Nation:British Historiography from Macaulay to Trevelyan";C.Crossley,"History as a Principle of Legitimation in France (1820-48)";P.Bahners,"National Unification and Narrative Unity:The Case of Ranke's *German History*," all in Berger,Donovan,and Passmore,*Writing NationalHistories*,pp.15-29,30-46,49-56,57-68;Elliott,*National and Comparative History*,pp.17-24.

64.Blanning,*Culture of Power*,p.20;Grosby,*Nationalism*,p.76;H.Schulze,*States,Nations and Nationalism:From the Middle Ages to the Present*(Oxford,1996),pp.95-96;A.D.Smith,"Memory and Modernity:Reflections on Ernest Gellner's Theory of Nationalism," *Nations and Nationalism* 2(1996):383;Smith,*The Ethnic Origins of Nations*(Oxford,1986),p.2;P.Geary,*The Myth of Nations:The Medieval Origins of Europe*(Princeton,2002),pp.15-40.

65.Hobsbawm,*Age of Empire*,p.149;R.N.Bellah,"Civil Religion in America," Daedalus 96(1967):1-21;Bellah,"American Civil Religion," in R.E.Richey and D.G.Jones,eds.,*American Civil Religion*(New York,1974),pp.255-72.

66.Schulze,*States,Nations and Nationalism*,p.104;Bell,*Cult of the Nation*,p.6.

67.Hobsbawm,*Nations and Nationalism*,pp.44,60-61;Schulze,

States, *Nations and Nationalism*, p.161; Weber, *Peasants into Frenchmen*, pp.67-70.

68.Evans, *Language of History*, pp.25-28; I.Deak, *Beyond Nationalism*: *A Social and Political History of the Habsburg Officer Corps*, 1848-1918(Oxford,1990), pp.56-58,99-102; Hobsbawm, *Nations and Nationalism*, pp.94-100.

69.这方面内容,请参看 A.J.P.Taylor, *English History*, 1914-1945 (Harmondsworth,1970), p.25:"1914 年 8 月以前,除了邮局工作人员和警察,理智、守法的英国人可能一辈子都不会注意到国家的存在。"但参看 Hobsbawm, *Nations and Nationalism*, pp.80-81,该观点认为"如果一个家庭的成员没有与国家及其机关人员有所接触,那么他们一定是住在十分偏远的地方"。

70.D.Rodgers, *Atlantic Crossings*: *Social Politics in a Progressive Age* (Cambridge, Mass.,1998), pp.35-36; N.Blewett, "The Franchise in the United Kingdom, 1885-1908," *Past and Present* 32(1965): 27-56; Reynolds, "Idea of the Nation," p.56.

71.Hobsbawm, *Nations and Nationalism*, pp.105-6.另一个例子,参看 O.Zimmer, *A Contested Nation*: *History, Memory and Nationalism in Switzerland*, 1761-1891(Cambridge,2003)。

72.Schultz, States, *Nations and Nationalism*, p.231.

73.J.Darwin, *The Empire Project*: *The Rise and Fall of the British World-System*, 1830-1970 (Cambridge,2009), pp.144-79.

74.J.L.Garvin, *The Life of Joseph Chamberlain*(London,1934), vol.6, p.564.

75.C.A.Bayly, *The Birth of the Modern World*, 1780-1914(Oxford, 2004), pp.451-87.

76.Faith, *World the Railways Made*, pp.254-56,279-81,326-29.

77.D.Cannadine,"The Context,Performance and Meaning of Ritual: The British Monarchy and the "Invention of Tradition," c.1820-1977," in E.J.Hobsbawm and T.Ranger,eds., *The Invention of Tradition* (Cambridge,1983),pp.120-38; Hobsbawm, *Nations and Nationalism*, pp.84-85.

78.D.Cannadine,"Kaiser Wilhelm II and the British Monarchy," in T.C.W.Blanning and D.Cannadine,eds., *History and Biography: Essays in Honour of Derek Beales* (Cambridge,1996),pp.188-94.

79.N.Ferguson, *The World's Banker: The History of the House of Rothschild* (London,1998),pp.1-33.

80.D.E.D.Beales, *From Castlereagh to Gladstone*, 1815-1885 (London,1969),p.294.

81.J.Auerbach, *The Great Exhibition of 1851: A Nation on Display* (London,1999),pp.159-89.

82.C.A.Jones, *International Business in the Nineteenth Century: The Rise and Fall of a Cosmopolitan Bourgeoisie* (Brighton,1987),p.88.

83.引自 Tyrrell, *Transnational Nation*,p.6。

84.近年来,关于美国,这一观点特别得到强调。参看 Tyrrell, *Transnational Nation*, pp.1-9; T.Bender, *A Nation Among Nations: America's Place in World History* (New York,2006),pp.1-14; Rodgers, *Atlantic Crossings*,pp.1-3。

85.Rodgers, *Atlantic Crossings*,p.44; M.Harper,"Migration from Africa,Asia and the South Pacific," in A.Porter,ed., *The Oxford History of the British Empire*,vol.3(Oxford,1999),pp.73-100; Bayly, *Birth of the Modern World*,pp.134-43.

86.Rodgers, *Atlantic Crossings*,pp.33-52.

87.N.Faires,"Immigrants and Industry: Peopling the 'Iron City,' " in S.P.Hays, ed., *City at the Point*: *Essays in the Social History of Pittsburgh* (Pittsburgh, 1989), p.10; Rodgers, *Atlantic Crossings*, p.50.

88.Rodgers, *Atlantic Crossings*, p.59.

89.同上, pp.61-62。

90.F.J.Turner, "The Significance of History," in R.A.Billington, ed., *Frontier and Section*: *Selected Essays of Frederick Jackson Turner* (Englewood Cliffs, N.J., 1961), pp.20-21.

91.引自 I.Tyrrell, "Making Nations/Making States: American Historians in the Context of Empire," *Journal of American History* 86(1999): 1031; Bender, *Nation Among Nations*, p.299。

92.R.Reinalda, *The Routledge History of International Organizations* (London, 2009); J.F.Chown, *A History of Monetary Unions* (London, 2003); C.Moorehead, *Dunant's Dream*: *War, Switzerland, and the History of the Red Cross* (London, 1998); p.T.Marsh, *Bargaining on Europe*: *Britain and the First Common Market*, 1860-1892 (New Haven, 1999).

93.关于国际主义者彼此合作的其他案例,详见 M.Mazower, *Governing the World*: *The History of an Idea* (London, 2012); A.Swenson, *The Rise of Heritage*: *Preserving the Past in France, Germany and England*, 1789-1914 (Cambridge, 2013)。

94. Z. Steiner, *The Lights That Failed*: *European International History*, 1919-1933 (Oxford, 2005), pp.1-6.

95.同上, pp.9, 36-37, 84。

96.同上, p.69; M.MacMillan, *The Peacemakers*: *The Paris Peace Conference of 1919 and Its Attempt to End War* (London, 2001), p.19。

97.Steiner, *Lights That Failed*, pp.91-92.

98. M. Heimann, *Czechoslovakia*: *The State That Failed* (London, 2009), p.47; Steiner, *Lights That Failed*, pp.51-53, 96, 151-52;

Hobsbawm, *Nations and Nationalism*, pp.131-33.

99. Steiner, *Lights That Failed*, p.109.

100. E. Rogan, *The Arabs: A History* (London, 2009), p.191.

101. Steiner, *Lights That Failed*, p.105.

102. Hobsbawm, *Nations and Nationalism*, p.165.

103. Steiner, *Lights That Failed*, p.40.

104. 同上, pp.602-32; C. Mulley, *The Woman Who Saved the Children: A Biography of Eglantyne Jebb, Founder of Save the Children* (London, 2009), p.274。

105. W. R. Louis, *Imperialism at Bay: The U.S. and the Decolonization of the British Empire*, 1941-1945 (New York, 1978); D. Mack Smith, *Mussolini's Roman Empire* (New York, 1976); M. Mazower, *Hitler's Empire: How the Nazis Ruled Europe* (New York, 2008).

106. S. Williams, R. Holland, and T. A. Berringer, preface to R. Holland, S. Williams, and T. A. Berringer, eds., *The Iconography of Independence: "Freedoms at Midnight"* (London, 2009), pp.xi-xix.

107. Hastings, *Construction of Nationhood*, pp.160-62; Hobsbawm, *Nations and Nationalism*, p.153; C. Geertz, *The Interpretation of Cultures* (New York, 1973), pp.234-310.

108. R. L. Watts, *New Federations: Experiments in the Commonwealth* (Oxford, 1966), passim.

109. D. Cannadine, "Introduction: Independence Day Ceremonials in Historical Perspective," in Holland et al., *Iconography of Independence*, p.8; Hobsbawm, *Nations and Nationalism*, p.154.

110. T. Garton Ash, "1919!" *New York Review of Books*, November 5, 2009, pp.4-8; M. Kramer, "The Collapse of East European Communism and the Repercussions Within the Soviet Union (Part I)," *Journal of Cold*

War Studies 5(2003): 217-24; A.L.Brown, *The Rise and Fall of Communism*(London, 2009), pp.564-65.

111.Hobsbawm, *Nations and Nationalism*, pp.166-67.

112.Kramer, "Collapse of East European Communism(Part I)," pp. 205-16; T.Judt, *Postwar: A History of Europe Since 1945* (London, 2005), pp.644-46; S.Rausing, *History, Memory, and Identity in Post-Soviet Estonia: The End of a Collective Farm*(Oxford, 2004), pp.146-52.

113.Brown, *Rise and Fall of Communism*, pp.532-33, 549-50, 588, 592-93; D.Priestland, *The Red Flag: Communism and the Making of the Modern World* (London, 2009), pp.518-19, 548.

114.Judt, *Postwar*, pp.650-51, 659.

115.Heimann, *Czechoslovakia*, pp.307-24; Hastings, *Construction of Nationhood*, pp.124-47; Hobsbawm, *Nations and Nationalism*, p.179.

116. Maier, "Consigning the Twentieth Century to History," pp. 814-15, 823-25.

117.关于自1945年以来跨国公司数量的增长,参看 Hobsbawm, *Nations and Nationalism*, p. 181 Cannadine, *Making History Now and Then*, pp.178-79。

118.Cannadine, *Making History Now and Then*, p.179.

119.S. Berger and C.Lorenz, eds., *The Contested Nation: Ethnicity, Class, Religion and Gender in National Histories*(Basingstoke, 2008); Berger, "Return to the National Paradigm?" pp.672-78; T.Todorov, *The Fear of Barbarians: Beyond the Clash of Civilizations*(Chicago, 2010), pp. 74-75; D.T.Rodgers, *Age of Fracture* (Cambridge, Mass., 2011), pp. 228-29; C.A.Bayly, "Ireland, India and the Empire, 1780-1914," *Transactions of the Royal Historical Society*, 6th.ser., 10(2000): 377.

120.N.Davies, *Vanished Kingdoms: The History of Half-Forgotten Europe(London,2011).

121. J. Darwin, *After Tamerlane：The Global History of Empire* (London,2007), p.23; D.Reynolds, *America, Empire of Liberty：A New History*(London,2009), pp.578-80.有关该主题的最新书籍,请参阅 N. Ferguson, *Colossus：The Rise and Fall of the American Empire*(London, 2005); C.S.Maier, *Among Empires：American Ascendancy and Its Predecessors* (Cambridge, Mass., 2006); B. Porter, *Empire and Superempire：Britain, America and the World*(London,2006)。

122.Bell, *Cult of the Nation*, pp.211-17; Judt, *Postwar*, pp.701-7, 773-74; Todorov, *Fear of Barbarians*, p.79; H.James, *A German Identity：1770 to the Present Day*(London,2000), pp.230-32.

123.J.Cuno, *Who Owns Antiquity? Museums and the Battle over Our Ancient Heritage* (Princeton,2008), p.80.

124. S. Radcliffe and S. Westwood, *Remaking the Nation：Place, Identity and Politics in Latin America* (London,1996), pp.9-28,160-72.

125.Hobsbawm, *Nations and Nationalism*, p.186; Todorov, *Fear of Barbarians*, p.67.

126.关于欧洲民族的未来和民族身份的两种截然不同的观点,参看 A.S.Milward, *The European Rescue of the Nation-State* (London, 1992), pp.4, 45; M. Burgess, *Federation and European Union：The Building of Europe*,1950-2000(London,2000), pp.56-76。较为公正的观点,参看 N.O'Sullivan, "Visions of European Unity Since 1945," *Proceedings of the British Academy* 94(2007):119-20; Judt, *Postwar*, pp. 796-99。关于更充分、更怀疑的观点,参看 P.Kennedy, "Things Fall Apart," *Financial Times*, September 28,2012。

127.C.Geertz, *Available Light：Anthropological Reflections on Philosophical Topics*(Princeton,2000), pp.229-30.

128. Schulze, States, *Nations and Nationalism*, pp.97-98.

129. E. Renan, "What Is a Nation?" in S. Woolf, ed., *Nationalism in Europe, 1818 to the Present: A Reader* (London, 1996), p.50; Hobsbawm, *Nations and Nationalism*, p.12.

130. M. MacMillan, *Dangerous Games: The Uses and Abuses of History* (New York, 2009), pp.39, 71.

131. Bayly, *Birth of the Modern World*, p.363.

132. Hobsbawm, *Nations and Nationalism*, p.176; Geary, *Myth of Nations*, p.54; Galatians 3:28; Matthew 18:18.

133. Hastings, *Construction of Nationhood*, pp.31-34.

134. Hobsbawm, *Nations and Nationalism*, p.123.

135. B. Harrison, *Seeking a Role: The United Kingdom, 1951-70* (Oxford, 2009), p.xviii; Hastings, *Construction of Nationhood*, pp.113, 183.

136. Davies, "Identities," p.1; Hastings, *Construction of Nationhood*, p.32.

第三章 性 别

1. W. Thompson, *Appeal of One-Half of the Human Race, Women, Against the Pretensions of the Other Half, Men, to Retain Them in Political, and Thence in Civil and Domestic Slavery* (London, 1825; reprinted, London, 1983), pp.xxi-xxii; B. Taylor, *Eve and the New Jerusalem: Socialism and Feminism in the Nineteenth Century* (New York, 1983), pp.22-24.

2. M. Walters, *Feminism: A Very Short Introduction* (Oxford, 2005), pp.43-45; D. Wahrman, "'Middle-Class' Domesticity Goes Public: Gender, Class and Politics from Queen Anne to Queen Victoria", *Journal of British Studies* 32(1993): 410-14.

3.T.Ball,"Utilitarianism, Feminism, and the Franchise：James Mill and His Critics," *History of Political Thought* 1(1980)：110-12.

4.Thompson,*Appeal of One-Half of the Human Race*,pp.39,77.

5.同上,pp.17,35,53,61,68-69。

6.J.W.Scott,*Gender and the Politics of History*(New York,1988),pp.2,32.

7.B.Friedan,*The Feminine Mystique*(New York,2001 ed.),pp.511-12；G.Greer,*The Female Eunuch*(New York,2008 ed.),p.131.

8.A.D.Smith,*National Identity*(Harmondsworth,1991),p.4.

9.S.de Beauvoir,*The Second Sex*(New York,1989 ed.),pp.xxv.

10.J.W.Scott,"Fantasy Echo：History and the Construction of Identity",*Critical Inquiry* 27(2001)：286-87.

11.M.Dowd,Are Men Necessary? When Sexes Collide(New York,2005),pp.7,80,199-200.

12.C.Stansell,*The Feminist Promise*：1792 *to the Present*(New York,2010),p.39；L.Brizendine,*The Female Brain*(New York,2006),pp.7-8.

13.亚里士多德的经典论述再版于R.Agonito所编辑的 *History of Ideas on Woman：A Source Book*(New York,1977),pp.43-54；J.English,ed.,*Sex Equality*(Engelwood Cliffs,N.J.,1977),pp.20-31。关于近期女性主义者试图"复原"亚里士多德这一点上,请参看C.A.Freedland,ed.,*Feminist Interpretations of Aristotle*(University Park,Pa.,1998)。

14.Stansell,*Feminist Promise*,pp.4-5.

15.1 Timothy 2：12-15；O.Hufton,*The Prospect Before Her：A History of Women in Western Europe*,*vol.*1,1500-1800(New York,1996),pp.30-33；S.Mendelson and P.Crawford,*Women in Early Modern England*,1550-1720(Oxford,1998),pp.32-34.

16. English, *Sex Equality*, pp.42-47; Stansell, *Feminist Promise*, p.14; J.Rendall, *The Origins of Modern Feminism: Women in Britain, France and the United States*, 1780-1860 (London, 1985), pp.7-32.

17. T. Paine, *Rights of Man, Common Sense and Other Political Writings* (New York, 1995, ed.), p.11; Agonito, *History of Ideas on Woman*, pp.249-63; C.Darwin, The Descent of Man, in P.H.Barrett and R.B.Freeman, eds., *The Works of Charles Darwin* (London, 1986), vol.21, pp.556, 564, 605, 614.

18. Agonito, *History of Ideas on Woman*, pp.265-69, 297-322; P.Gay, *The Bourgeois Experience: Victoria to Freud*, vol.2, *The Tender Passion* (New York, 1986), p.85; C.Thompson, *Psychoanalysis: Evolution and Development* (New York, 1950), pp.131-33; S.Freud, *New Introductory Lectures on Psychoanalysis* (New York, 1933), pp: 170ff.

19. J.Gray, *Men Are from Mars, Women Are from Venus: The Definitive Guide to Relationships* (London, 1992), esp.pp.1-5, 7, 10.

20. S.Baron-Cohen, *The Essential Difference* (London, 2003), pp.1-6, 78-80, 129.

21. 与 Baron-Cohen(及 Gray)相似的观点,参看 Brizendine, *Female Brain*; S.Pinker, *The Sexual Paradox: Men, Women and the Gender Gap* (New York, 2008)。

22. G.Greer, *The Whole Woman* (New York, 2000), pp.70-80.

23. Gray, *Men Are from Mars*, p.7; A. Kessler-Harris, Gender and Work: Possibilities for a Global Overview, in B.Smith ed., *Women's History in Global Perspective*, 3 vols.(Urbana, Ill.2004-5), pp.vol.1, pp.147-51.

24. K.V.Thomas, The Double Standard, *Journal of the History of Ideas* 20(1959): 195-216.

25. H.L.Smith, *All Men and Both Sexes: Gender, Politics and the False*

Universal in England, 1640-1832(University Park, Pa., 2002), pp.1-38.

26.引自 S.Jones, Y: The Descent of Man(London, 2002), p.xv。

27.B.Hill, *Women, Work and Sexual Politics in the Eighteenth Century* (Oxford, 1990), pp.24-68, 该书以赞同的态度对这些观点进行了总结。

28.美国方面,参看 N.F.Cot, *The Bonds of Womanhood: Woman's Sphere in New England*, 1780-1835(New Haven, 1977); M.Ryan, *Cradle of the Middle Class: The Family in Oneida County, New York*, 1790-1865 (Cambridge, 1981)。英国方面,参看 C.Hall, "The Early Formation of Domestic Ideology", in S.Burman, ed., *Fit Work for Women* (London, 1979), pp.15-32; L.Davidoff and C.Hall, *Family Fortunes: Men and Women of the English Middle Class*, 1780-1850 (Chicago, 1987)。

29.T.Laqueur, *Making Sex: Body and Gender from the Greeks to Freud* (Cambridge, Mass., 1990); M.McKeon, "Historicising Patriarchy: The Emergence of Gender Difference in England, 1660-1760", *Eighteenth Century Studies* 28(1995): 295-322; T.Hitchcock, "Redefining Sex in Eighteenth-Century England," History Workshop Journal 41(1996): 72-90; Hitchcock, *English Sexualities*, 1700-1800(Basingstoke, 1997), esp.p.49.

30.A.Vickery, "Golden Age to Separate Spheres? A Review of the Categories and Chronology of English Women's History," *Historical Journal* 36(1993): 385; Cott, *Bonds of Womanhood*, pp.160-206; C.Smith-Rosenberg, "The Female World of Love and Ritual: Relations Between Women in Nineteenth-Century America," *Signs* 1(1975): 9-10; M.Vicinus, *Independent Woman: Work and Community for Single Women*, 1850-1920(London, 1985), p.3; M.Shanley, *Feminism, Marriage and the Law in Victorian England*(London, 1989), pp.6-7.

31. Vickery, "Golden Age to Separate Spheres?", pp.383, 388;

Davidoff and Hall, *Family Fortunes*, pp.11, 454.

32.再版于 Agonito, *History of Ideas on Woman*, pp.397-402.

33.M.Hines, *Brain Gender*(Oxford, 2004), esp.pp.222-23, 226-28.

34.柏拉图的经典论述再版于 Agonito, *History of Ideas on Woman*, pp.23-39; English, *Sex Equality*, pp.13-19。关于柏拉图的女权主义者身份,参看 J.Annas, "Plato's Republic and Feminism", Philosophy 51(1976): 307-21; N.Tuana, ed., *Feminist Interpretations of Plato*(University Park, Pa., 1995)。然而,在其他情况下,柏拉图对女性的看法并非如此,如《法律篇》(the Laws)或《蒂迈欧篇》(Timaeus)所述,参看 C.G.Allen, "Plato on Women," *Feminist Studies* 2(1975): 131-38; M.Canto, "The Politics of Women's Bodies: Reflections on Plato," in S.R.Suleiman, ed., *The Female Body in Western Culture*(Cambridge, Mass., 1986), pp.339-53。关于这些问题的卓见,参看 G.Vlastos, "Was Plato a Feminist?", *Times Literary Supplement*, 1989 年 3 月 17—23 日, pp.276, 288-89。

35.Stansell, *Feminist Promise*, p.6; K.Offen, *European Feminisms, 1700-1950: A Political History*(Stanford, 2000), p.34.

36.Stansell, *Feminist Promise*, p.15; Offen, *European Feminisms*, p.57.

37.Hufton, *Prospect Before Her*, pp.461-62; J.W.Scott, "French Feminists and the Rights of 'Man': Olympe de Gouge's Declarations," *History Workshop Journal*, no.28(1989): 1-21; Scott, *Only Paradoxes to Offer: French Feminists and the Rights of Man*(Cambridge, Mass., 1996), p.42.

38. Hufton, *Prospect Before Her*, pp.45-55; Stansell, *Feminist Promise*, pp.20, 23; M.Wollstonecraft, *A Vindication of the Rights of Woman*(New York, 1988 ed.), p.175.

39. Colossians 3：18；Galatians 3：28；Mendelson and Crawford,*Women in Early Modern England*,p.31.

40. Stansell,*Feminist Promise*,pp.42,45-46.

41. R.J.Evans,*The Feminists：Women's Emancipation Movements in Europe,America and Australasia*,1840-1920(London,1977),pp.46-47.

42. Stansell,*Feminist Promise*,pp.69-71；A.S.Rossi,ed.,*The Feminist Papers：From Adams to de Beauvoir*(Boston,1973),pp.413-21.

43. English,*Sex Equality*,pp.54-65；Agonito,*History of Ideas on Woman*,pp.223-48；Evans,*The Feminists*,pp.18-22.

44. H.Ibsen,*A Doll's House and Other Plays*(New York,1965,ed.),p.228。该戏剧已成为一部经典的女权主义作品。参看 Beauvoir,*Second Sex*,pp.464,478,616；Friedan,*Feminist Mystique*,pp.140-41；Greer,*Female Eunuch*,p.22；Stansell,*Feminist Promise*,p.143。

45. T.Hunt,*The Frock-Coated Communist：The Revolutionary Life of Friedrich Engels*(London,2009),pp.309-14；F.Engels,*The Origin of the Family,Private Property and the State*(New York,1942,ed.),esp.pp.128-29,134-39；Agonito,*History of Ideas on Woman*,pp.273-88.

46. S.Steinbach,*Women in England,1760-1914：A Social History*(London,2004),p.273.

47. Stansell,*Feminist Promise*,p.173；C.A.Lunardini and T.J.Knock,"Woodrow Wilson and Woman Suffrage：A New Look," *Political Science Quarterly* 95(1980-81)：655-56.

48. Stansell,*Feminist Promise*,pp.154,162；E.Goldman,*Anarchism and Other Essays*(New York,1969 ed.),p.239.

49. Stansell,*Feminist Promise*,pp.194-95；Beauvoir,*Second Sex*,pp.xxi-xxii,267.

50. A.Oakley,*Sex,Gender and Society*(London,1972),p.170；L.Se-

gal, *Why Feminism? Gender, Psychology, Politics* (London, 1999), p.39.

51. L. Davidoff, "Gender and the Great Divide: Public and Private in British GenderHistory," *Journal of Women's History* 15(2003): 11-27; M.P. Ryan, "The Public and the Private Good: Across the Great Divide in Women's History," *Journal of Women's History* 15(2003): 10-27; Ryan, *Women in Public Between Banners and Ballots*, 1825-1880 (Baltimore, 1990).

52. Vickery, "Golden Age to Separate Spheres?" pp.402-14; O. Hufton, "Women in History: Early Modern Europe," *Past and Present* 51 (1983): 126; J. Bennett, "History That Stands Still: Women's Work in the European Past," *Feminist Studies* 14(1988): 269-83; Bennett, "Medieval Women, Modern Women: Across the Great Divide," in D. Aers, ed., *Culture and History*, 1350-1600: *Essays on English Communities, Identities and Writing* (London, 1992), pp.147-75; B. Hill, "Women's History: A Study in Change, Continuity, or Standing Still," *Women's History Review* 2 (1993): 5-22; J. Bennett, "Women's History: A Reply to Bridget Hill," *Women's History Review* 2(1993): 173-84.

53. Davidoff and Hall, Family Fortunes, pp.29-30; D. Cannadine, *Making History Now and Then: Discoveries, Controversies and Explorations* (London, 2008), pp.97-109.

54. Wahrman, " 'Middle-Class' Domesticity Goes Public," pp. 399-403; A. Clark, *The Struggle for the Breeches: Gender and the Making of the British Working Class* (London, 1995), pp.179-273; J. Melching, "Advice to Historians on Advice to Mothers," *Journal of Social History* 9 (1979): 44-63; L. Kerber, "Separate Sphere, Female Worlds, Woman's Place: The Rhetoric of Women's History," *Journal of American History* 75 (1988): 9-39; J. Bennett, "Medieval Women in Modern Perspective," in

Smith, *Women's History in Global Perspective*, vol.2, p.170; J.Cadden, *Meanings of Sex Difference in the Middle Ages: Medicine, Science and Culture*(New York, 1993); K.Harvey, "The Substance of Sexual Difference: Change and Persistence in Representations of the Body in Eighteenth-Century England," *Gender and History* 14(2002): 202-23; Harvey, "The Century of Sex? Gender, Bodies and Sexuality in the Long Eighteenth Century," *Historical Journal* 45(2002): 899-916.

55. Vickery, "Golden Age to Separate Spheres?" pp.385-90; P.Branca, "Image and Reality: The Myth of the Idle Victorian Woman," in M.Hartman and L.Banner, eds., *Clio's Consciousness Raised: New Perspectives on the History of Women* (New York, 1974), pp.179-91; M.J.Peterson, "No Angels in the House: The Victorian Myth and the Paget Women," *American Historical Review* 89(1984): 693; L.Colley, *Britons: Forging the Nation*, 1707-1837 (London, 1992), pp.237-81; M.Berg, "Women's Property and the Industrial Revolution," *Journal of Interdisciplinary History* 24(1993): 235-50.

56. Vickery, "Golden Age to Separate Spheres?" p.392; S.Alexander, "Women, Class and Sexual Differences in the 1830s: Some Reflections on the Writing of Feminist History," *History Workshop Journal* 18 (1984): 130-31.

57. Bennett, "Medieval Women in Modern Perspective," p.158.

58. J.T.Wood, "A Critical Response to John Gray's Mars and Venus Portrayals of Men and Women," *Southern Communication Journal* 67 (2002): 203-5; T.Hames, "The Message for Earthlings: Men Aren't Martians and Women Aren't Venusians," *Times* (London), September 5, 2005.

59. *Guardian Unlimited*, May 3, 2003; N.Walter, "Prejudice and Evo-

lution," *Prospect* (June 2005): 34–39; C. Fine, *Delusions of Gender: How Our Minds, Society and Neurosexism Create Difference* (London, 2005); R. Jordan-Young, *Brain Storm: The Flaws in the Science of Sex Differences* (Cambridge, Mass., 2010).

60. G. Bock, "Challenging Dichotomies: Perspectives on Women's History," in K. Offen, R. R. Pierson, and J. Rendall, eds., *Writing Women's History: International Perspectives* (Bloomington, Ind., 1991), p.7.

61. Beauvoir, *Second Sex*, pp. xxiv–xxv; Hines, *Brain Gender*, pp. 213–14.

62. Wood, "Critical Response," pp. 205–6; D. T. Rodgers, *Age of Fracture* (Cambridge, Mass., 2011); p.153; S. M. Evans, *The Tidal Wave: How Women Changed America at Century's End* (New York, 2003), p.153.

63. G. Vlastos, "Does Slavery Exist in Plato's Republic?," *Classical Philology* 63(1968): 291–95; E. V. Spelman, "Hairy Cobblers and Philosopher-Queens," in B.-A. Bar On, ed., *Engendering Origins: Critical Feminist Readings in Plato and Aristotle* (Albany, N.Y., 1994), pp.3–24.

64. E. V. Spelman, "Who's Who in the Polis," in Bar On, *Engendering Origins*, pp.99–125.

65. R. W. Connell, "The Big Picture: Masculinities in Recent World History," *Theory and Society* 22 (1993): 597–623; Connell, *Masculinities* (Cambridge, 1995), esp. pp.77–81; E. A. Rotundo, *American Manhood: Transformations in Masculinity from the Revolution to the Modern Era* (New York, 1993); J. Tosh, "What Should Historians Do with Masculinity? Reflections on Nineteenth-Century Britain," *History Workshop Journal* 38(1994): 179–202; G. L. Mosse, *The Image of Man: The Creation of Modern Masculinity* (New York, 1996).

66. A. Shepard, *Meanings of Manhood in Early Modern England* (Ox-

ford,2003),pp.2-3;作者所作的强调。

67.E.Power,"The Position of Women," in C.G.Crump and E.F.Jacob,eds.,*The Legacy of the Middle Ages*(Oxford,1926),pp.401-33; Bennett,"Medieval Women in Modern Perspective," pp.143-48.

68.D.G.Neal,*The Masculine Self in Late Medieval England* (Chicago,2008),pp.1-11,241-53; D.M.Hadley,"Introduction: Medieval Masculinities," in Hadley,ed.,*Masculinity in Medieval Europe* (London,1999),pp.6-8.

69. Hufton, *Prospect Before Her*, pp. 492 - 513; Mendelson and Crawford,*Women in Early Modern England*,pp.301-44.

70.Shepard,*Meanings of Manhood*,pp.1-5; K.Harvey,"The History of Masculinity,Circa 1650-1800," *Journal of British Studies* 44(2005): 296-311.

71.Vickery,"Golden Age to Separate Spheres?," p.390; J.Tosh, "Masculinities in an Industrializing Society: Britain, 1800 - 1914," *Journal of British Studies* 44(2005): 337.

72.Greer,*Female Eunuch*,pp.25,369.

73. N. Jay, "Gender and Dichotomy," *Feminist Studies* 7 (1981): 38-56; Bock,"Challenging Dichotomies," pp.1-23; M.Wiesner-Hanks, "World History and the History of Women, Gender, and Sexuality," *Journal of World History* 18(2007): 55.

74. J. M. Faragher, *Women and Men on the Overland Trail* (New Haven,1979),pp.xi,3,14-15; Faragher,"History from the Inside Out: Writing the History of Women in Rural America," *American Quarterly* 33 (1981): 537-57.

75.Beauvoir, *Second Sex*,pp.xx-xxi.

76.Scott,"Fantasy Echo," pp.285-87.

77.Walters, *Feminism*, p.90; R.Milkman, "Women's History and the Sears Case," *Feminist Studies* 12 (1986): 394-95; M.Minow, "Learning to Live with the Dilemma of Difference: Bilingual and Special Education," *Law and Contemporary Problems* 48 (1984): 160; J. W. Scott, *Parité! Sexual Equality and the Crisis of French Universalism* (Chicago, 2005), pp. 51-58.

78.Alexander, "Women, Class and Sexual Differences," p.126; Rodgers, *Age of Fracture*, pp.148-49; S. Kent, "Worlds of Feminism," in Smith, *Women's History in Global Perspective*, vol.3, p.275.

79.Scott, *Gender and the Politics of History*, pp.167-69.

80.Friedan, *Feminist Mystique*, pp.525-26; Greer, *Female Eunuch*, pp.13-26, 353-71; Greer, *Whole Woman*, pp.236-43; Stansell, *Feminist Promise*, pp.253-54.

81.Hufton, *Prospect Before Her*, p.495.

82.Evans, *The Feminists*, pp.15-16; Offen, *European Feminisms*, pp. 50-76; B. G. Smith, *Changing Lives: Women in European History Since 1700* (Lexington, Mass., 1989), pp.93-133; O.Hufton, "Women in Revolution, 1789-96," *Past and Present*, no.53 (1971): 90-108; Hufton, *Prospect Before Her*, pp.462-90, 495.

83. Evans, *The Feminists*, pp. 23 - 32; D. Reynolds, *One World Divisible: A Global History Since 1945* (New York, 2000), pp.308-9; J.S. Chafez and A. G. Dworkin, *Female Revolt: Women's Movements in World and Historical Perspective* (Totowa, N.J., 1986), p.218.

84.E.Sarah, "Towards a Reassessment of Feminist History," *Women's Studies International Forum* 5(1982): 519-24.

85.Smith, *Changing Lives*, pp.348-49; Stansell, *Feminist Promise*, pp. 108-9, 121-22.

86. Offen, *European Feminisms*, pp.144-81; Smith, *Changing Lives*, pp.349-50; Evans, *The Feminists*, pp.246-53.

87. Evans, *The Feminists*, pp.211-28.

88. 同上, pp.46-47; Stansell, *Feminist Promise*, pp.123-24。

89. Steinbach, *Women in England*, pp.273-74; S.S.Holton, *Feminism and Democracy: Women's Suffrage and Reform Politics in Britain, 1900-1918*(Cambridge, 1986), p.7.

90. Steinbach, *Women in England*, pp.285-92.

91. 同上, p.269。

92. 同上, pp.224-25, 270。

93. 同上, pp.250-59。

94. Evans, *The Feminists*, pp.124-37; Steinbach, *Women in England*, pp.249, 276; Stansell, *Feminist Promise*, pp.136-37.

95. Smith, *Changing Lives*, pp.302-13; L.A.Tilly, "Women's Collective Action and Feminism in France, 1870-1914," in L.A.Tilly and C.Tilly, eds., *Class Conflict and Collective Action* (Beverly Hills, Calif., 1981), pp.207-31.

96. Evans, *The Feminists*, pp.250-52; Offen, *European Feminisms*, pp.257-61; Smith, *Changing Lives*, pp.365-68; H.H.Alonso, introduction to J.Addams, E.G.Balch, and A.Hamilton, *Women at The Hague: The International Conference of Women and Its Results* (Urbana, Ill., 2003 ed.), pp.v-xl.

97. Evans, *The Feminists*, pp.188-231; Reynolds, *One World Divisible*, p.308.

98. Reynolds, *One World Divisible*, p.309; Stansell, *Feminist Promise*, pp.179-81.

99. Friedan, *Feminine Mystique*, pp.423-27; J.Meyerowitz, Beyond the

Feminine Mystique: A Reassessment of Postwar Mass Culture, 1946 – 1958, *Journal of American History* 79(1993): 1455–82.

100.L.Segal, *Is the Future Female?* (New York, 1987), pp.43–55.

101.B.Linden-Ward and C.H.Green, *Changing the Future: American Women in the 1960s* (New York, 1993), p.79.

102.Walters, *Feminism*, pp.110–12.

103. R. Morgan, "Introduction: The Women's Revolution," in Morgan, ed., *Sisterhood Is Powerful: An Anthology of Writings from the Women's Liberation Movement* (New York, 1970), p.xiii; R.-M.Lagrave, A Supervised Emancipation, in F.Thebaud, ed., *A History of Women in the West*, vol.5, (Cambridge, Mass., 1994), pp.466–77.

104.L. B. Iglitizin and R. Ross, eds., *Women and the World, 1975–1985: The Woman's Decade* (Santa Barbara, Calif., 1986).

105.Stansell, *Feminist Promise*, pp.355–56; D.Russell and N.van de Ven, *The Proceedings of the International Tribunal on Crimes Against Women* (Millbrae, Calif, 1976), p.xv, 该书前言; R.Morgan, Prefatory Note and Methodology, in Russell and van de Ven, ed., *Sisterhood Is Global: The International Women's Movement Anthology* (New York, 1984), p.xii。

106.Reynolds, *One World Divisible*, pp.686–88.

107.Scott, *Gender and the Politics of History*, pp.2–3, 15–27; Steinbach, *Women in England*, pp.3–4; R. Morgan, Introduction: New World Women, in Morgan, ed., *Sisterhood Is Forever: The Women's Anthology for a New Millennium* (New York, 2003), p.lv.

108.Stansell, *Feminist Promise*, pp.21–22, 195–96, 206.

109.Scott, *Gender and the Politics of History*, pp.188–89; L.F.Brown, *Apostle of Democracy: The Life of Lucy Maynard Salmon* (New York, 1943), p.256.

110. Greer, *Female Eunuch*, p.11.

111. Reynolds, *One World Divisible*, p.312.

112. Rodgers, *Age of Fracture*, p.150.

113. Walters, *Feminism*, p.105; bell hooks, *Feminist Theory from Margin to Center* (Boston, 1984).

114. Stansell, *Feminist Promise*, pp.xii, xvii.

115. Greer, *Female Eunuch*, pp.12-13, 77-78; Friedan, *Feminine Mystique*, pp.519-26; Stansell, *Feminist Promise*, pp.213-16, 234-36, 253-58; Reynolds, *One World Divisible*, pp.311-12.

116. J. Olcott, Preface to The Greatest Consciousness-Raising Event in History: International Women's Year and the Challenge of Transnational Feminism(未出版文献,普林斯顿大学谢尔比·卡洛姆·戴维斯历史研究中心,2010年2月26日)。

117. Walters, *Feminism*, p.117.

118. Stansell, *Feminist Promise*, p.xvii.

119. Rodgers, *Age of Fracture*, p.178; J. Dean, *Solidarity of Strangers: Feminism After Identity* (Berkeley, 1996), p.1.

120. 可参见美国历史评论论坛(AHR Forum)各家观点,如"Revisiting 'Gender: A Useful Category of Historical Analysis,'" *American Historical Review* 113(2008): 1344-1430。

121. Scott, *Only Paradoxes to Offer*, p.160; Scott, "Fantasy Echo", pp.285-90.

122. Bennett, "Medieval Women," p.171.

123. M. Nussbaum, The Professor of Parody, *New Republic*, February 22, 1999, pp.37-45; Walters, *Feminism*, pp.140-41.

124. Rodgers, *Age of Fracture*, pp.11, 61-64, 146, 1564-56; Scott, *Only Paradoxes to Offer*, pp.11-13, 172-75; Stansell, *Feminist Promise*,

p.395；J.Halley, *Split Decisions*: *How and Why to Take a Break from Feminism*(Princeton,2006),p.10.

125.Beauvoir, *Second Sex*, p.xx.

126.D.Haraway, A Manifesto for Cyborgs: Science,"Technology and Socialist Feminism in the 1980s", in L.Nicholson, ed., *Feminism/Postmodernism* (London,1990),p.197.

127.Greer, *Whole Woman*, pp.4,13.

128.就英国而言,关于这一点具有启发性的评论,请参看 B.Harrison, *Finding a Role? The United Kingdom*,1970-1990（Oxford,2010）,pp.237-39。

129.Stansell, *Feminist Promise*, p.xix.

130.Rodgers, *Age of Fracture*, pp.164-74.

131. Reynolds, *One World Divisible*, pp. 318 – 29, 400 – 401, 660; Walters, *Feminism*, pp. 123 – 31; "N. R. Keddie, "Women in the Middle East Since the Rise of Islam", in Smith, *Women's History in Global Perspective*, vol.3, pp.94-106.

132.Greer, *Whole Woman*, pp.3-20.

133. Morgan, *Sisterhood Is Forever*, p. lv; Reynolds, *One World Divisible*, pp. 686 – 87; A. Wolf, Working Girls, *Prospect*, April 2006, pp.28-33.

第四章　种　族

1.R.Knox, *The Races of Men*: *A Fragment* (London,1850).1862 年的扩展版有一个很有启发性的副标题,即 *A Philosophical Inquiry into the Influence of Race over the Destinies of Nations*。关于诺克斯的生平和事业,见 I.Rae, *7nox*: *The Anatomist* (London,1964); K.Stephen, *Robert 7nox* (London,1981)。关于诺克斯的思想,参看 M.D.Biddiss,"The

Politics of Anatomy: Dr.Robert Knox and Victorian Racism," *Proceedings of the Royal Society of Medicine* 69(1976): 245-50; E.Richards, "The 'Moral Anatomy' of Robert Knox: The Interplay Between Biological and Social Thought in Victorian Societal Thought," *Journal of the History of Biology* 22(1989): 373-436; P.Mandler, "The Problem with Cultural History," *Cultural and Social History* 1(2004): 96-103; Mandler, *The English National Character: The History of an Idea from Edmund Burke to Tony Blair* (London,2006), pp.40,74.

2.R.Richardson, *Death, Dissection and the Destitute* (London,1987), pp.131-43.

3.Knox, *Races of Men*, p.v; G.L.Mosse, *Toward the Final Solution: A History of European Racism* (New York,1978), pp.67-70.

4. Knox, *Races of Men*, pp. 65-66, 245; Biddiss, "Politics of Anatomy," p.250.

5.R.Blake, *Disraeli* (London,1966), pp.201-5,258-60; B.Disraeli, *Tancred, or the New Crusade* (London,1882 ed.), p.149; Disraeli, speech of February 1, 1849, 引自 H. Odom, "Generalizations on Race in Nineteenth-Century Physical Anthropology," *Isis* 58(1967): 9。

6.Mosse, *Toward the Final Solution*, pp.51-58.

7.N. Painter, *The History of White People* (New York, 2010), pp. 182,195.

8.I. Berlin, *Four Essays on Liberty* (London, 1969), p. 106; M. Biddiss, introduction to Biddiss, ed., *Images of Race* (Leicester, 1970), p.12.

9.例如,可比较 Mosse, *Toward the Final Solution*, pp.xi-xvi; G.M. Fredrickson, *Racism: A Short History* (Princeton,2002), pp.17-47。

10.D.Brion Davis, *The Problem of Slavery in Western Culture* (Ithaca,

N.Y.,1966),pp.70-72; Brion Davis, *Inhuman Bondage: The Rise and Fall of Slavery in the New World* (Oxford,2006),pp.40-47.

11.F.M.Snowden Jr., *Blacks in Antiquity: Ethiopians in the Greco-Roman Experience* (Cambridge,Mass.,1970); Snowden, *Before Color Prejudice: The Ancient View of Blacks* (Cambridge,Mass.,1983); L.A.Thompson, *Romans and Blacks* (London,1989); E.S.Gruen, *Rethinking the Other in Antiquity* (Princeton,2011); I.Hannaford, *Race: The History of an Idea in the West* (Washington,D.C.,1996),pp.17-85.

12.C.Kidd, *The Forging of Races: Race and Scripture in the Protestant Atlantic World*,1600-2000 (Cambridge,2006),p.3; Acts of the Apostles 17:26.

13.引自 Hannaford, *Race*,p.96。

14.引自 N.Stepan, *The Idea of Race in Science: Great Britain*, 1800-1960 (London,1982),pp.1-2。

15.Kidd, *Forging of Races*, pp.25-26; Fredrickson, *Racism*, pp.17-19,26-28.

16.D.Abulafia, *The Great Sea: A Human History of the Mediterranean* (London, 2011), pp.216-19, 477-83, 569-70; K.J.P.Lowe, "Introduction: The Black African Presence in Renaissance Europe," in T.F.Earle and K.J.P.Lowe,eds., *Black Africans in Renaissance Europe* (Cambridge,2005),p.2; K.J.P.Lowe, "Representing Africa: Ambassadors and Princes from Christian Africa to Renaissance Italy and Portugal, 1402-1606," *Transactions of the Royal Historical Society*,6th.ser.,17(2007): 401-28; Painter, *White People*,pp.34-39.

17.Fredrickson, *Racism*,pp.18-22,29-33,43-45.

18.Fredrickson, *Racism*,p.6.

19.J.Chaplin, "Race," in D.Armitage and M.Braddick, eds., *The

British Atlantic World, 1500 – 1800（Basingstoke, 2002）, pp. 154 – 66; Kidd, *Forging of Races*, p.54.

20. Fredrickson, *Racism*, p.64.

21. D. Hume, *Essays, Moral, Political and Literary*（Indianapolis, 1987 ed.）, pp.208 fn, 629 – 30; Kidd, *Forging the Races*, pp.93 – 94; Mosse, *Toward the Final Solution*, p.30; J. Israel, *Democratic Enlightenment: Philosophy, Revolution and Human Rights*, 1750 – 1790（Oxford, 2011）, pp. 738 – 39.

22. C. Bolt, *Victorian Attitudes to Race*（London, 1971）, p.9; Stepan, *Idea of Race*, p.29; Painter, *White People*, pp.114 – 15; Israel, *Democratic Enlightenment*, pp.250 – 53.

23. Mosse, *Toward the Final Solution*, p.33.

24. 引自 E. C. Eze, ed., *Race and the Enlightenment: A Reader*（Cambridge, Mass., 1997）, p.13; Fredrickson, *Racism*, p.56。

25. S. Peabody, "There Are No Slaves in France": *The Political Culture of Race and Slavery in the Ancien Régime*（New York, 1996）, p.66.

26. Hannaford, *Race*, pp.202 – 13; Painter, *White People*, pp.72 – 90.

27. J. H. St. J. de Crèvecoeur, *Letters from an American Farmer*（New York, 1981 ed.）, p.69; E. Foner, *The Story of American Freedom*（New York, 1998）, p.39.

28. T. Jefferson, *Notes on the State of Virginia*（Chapel Hill, N.C., 1982 ed.）, pp.138 – 39; Chaplin, "Race," p.165.

29. Foner, *American Freedom*, p.75; Fredrickson, *Racism*, pp.80 – 81; J. H. Kettner, *The Development of American Citizenship*, 1608 – 1870（Chapel Hill, N.C., 1978）, pp.235 – 46;

E. P. Hutchinson, *Legislative History of American Immigration Policy*, 1798 – 1865（Philadelphia, 1981）, pp.405 – 33.

30. Painter, *White People*, pp.64-68; Mosse, *Toward the Final Solution*, pp.21-25.

31. Bolt, *Victorian Attitudes to Race*, p.15; Biddiss, introduction to *Images of Race*, p.15; Painter, *White People*, pp.190-94; S.J.Gould, *The Mismeasure of Man*, rev.ed.(New York, 1996), pp.105-41.

32. Bolt, *Victorian Attitudes to Race*, p.4; Mosse, *Toward the Final Solution*, pp.70-71; P.Stock, "'Almost a Separate Race': Racial Thought and the Idea of Europe in British Encyclopedias and Histories, 1771-1830," *Modern Intellectual History* 8 (2011): 3-29; E.Barkan, *The Retreat of Scientific Racism: Changing Concepts of Race in Britain and the United States Between the World Wars* (Cambridge, 1992), pp.3-4.

33. Bolt, *Victorian Attitudes to Race*, p.xi; Biddiss, introduction to *Images of Race*, pp.11,16; Painter, *White People*, pp.213-14; Mosse, *Toward the Final Solution*, pp.121-22; J.Darwin, *After Tamerlane: The Global History of Empire Since* 1405 (London, 2007), p.348.

34. Mosse, *Toward the Final Solution*, pp.32-33.

35. 同上, pp.11,17-20,30; Biddiss, introduction to *Images of Race*, p.15。

36. Kidd, *Forging of Races*, pp.7-8; Painter, *White People*, pp.195-98; Fredrickson, *Racism*, p.57.

37. Painter, *White People*, pp.195-98; Bolt, *Victorian Attitudes to Race*, pp.xii,10,23.

38. Fredrickson, *Racism*, pp.8,70-71; Mosse, *Toward the Final Solution*, pp.36-41,102.

39. D.Pick, *Faces of Degeneration: A European Disorder, c.* 1848-*c.* 1918 (Cambridge, 1989), pp.11-27.

40. Mosse, *Toward the Final Solution*, pp.54-55.

41. Barkan, *Retreat of Scientific Racism*, pp.17–18; Biddiss, introduction to *Images of Race*, pp.18–20.

42. R. Hyam, *Understanding the British Empire* (Cambridge, 2010), pp.25–26,161–68; Brion Davis, *Inhuman Bondage*, p.239; L. Colley, *Britons: Forging the Nation*, 1707–1837 (2nd. ed., London, 2005), pp.354–55.

43. Brion Davis, *Inhuman Bondage*, pp.252–53; Foner, *American Freedom*, p.88.

44. Brion Davis, *Inhuman Bondage*, pp.238–39.

45. Foner, *American Freedom*, pp.89,98,105–7.

46. M. Lake and H. Reynolds, *Drawing the Global Colour Line: White Men's Countries and the International Challenge of Racial Equality* (Cambridge, 2008), pp.50–53,59–60,89–90; T. Koditschek, *Liberalism, Imperialism, and the Historical Imagination: Nineteenth-Century Visions of a Greater Britain* (Cambridge, 2011), pp.240–50.

47. Lake and Reynolds, *Global Colour Line*, pp.11,72–74,95–113; J. Bryce, *The Relations of the Advanced and the Backward Races of Mankind* (Oxford, 1902), passim; D. Bell, *The Idea of Greater Britain: Empire and the Future of World Order*, 1860–1900 (Princeton, 2007), pp.7–9; J. Darwin, *The Empire Project: The Rise and Fall of the British World-System*, 1830–1970 (Cambridge, 2009), p.147; P. Ziegler, *Legacy: Cecil Rhodes, The Rhodes Trust and Rhodes Scholarships* (London, 2008), pp.13–14.

48. D. Gilmour, *The Long Recessional: The Imperial Life of Rudyard Kipling* (London, 2002), pp.126–32; Fredrickson, *Racism*, pp.107–8.

49. Foner, *American Freedom*, p.186; Lake and Reynolds, *Global Colour Line*, pp.95–113; T.

G. Dyer, *Theodore Roosevelt and the Idea of Race* (Baton Rouge,

1980), pp.16-19, 70-80, 100-109.

50. Painter, *White People*, pp.201-56, 289-308; Foner, *American Freedom*, p.187; J.Stein, "Defining the Race, 1890-1930," in W.Sollors, ed., *The Invention of Ethnicity* (New York, 1989), pp.70-80.

51. Mosse, *Toward the Final Solution*, pp.99-101, 120, 148-9, 165-66; Fredrickson, *Racism*, pp.72-78.

52. Mosse, *Toward the Final Solution*, pp.105-10; Hannaford, *Race*, pp.348-56; Painter, *White People*, pp.311-16; Fredrickson, *Racism*, pp.89-91.

53. B.Perkins, *The Grand Rapprochement: England and the United States, 1895-1914* (New York, 1968); S.Anderson, *Race and Rapprochement: Anglo-Saxonism and Anglo-American Relations, 1895-1904* (Madison, N.J., 1981); P.A.Kramer, "Empires, Exceptions, and Anglo-Saxons: Race and Rule Between the British and United States Empires," *Journal of American History* 88 (2002): 1315-53; P.Clarke, "The English-Speaking Peoples Before Churchill," *Britain and the World* 4 (2011): 199-231.

54. Ziegler, *Legacy*, pp.8, 13, 17.

55. J.P.Greene, "Introduction: Empire and Liberty," in Greene, ed., *Exclusionary Empire: English Liberty Overseas, 1600-1900* (Cambridge, 2010), p.24.

56. Fredrickson, *Racism*, pp.9-10.

57. Hyam, *Understanding the British Empire*, p.30.

58. Hyam, *Understanding the British Empire*, p.223.

59. G.M.Fredrickson, *White Supremacy: A Comparative Study in American and South African History* (Oxford, 1981), pp.239-44; Lake and Reynolds, *Global Colour Line*, pp.155, 222-37; Hyam, *Understanding the*

British Empire, pp.351,359 n.24; C.Saunders, "The Expansion of British Liberties: The South African Case," in Greene, *Exclusionary Empire*, p.285.

60. Lake and Reynolds, *Global Colour Line*, pp.30–45; Darwin, *Empire Project*, pp.162–64,167.

61. Lake and Reynolds, *Global Colour Line*, pp.137–65,178–79,315; J.Stenhouse and B.Moloughney, "'Drug-Besotted Sin-Begotten Sons of Filth'; New Zealanders and the Oriental Other," *New Zealand Journal of History* 33(1999): 43–64.

62. Lake and Reynolds, *Global Colour Line*, pp.139–40.

63. 同上, pp.114–19; M.K.Gandhi, *An Autobiography* (London,2001 ed.), pp.114,160。

64. Fredrickson, *Racism*, pp.102,112–13; H.Bley, *South-West Africa Under German Rule*, 1894–1914 (Evanston, Ill., 1971), pp.163–64,207,212–13.

65. Foner, *American Freedom*, pp.131–33; C.Vann Woodward, *Origins of the New South*, 1877–1913 (Baton Rouge, 1951); Woodward, *The Strange Career of Jim Crow* (New York, 3rd ed., 1974); M.Perman, *Struggle for Mastery: Disenfranchisement in the South*, 1888–1908 (Chapel Hill, N.C., 2001).

66. Fredrickson, *Racism*, pp.82–83.

67. J.Williamson, *The Crucible of Race: Black-White Relations in the American South Since Emancipation* (New York,1984), pp.111–223; L.F.Litwack, *Trouble in Mind: Black Southerners in the Age of Jim Crow* (New York,1998), pp.117–18,185.

68. Fredrickson, *Racism*, p.82, 110–11; Foner, *American Freedom*, p.131.

69. Lake and Reynolds, *Global Colour Line*, pp.129-31; Foner, *American Freedom*, pp.131, 189; Painter, *White People*, pp.209-11, 234, 238, 322-23.

70. S.C.Miller, *"Benevolent Assimilation"*: *The American Conquest of the Philippines*, 1899-1903 (New Haven, 1982), p.188; Hyam, *Understanding the British Empire*, p.127; Lake and Reynolds, *Global Colour Line*, pp.106-13; Foner, *American Freedom*, pp.131-32, 137, 188-89.

71. Fredrickson, *Racism*, pp.77-88; P.Pulzer, *The Rise of Political Anti-Semitism in Germany and Austria* (Cambridge, Mass., 1988), pp.83-119.

72. R.Overy, *The Dictators: Hitler's Germany and Stalin's Russia* (London, 2004), p.549.

73. Mosse, *Toward the Final Solution*, pp.99-100, 110-11, 204-5; M.Burleigh and W.Wippermann, *The Racial State: Germany*, 1933-1945 (Cambridge, 1991), pp.23-43; R.

J.Evans, *The Coming of the Third Reich* (New York, 2005), pp.450-51.

74. Overy, *The Dictators*, p.552.

75. Overy, *The Dictators*, pp.570-71.

76. Burleigh and Wippermann, *Racial State*, p.49.

77. R.J.Evans, *The Third Reich at War* (New York, 2009), pp.28-29.

78. Fredrickson, *Racism*, pp.118-22.

79. Overy, *The Dictators*, pp.583-84; R.J.Evans, *The Third Reich in Power* (New York, 2006), pp.506-79.

80. Burleigh and Wippermann, *Racial State*, p.102; Overy, *The Dictators*, pp.552-53; Evans, *Third Reich at War*, pp.216-318.

81. Lake and Reynolds, *Global Colour Line*, pp.327-30; Fredrickson,

Racism, pp.116–17.

82. Fredrickson, *Racism*, p.133.

83. Lake and Reynolds, *Global Colour Line*, p.354; Fredrickson, *Racism*, p.124.

84. W. H. Vatcher, *White Laager: The Rise of Afrikaner Nationalism* (New York, 1965), p.160.

85. Fredrickson, *Racism*, pp.135–36; G. M. Carter, *The Politics of Inequality: South Africa Since 1948* (London, 1958), p.370; T. D. Moodie, *The Rise of Afrikanerdom: Power, Apartheid and the Afrikaner Civil Religion* (Berkeley, 1975), p.265.

86. 关于史末资和种族的不同观点,请参看 Hyam, *Understanding the British Empire*, pp.342–60; S. Marks, "White Masculinity: Smuts, Race and the South African War," *Proceedings of the British Academy* 111 (2001): 199–223; N. Garson, "Smuts and the Idea of Race," *South African Historical Journal* 57(2007): 153–78; S. Dubow, "Smuts, the United Nations, and the Rhetoric of Race and Rights," *Journal of Contemporary History* 43(2008): 45–73。

87. Hyam, *Understanding the British Empire*, pp.353–55.

88. Darwin, *Empire Project*, pp.147, 177; Ziegler, *Legacy*, pp.88–90; Painter, *White People*, p.317.

89. D. Cannadine, *Ornamentalism: How the British Saw Their Empire* (London, 2001).

90. M. Adas, *Machines as the Measure of Men: Science, Technology, and Ideologies of Western Dominance* (Ithlaca, N.Y., 1989), pp.199–210, 271–75; Darwin, *Empire Project*, p.168; Hyam, *Understanding the British Empire*, pp.31, 222–29; Lake and Reynolds, *Global Colour Line*, pp.123–24, 131.

91. Darwin, *Empire Project*, p.178.

92. M. Vaughan, "Liminal," *London Review of Books*, March 23, 2006, pp.15-16, taking issue with A.Memmi, *The Coloniser and the Colonised* (London, 2003).

93. Fredrickson, *Racism*, pp. 108 – 9; Mosse, *Toward the Final Solution*, pp.51-57; Bolt, *Victorian Attitudes to Race*, p.22; M.Banton, *Racial Theories* (2nd ed., Cambridge, 1998), pp. 73 – 74; M. D. Biddiss, *Father of Racist Ideology: The Social and Political Thought of Count Gobineau* (London, 1970), pp.253-54.

94. Foner, *American Freedom*, pp.173-74; Fredrickson, *Racism*, pp. 102-3, 116.

95. Foner, *American Freedom*, pp.78-79.

96. Overy, *The Dictators*, p.547.

97. G.H.Herb, *Under the Map of Germany: Nationalism and Propaganda, 1918-1945* (London, 1997), pp.136-39.

98. Mosse, *Toward the Final Solution*, pp. 91 – 93; Fredrickson, *Racism*, pp.124-25.

99. S.Harries, *Nikolaus Pevsner: The Life* (London, 2011), pp.38-40, 47, 125.

100. Overy, *The Dictators*, p.573; Herb, *Under the Map of Germany*, pp.132-40.

101. Mosse, *Toward the Final Solution*, pp.141-42; Overy, *The Dictators*, pp.576-78; Evans, *Third Reich in Power*, p.545.

102. Fredrickson, *Racism*, pp.132, 136-37.

103. Hyam, *Understanding the British Empire*, pp.353-54.

104. Kidd, *Forging of Races*, p.275.

105. Painter, *White People*, pp.228-32, 237-38.

106. Fredrickson, *Racism*, pp.158–63.

107. Stepan, *Idea of Race*, pp.140–69; Barkan, *Retreat of Scientific Racism*, pp.279–340.

108. Lake and Reynolds, *Global Colour Line*, p.350; Painter, *White People*, p.329; emphasis in original.

109. Hannaford, *Race*, pp.371–72, 374–76; Barkan, *Retreat of Scientific Racism*, pp.76–95; Fredrickson, *Racism*, pp.163–64; J. Barzun, *Race: A Study in Superstition*, rev. ed. (New York, 1965), pp.15–16.

110. A. Montagu, *Race, Science and Humanity* (Princeton, 1963 ed.), pp.1–2, 8.

111. Foner, *American Freedom*, p.135; J. White, *Black Leadership in America: From Booker T. Washington to Jesse Jackson* (2nd ed., London, 1990), pp.29–30.

112. R. J. Terchek, "Conflict and Nonviolence," in J. M. Brown and A. Parel, eds., *The Cambridge Companion to Gandhi* (Cambridge, 2011), p.118; J. M. Brown, introduction to M. Gandhi, *The Essential Writings* (Oxford, 2008), pp.xxvii–xxviii.

113. J. M. Brown, "Gandhi and Human Rights: In Search of True Humanity," in A. J. Parel, ed., *Gandhi, Freedom and Self-Rule* (Lanham, Md., 2000), pp.87–94.

114. Lake and Reynolds, *Global Colour Line*, pp.1–2, 75–94.

115. Darwin, *After Tamerlane*, p.349.

116. White, *Black Leadership*, pp.51–65; J. Parker and R. Rathbone, *African History: A Very Short Introduction* (Oxford, 2007), p.36.

117. Kidd, *Forging of Races*, pp.256–57; Foner, *American Freedom*, pp.174–75; White, *Black Leadership*, pp.79, 84.

118. Lake and Reynolds, *Global Colour Line*, pp.9–10, 104, 145–49,

155,168-78.

119.Lake and Reynolds, *Global Colour Line*, pp.273-78.

120. Lake and Reynolds, *Global Colour Line*, pp. 11, 284 - 305, 320-24, 339-40.

121.M.D.Biddiss, "The Universal Races Congress of 1911," *Race* 13 (1971): 37 - 46; R. J. Holton, "Cosmopolitanism or Cosmopolitanisms? The Universal Races Congress of 1911," *Global Networks* 2 (2002): 153-70; Lake and Reynolds, *Global Colour Line*, pp.251-62.

122.White, *Black Leadership*, pp.38-42.

123.J.W.Dower, *War Without Mercy: Race and Power in the Pacific War* (New York, 1986), pp. 3 - 14; Foner, *American Freedom*, p. 223; Painter, *White People*, pp.332-42.

124.Barkan, *Retreat of Scientific Racism*, pp.279-85; Foner, *American Freedom*, p.239; Fredrickson, *Racism*, pp.165-67.

125. A. Sampson, *Mandela: The Authorised Biography* (London, 1999), p.39.

126. Foner, *American Freedom*, pp. 240 - 42; C. Thorne, "Racial Aspects of the Far Eastern War of 1941-1945," *Proceedings of the British Academy* 66(1980): 360-77.

127.Lake and Reynolds, *Global Colour Line*, p.351; Barkan, *Retreat of Scientific Racism*, pp. 341 - 42; K. Malik, *Man, Beast and Zombie: What Science Can and Cannot Tell Us About Human Nature* (London, 2000), pp. 16, 134-35.

128.Hannaford, *Race*, pp. 385 - 86; UNESCO, *Conference for the Establishment of the United Nations Educational, Scientific and Cultural Organization* (Paris, 1945), p.93; L. Kuper, ed., *Race, Science and Society* (London, 1975), pp.343-53; M.Brittain, "Race, Racism and Antiracism:

UNESCO and the Politics of Presenting Science to the Postwar Public," *American Historical Review* 112(2007): 1386-1413.

129. Foner, *American Freedom*, pp.280-82.

130. Sampson, *Mandela*, pp.402,

131. D. Reynolds, *One World Divisible: A Global History Since* 1945 (New York, 2000), p.201.

132. White, *Black Leadership*, pp.150-66; Kidd, *Forging of Races*, pp. 268-70; Foner, *American Freedom*, pp.283-84; Painter, *White People*, pp. 374-77; Sampson, *Mandela*, pp.140-59; M. Marable, *Malcolm X: A Life of Reinvention* (New York, 2011), pp.167- 79, 198-203, 480-85.

133. Reynolds, *One World Divisible*, pp.213-19, 598-608.

134. White, *Black Leadership*, p.141; P. Stothard and N. Danziger, "What Condi Did First," *Times Magazine* (London), April 1, 2006, p.19.

135. C. West, 引自 J. Rajchman, ed., *The Identity in Question* (New York, 1995), p.15; R. McKnight, "Confessions of a Wannabe Negro," in G. Early, ed., *Lure and Loathing: Essays on Race, Identity, and the Ambivalence of Assimilation* (New York, 1993), p.112; P. Alexander and R. Halpern, eds., *Racialising Class, Classifying Race: Labour and Difference in Britain, the USA and Africa* (Basingstoke, 2000)。

136. 关于这一文献的调查,请参看 F. B. Livingstone, "On the Non-Existence of Human Races," *Current Anthropology* 3(1962): 279-81; G. A. Harrison, "The Race Concept in Human Biology," *Journal of Biosocial Science*, supplement no.1(1969): 129-42。

137. Foner, *American Freedom*, p.279; A. E. Meier, E. Rudwick, and F. L. Broderick, eds., *Black Protest Thought in the Twentieth Century* (2nd ed., New York, 1971), pp.49-50; D. Wells, ed., *We Have a Dream: African-American Visions of Freedom* (New York, 1993), pp.168-72.

138.Sampson, *Mandela*, pp.27,47,79,193,493,520,582-85; K.Asmal, D.Chichester, and W.James, eds., *Nelson Mandela: In His Own Words* (London,2003), esp.pp.313-59.

139.T.J.Sugrue, *Not Even Past: Barack Obama and the Burden of Race* (Princeton,2010), p.53.

140.W.J.Wilson, *The Declining Significance of Race: Blacks and Changing American Institutions* (Chicago,1978); Wilson, "The Declining Significance of Race: Revisited and Revised," *Daedalus* (Spring 2011): 55-69; Sugrue, *Not Even Past*, pp.73-80.See also D.J.Dickerson, *The End of Blackness* (New York,2004), pp.3-26.

141.例如,C.Coon, *The Origin of Races* (New York,1963); J.R.Baker, *Race* (Oxford,1974); R.Herrnstein and C.Murray, *The Bell Curve: The Reshaping of American Life by Difference in Intelligence* (New York,1994);但可参见一些令人印象深刻的评论,分别有 A.Montagu, "What Is Remarkable About Varieties of Man Is Likenesses, Not Differences," *Current Anthropology* 4(1963): 361; J.B.Birdsell, *Annals of Human Biology* 2(1975): 208-10; Gould, *Mismeasure of Man*, pp.367-90。

142.Sugrue, *Not Even Past*, pp.92-137; W.J.Wilson and R.P.Taub, *There Goes the Neighborhood: Racial, Ethnic and Class Tensions in Four Chicago Neighborhoods and Their Meaning for America* (New York,2006), p.161; B.Obama, *The Audacity of Hope: Thoughts on Reclaiming the American Dream* (New York,2006), pp.227-69; R.Kennedy, *The Persistence of the Color Line: Racial Politics and the Obama Presidency* (New York,2011), p.3.

143.Painter, White People, pp,384-86.

144.同上,pp.390-91,395-96。

145.Malik, *Man, Beast and Zombie*, pp.17-18.

146. Painter, *White People*, p.392; S.J.Gould, "Honorable Men and Women," *Natural History* 97 (1988): 16-20; Gould, *Mismeasure of Man*, p.399.

第五章　文　明

1. D.Hartley, *Observations on Man, His Frame, His Duty and His Expectations, Part the Second* (London, 1749), p.355.

2. R.Williams, *Keywords* (London, 1976), p.48; 重点在鲍斯韦尔(Boswell)的原著中。

3. L.Wolff, *Inventing Eastern Europe: The Map of Civilization on the Mind of the Enlightenment* (Stanford, 1994), pp.12-13; L.Febvre, "Civilisation: Evolution of a Word and a Group of Ideas," in P.Burke, ed., *A New Kind of History: From the Writings of Febvre* (New York, 1973), pp.219-57; F.Braudel, *On History* (Chicago, 1980), p.180.

4. B.Bowden, "The Ideal of Civilisation: Its Origins and Socio-Political Character," *Critical Review of International and Political Philosophy* 7(2004): 28-34, 36-41; N.Elias, *The Civilising Process* (Oxford, 2000 ed.), pp.10, 24-27.

5. T.Todorov, *The Fear of Barbarians: Beyond the Clash of Civilizations* (Chicago, 2010), pp.14-28.

6. W.R.Jones, "The Image of the Barbarian in Medieval Europe," *Comparative Studies in Society and History* 13(1971): 376-407; A.Pagden, *The Fall of Natural Man: The American Indian and the Origins of Comparative Ethnology* (Cambridge, 1986 ed.), pp.15-26; Pagden, *Worlds at War: The 2,500-Year Struggle Between East and West* (Oxford, 2008), pp.32-34, 61-62.

7. Wolff, *Inventing Eastern Europe*, pp.4-5.

8. M. de Montaigne, *Essays* (Harmondsworth, 1991 ed.), pp. 231, 1114-15; C. Geertz,

Available Light: *Anthropological Reflections on Philosophical Topics* (Princeton, 2000), p.45.

9. F. Furet, "Civilization and Barbarism in Gibbon's *History*," in G. W. Bowersock, J. Clive, and S. R. Grubard, eds., *Edward Gibbon and the Decline and Fall of the Roman Empire* (Cambridge, Mass., 1977), pp.159-66; J. W. Burrow, *Gibbon* (Oxford, 1985), pp.39-40, 80, 84.

10. J. G. A. Pocock, *Barbarism and Religion*, vol.4, *Barbarians, Savages and Empires* (Cambridge, 2005), pp. 2, 158-61; R. Porter, *Gibbon* (London, 1988), p.5.

11. Burrow, *Gibbon*, pp.39-40, 67-69, 81; Porter, *Gibbon*, pp.136, 138-40.

12. Porter, *Gibbon*, pp.143-45.

13. Burrow, *Gibbon*, pp.42-51, 86-87.

14. Porter, *Gibbon*, p.81; Pocock, *Barbarians, Savages and Empires*, p.92.

15. Porter, *Gibbon*, pp.145, 152-53.

16. S. Runciman, "Gibbon and Byzantium," in Bowersock et al., *Gibbon and the Decline and Fall of the Roman Empire*, pp.53-60.

17. Burrow, *Gibbon*, p.76; Pocock, *Barbarians, Savages and Empires*, pp.11-22, 96, 133.

18. Wolff, *Inventing Eastern Europe*, pp.13, 357.

19. 关于近期的简短报道,请参阅 J. Spence, *The Chan's Great Continent*: *China in Western Minds* (London, 1998), pp.56-61; K. Teltscher, *The High Road to China*: *George Bogle, the Panchen Lama, and the First British Expedition to Tibet* (New York, 2006), pp.247-50; J. Lovell, *The*

Great Wall: *China Against the World*, 1000 BC – AD 2000（London, 2006），pp.2–12；H.G.Gelber, *The Dragon and the Foreign Devils*: *China and the World*, 1100 *BC to the Present*（London, 2007），pp.160–65。更早期的、每年一度的报道，请参阅 A.Singer, *The Lion and the Dragon*: *The Story of the First British Embassy to the Court of the Emperor Qianlong in Peking*, 1792–1794（London, 1992）；A.Peyre」tte, *The Collision of Two Civilisations*: *The British Expedition to China*, 1792–94（London, 1993, trans.J.Rothschild）。中文的"夷"字通常译为贬义的"蛮夷"，一些学者认为，在某些情况下，该词的包容性大于对抗性，应该用描述性的、非贬义的方式翻译为"外国人"，"外人"或"陌生人"：见 J.L.Hevia, *Cherishing Men from Afar*: *Quuing Guest Ritual and the Macartney Embassy of 1793*（Durham, N.C., 1995），pp.120–21。感谢韩书瑞（Susan Naquin）教授提供的参考资料。

20.J.S.Mill, *Essays on Politics and Culture*（London, 1962 ed.），pp.51–52；Bowden, "Ideal of Civilisation," p.34；P.Mandler, *History and National Life*（London, 2002），p.42.

21.J.P.Parry, *The Politics of Patriotism*: *English Liberalism, National Identity, and Europe*, 1830–1886（Cambridge, 2006），pp.20–22, 187, 248；J.Osterhammel, *Europe, the "West" and the Civilizing Mission*（London, 2006）.

23.J.G.Herder, *Outlines of a Philosophy of History*（London, 1800），p.421.

24.T.Newark, introduction to T.Hodgkin, *Huns, Vandals and the Fall of the Roman Empire*（London, 1996 ed.），pp.xxii–xxiv；T.S.Brown, "Gibbon, Hodgkin and the Invaders of Italy," in R.McKitterick and R.Quinault, eds., *Edward Gibbon and Empire*（Cambridge, 1997），pp.148–54.

25. Braudel, *On History*, pp.181-82; Bowden, "Ideal of Civilisation," pp.39-40.

26. Bowden, "Ideal of Civilisation," pp.40-41.

27. P. Fussell, *The Great War and Modern Memory* (Oxford, 1975), pp.75, 79, 82.

28. A. J. Toynbee, *The Western Question in Greece and Turkey: A Study in the Contact of Civilisations* (London, 1922), p.328; Wolff, *Inventing Eastern Europe*, p.366. 有关第一次世界大战中同盟国和协约国特征的西班牙语版本，请参阅 R. Carr, *Modern Spain*, 1875-1980 (Oxford, 1980), pp.81-82。

29. Bowden, "Ideal of Civilisation," p.40; A. Kuper, *Culture: The Anthropologists' Account* (Cambridge, Mass., 1999), p.8; W. A. Kaufmann, *Nietzsche: Philosopher, Psychologist, Antichrist* (Princeton, 1950), pp.87, 316-17, 339, 362.

30. C. Bell, *Civilization: An Essay* (New York, 1928), pp.3, 15, 17.

31. R. Quinault, "Winston Churchill and Gibbon," in McKitterick and Quinault, *Edward Gibbon and Empire*, pp.317-32; W. Churchill, "Civilisation," in R. S. Churchill, ed., *Into Battle: Speeches by the Rt. Hon. Winston S. Churchill CH, MP* (London 1941), pp.35-36.

32. R. A. Butler, *The Art of the Possible* (London, 1971), p.85.

33. 引自 F. Fernández-Armesto, *Civilizations: Culture, Ambition, and the Transformation of Nature* (New York, 2001), p.20。

34. Newark, introduction to *Huns, Vandals*, p. xxiv; H. Rauschning, *Hitler Speaks* (London, 1939), p.87.

35. Wolff, *Inventing Eastern Europe*, pp.369-70.

36. A. Piganiol, *L'Empire chrétien* (325-395) (Paris, 1947), p.422; P. Courcelle, *Histoire littéraire des grandes invasions germaniques* (Paris,

1948),passim.这种观点也不仅限于法国学者,因为英国历史学家在其第二次世界大战后的著述中也采用了对1939—1945年期间历史的看法来看待罗马帝国的衰落。1952年,J.M.华莱士-哈德里尔在审问过德国的高级别囚犯后,出版了一本名为《蛮族西方,400—1000》的书,其开篇一章概述了被"野蛮人""威胁"的"文明"。在考察和确认过罗马帝国的成就后,作者在结尾处以启示性色彩(和自传性质)的笔调写道,"面对这样一个世界,匈奴人倒下了":J. M. Wallace‐Hadrill, *The Barbarian West*, 400‐1000 (3rd ed., London, 1967), pp.9, 20。

37. S. Freud, *Civilization and Its Discontents* (New York, 1961 ed.), pp.66‐71; Todorov, *Fear of Barbarians*, pp.24‐25.这种观点的另一个支持者是历史学家乔治·麦考利·特里维廉,他和他同时期的温斯顿·丘吉尔一样,年轻时也读过吉本的作品。但他在第二次世界大战结束时所作的结论更为悲观,因为他虽为协约国最终的胜利而欢欣鼓舞,但他相信这场旷日持久的毁灭性战争已经"煮熟了文明之鹅",人类现在生活在"一个不断堕落并最终走向野蛮的时代"。请参阅 D. Cannadine, *G. M. Trevelyan: A Life in History* (London, 1992), pp.168, 175。

38. E. J. Hobsbawm, "Barbarism: A User's Guide," *New Left Review* 206(1994): 45, 49.

39. W. Benjamin, *Illuminations* (London, 1970 ed.), p.258; B. Wasserstein, *Barbarism and Civilization: A History of Europe in Our Time* (Oxford, 2007), pp.1, 793.

40. 举个近期的例子,该题目充斥着准吉本风格的词汇: B.‐H. Lévy, *Life in Dark Times: A Stand Against the New Barbarism* (New York, 2008)。事实上列维在书中批判了反美主义,他认为当代欧洲左翼很大程度上以此为典型特征。他给这个群体起了"新野蛮人"的称号。另请参阅 M. B. Salter, *Barbarians and Civilization in International Relations* (London, 2002)。

41. W. Goffart, *Barbarians and Romans*, *AD* 48-54: *The Techniques of Accommodation* (Princeton, 1980), esp. pp.3-39; Goffart, "Rome, Constantinople and the Barbarians," *American Historical Review* 86(1981): pp.275-306; Goffart, "The Theme of 'the Barbarian Invasions,' " in E. Chrysos and A. Schwartz, eds., *Das Reich und die Barbaren* (Veroffentlichungen des Instituts fur österreichische Geschichtsforschung, 29; Vienna, pp.87-107; 都经由该书得以再版: Goffart, *Rome's Fall and After* (London, 1989)。

42. P. Brown, *The World of Late Antiquity*, *AD* 150-750 (London, 1971), pp.122-23; H. Wolfram, *History of the Goths* (Berkeley, 1988), esp. pp. 158-59; P. Amory, *People and Identity in Ostrogothic Italy*, 489-554 (Cambridge, 1997), pp.xi, 1-6, 13-14; J. M. H. Smith, "Did Women Have a Transformation of the Roman World?" *Gender and History* 12(2000): 553-54; Smith, *Europe After Rome: A New Cultural History*, 500-1000 (Oxford, 2005), pp.7-9, 253-67; P. S. Wells, *Barbarians to Angels: The Dark Ages Reconsidered* (New York, 2008), pp.xi-xv.

43. B. Ward-Perkins, *The Fall of Rome and the End of Civilization* (Oxford, 2005); P. Heather, "The Huns and the End of the Roman Empire in Western Europe," *English Historical Review* 110 (1995): 4-41; Heather, *The Fall of the Roman Empire* (London, 2005).

44. Ward-Perkins, *Fall of Rome*, p.181; P. Brown, G. Bowersock, and A. Cameron, "The World of Late Antiquity Revisited," *Symbolae osloenses* 72(1997): 5-90; G. Bowersock, "The Vanishing Paradigm of the Fall of Rome," in Bowersock, *Selected Papers on Late Antiquity* (Bari, 2000), pp. 187-97. 对于近期将这些相反观点综合起来的一些尝试,请参阅 G. Halsall, *Barbarian Migrations and the Roman West*, 376-568 (Cambridge, 2007), esp. pp.19-22; C. Wickham, *After Rome* (London, 2009), ch.4。

关于近期以更开阔的视野来审视这些分歧性观点方面的内容,请参阅 N.Etherington,"Barbarians Ancient and Modern," *American Historical Review* 116(2011):31-57。

45.E.Durkheim and M.Mauss,"Note on the Notion of Civilization," *Social Research* 38 (1971), p.812;该文章最初发表在 *L'Année sociologique* 12(1913):46-50。

46.Fernández-Armesto, *Civilizations*, p.18.关于两次世界大战之间的一些有关文明的著作,请参阅 E.Huntington, *Civilization and Climate* (New Haven,1922); A.Schweitzer, *The Decay and Restoration of Civilization* (London,1932); V.G.Childe, *Man Makes Himself* (London,1936)。

47.F.J.Teggart, *The Processes of History* (New Haven,1918), pp.4,6.

48.同上,pp.13-14,37,112,119,151;W.H.McNeill, *Arnold J.Toynbee:A Life* (Oxford,1989), pp.100-101。

49.H.Stuart Hughes, *Oswald Spengler:A Critical Estimate*, rev.ed. (New York,1962), pp.36-64.

50.O.Spengler, *The Decline of the West*, 2 vols.(London,1934), vol.1, p.107; Hughes, *Spengler*, p.11.

51.Spengler, *Decline of the West*, vol.1, pp.31, 106, 355; Hughes, *Spengler*, p.72; Braudel, *On History*, pp.182, 188; Fernández-Armesto, *Civilizations*, p.18.

52.Spengler, *Decline of the West*, vol.1, Tables i-iii.在第二卷,斯宾格勒增加了三种文化—文明:巴比伦文明,墨西哥文明以及俄罗斯文明。

53.同上,vol.1,pp.32,36。

54.同上,vol.1,p.151。

55.同上,vol.1,pp.38-39,167; Hughes, *Spengler*, p.7。

56.同上,vol.2,pp.159-73。

57.同上,vol.2,pp.55-83,171。

58.同上,vol.2,pp.38-42,162-63,332;McNeill,*Toynbee*,p.101。

59.一个关于斯宾格勒的很有说服力的当代批评,请参阅 R.G.Collingwood," Oswald Spengler and the Theory of Historical Cycles," *Antiquity* 1(1927):311-25,435-46;关于当代的通俗读物,请参阅 E.H.Goddard and P.A.Gibbons,*Civilisation or Civilisations:An Essay in the Spenglerian Philosophy of History*(London,1926)。

60.McNeill,*Toynbee*,pp.98-109.

61.Toynbee,*Western Question*,pp.22,36,362-63.

62.同上,p.334;A.J.Toynbee,*A Study of History*,2 vol.abridgment by D.C.Somervell(London,1947-57),vol.1,p.35;McNeill,*Toynbee*,pp.102,110;A.J.Toynbee,*Civilization on Trial*(Oxford,1948),pp.9-10。

63.Toynbee,*Western Question*,pp.12,327-46.

64.McNeill,*Toynbee*,pp.99-100,110-12.

65.关于汤因比在这方面对斯宾格勒的批评,请参阅 Toynbee,*Study of History*,vol.1,pp.210-11,248-51。

66.同上,vol.1,pp.275-76。

67.A.J.Toynbee,*Experiences*(New York,1969),pp.10,200-203.有关汤恩比对吉本观点的不同看法,请参阅 W.H.Walsh,"The End of a Great Work," in A.Montagu,ed.,*Toynbee and History:Critical Essays and Reviews*(Boston,1956),pp.125-26。

68.汤恩比在此书中明确批评了吉本的观点:*Study of History*,vol.1,pp.260-62;vol.2,pp.19,77-79;Toynbee,*Civilization on Trial*,pp.226-31。关于"秃鹫"(和"蛆虫")的表述,请参阅 Toynbee,*Study of History*,vol.1,p.14。另请参阅 McNeill,*Toynbee*,p.177;Editorial,"Vicisti,Galilaee," *Times Literary Supplement*,August 19,1939,p.491。

69.McNeill,*Toynbee*,pp.164-65,254-61.汤恩比当代批评选集,请

参阅 P.Geyl, A.J.Toynbee, and P.A.Sorokin, *The Pattern of the Past: Can We Determine It?* (Boston, 1949); Montagu, *Toynbee and History*; E.T.Gargan, ed., *The Intent of Toynbee's History* (Chicago, 1961)。其他批评评论,请参阅 Braudel, *On History*, pp.189-97; R.Davenport-Hines, ed., *Letters from Oxford: Hugh Trevor-Roper to Bernard Berenson* (London, 2006), pp.234-37, 243。

70.Toynbee, *Civilization on Trial*, p.55.

71.McNeill, *Toynbee*, p.166; W.Kaufmann, "Toynbee and Super-History," in Montagu, *Toynbee and History*, pp.306-10.

72.Toynbee, *Study of History*, vol.2, pp.87-93, 109-13; Toynbee, *Civilization on Trial*, pp.213-52.另请参阅 E.Voegelin, "Toynbee's *History* as a Search for Truth," in Gargan, *Intent of Toynbee's History*, pp.183-98; P.Geyl, "Toynbee as Prophet," in Montagu, *Toynbee and History*, pp.360-77。

73.Toynbee, *Study of History*, vol.1, pp.551-54; Toynbee, *Civilization on Trial*, p.41.

74.McNeill, *Toynbee*, pp.205-61.

75.D.A.Segal, "'Western Civ' and the Staging of History in American Higher Education," *American Historical Review* 105(2000): 779-83, 785-88; G.Allardyce, "The Rise and Fall of the Western Civilization Course," *American Historical Review* 87(1982): 695-96, 703-16.

76.McNeill, *Toynbee*, pp.213-19.

77.同上, pp.94, 161, 213; Toynbee, *Experiences*, pp.233-39, 261-67。

78.Toynbee, *Study of History*, vol.2, pp.302-31; Toynbee, *Civilization on Trial*, p.56.彼得·盖尔认为《历史研究》的最后几卷是"对西方文明的亵渎",因为汤因比"会认为西方文明在劫难逃,而且,的确,他为什

么要关心？西方文明对他而言毫无意义"。请参阅 Geyl,"Toynbee as Prophet," pp.363-64,377。

79.See, for example, P. Bagby, *Culture and History*: *Prolegomena to the Comparative Study of Civilizations*（London,1958）; C.Quigley, *The Evolution of Civilizations*: *An Introduction to Historical Analysis*（New York,1961）; M. Melko, *The Nature of Civilizations*（Boston,1969）; C. H. Brough, *The Cycle of Civilization*: *A Scientiﬁc, Determinist Analysis of Civilization, Its Social Basis, Patterns and Projected Future*（Detroit,1965）.

80.B.Mathews, *Young Islam on Trek*: *A Study in the Clash of Civilizations*（New York,1926）,pp.41,196,216-18; R.W.Bulliet, *The Case for Islamo-Christian Civilization*（New York,2004）,pp.1-4.

81. B. Lewis, "The Roots of Muslim Rage," *Atlantic Monthly*, September 1990,pp.56,60.刘易斯早在1957年就首次使用了这个词语；请参阅 R.Bonney, *False Prophets*: *The "Clash of Civilizations" and the Global War on Terror*（Oxford,2008）,p.54。

82. S. Huntington, "The Clash of Civilizations?" *Foreign Affairs* 72（1993）: 22-49; Huntington, *The Clash of Civilizations and the Remaking of World Order*（London,1997）.

83.Huntington, *Clash of Civilizations*,pp.12-13,40.

84.同上,pp.21,26-27,29,44-47。

85.同上,pp.55,47。

86.同上,pp.13,321。

87.同上,pp.71-72,301-11。

88.同上,pp.20-21,34,183。

89.同上,p.312。

90.A.Sen, *The Argumentative Indian*: *Writings on Indian History, Culture and Identity*（London,2005）,pp.136-37.

91. Huntington, *Clash of Civilizations*, p.29.

92. 同上, pp.46-47,56; Fernández-Armesto, *Civilizations*, p.23。

93. Huntington, *Clash of Civilizations*, p.135。

94. 同上, pp.137-38。

95. Sen, *Argumentative Indian*, pp.54,302,308. 森本人总是(完全有理由)对被归类为"印度经济学家"一事表示异议。

96. Sen, *Argumentative Indian*, pp.76,284-87.

97. F. Halliday, *Islam and the Myth of Confrontation: Religion and Politics in the Middle East* (London, 2003 ed.), p.xii.

98. Sen, *Argumentative Indian*, pp.55-56. 同一作者对这些问题更全面的讨论, 请参阅 A.Sen, *Identity and Violence: The Illusion of Destiny* (New York, 2006), esp.pp.1-17,40-58。

99. Huntington, *Clash of Civilizations*, pp.43,66-67; D.W.Wengrow, *What Makes Civilization? The Ancient Near East and the Future of the West* (Oxford, 2010), pp.xvii-xviii, 12-13.

100. W. H. McNeill, "Decline of the West?" *New York Review of Books*, January 9, 1997, pp.18-22; K.A.Appiah, *Cosmopolitanism: Ethics in a World of Strangers* (New York, 2006).

101. 对于亨廷顿的回应及后续著作相关的有用调查, 请参阅 J.O'Hagan, "Beyond the Clash of Civilizations?" *Australian Journal of International Affairs* 59(2005): 383-400; B.Bhutto, *Reconciliation: Islam, Democracy and the West* (London, 2008), pp.233-73; Bonney, *False Prophets*, pp.48-51; Todorov, *Fear of Barbarians*, pp.86-99。

102. R.E.Rubenstein and J.Crocker, "Challenging Huntington," *Foreign Policy*, no.96(1994): 113-28; S.M.Walt, "Building Up New Bogeymen," *Foreign Policy*, no.106(1997): 176-89.

103. J. Fox, "Two Civilizations and Ethnic Conflict: Islam and the

West," *Journal of Peace Research* 38(2001): 459-72; R. Inglehart and P. Norris, "The True Clash of Civilizations," *Foreign Policy*, no. 135 (2003).

104. B. Russett, J. Oneal, and M. Cox, "Clash of Civilizations or Realism and Liberalism Déjà Vu? Some Evidence," *Journal of Peace Research* 37(2000): 583-608; E. A. Henderson and R. Tucker, "Clear and Present Strangers: The Clash of Civilizations and International Conflict," *International Studies Quarterly* 45(2001): 317-38; N. Ferguson, *Civilization: The West and the Rest* (London, 2011), pp.313-14.

105. Huntington, *Clash of Civilizations*, p.30. 新保守主义知识分子推广(并在某些方面歪曲)亨廷顿的论点,其角色作用在这本书中有详细讨论: Bonney, *False Prophets*, chs.3, 4, 6。

106. E. Abrahamian, "The US Media, Huntington, and September 11," *Third World Quarterly* 24(2003): 529-44; Bonney, *False Prophets*, p.40.

107. Bonney, *False Prophets*, chs.7, 8; D. Reynolds, *America, Empire of Liberty: A New History* (London, 2009), pp.558-61.

108. Bonney, *False Prophets*, pp.x, 2-3; Todorov, *Fear of Barbarians*, pp.90-92.

109. Bonney, *False Prophets*, pp.5-9; C. Hitchens, "What I've Learnt," *Times Magazine* (London), July 25, 2010, p.6.

110. Sen, *Identity and Violence*, p.68.

111. S. Halper and J. Clarke, *America Alone: The Neo-Conservatives and the Global Order* (Cambridge, 2004), esp.pp.331-32.

112. R. Sanders, "Iraq: The Blair Mission," *Prospect*, February 2010, p.25; P. Toynbee, "Forgotten Lessons," *Guardian*, March 28, 2003; P. Riddell, "Forget the Money, It's the Political Costs That Will Hurt," *Times* (London), March 27, 2003.

113.Bonney, *False Prophets*, p.47.

114.D. Milliband, "'War on Terror' Was Wrong," *Guardian*, January 15, 2009.

115.Editorial, "End of the Clash of Civilizations," *New York Times*, April 12, 2009; http://www.whitehouse.gov/the_press_office/Remarks-by-President-Obama-to-the-Turkish- Parliament-4-06-09.

116.http://www.whitehouse.gov/the_press_office/Remarks-by-the-President-at-Cairo- University-6-04-09.另一处理方法,请参阅 J. Sacks, *The Dignity of Difference: How to Avoid the Clash of Civilizations* (London, 2002)。

117.J.S.Mill, *Essays on Politics and Culture* (London, 1962 ed.), pp.51-52; Ferguson, *Civilization*, p.xxvii.

118.Bulliet, *Case for Islamo-Christian Civilization*, pp.1-9.

119.Fernández-Armesto, *Civilizations*, pp.25-26.

120.Bonney, *False Prophets*, pp.224-29.

121.Sen, *Identity and Violence*, pp.16-21; Bonney, *False Prophets*, pp.229-31.

122.K.Clark, *Civilisation: A Personal View* (London, 1969), pp.xvii, 1-7.

123. A. Kuper, "Culture and Identity Politics," *British Academy Review* 9 (2006): 6; D. Senghaas, "A Clash of Civilizations—An Idée Fixe?" *Journal of Peace Studies* 35(1998): 127-32.摩尼教的世界观至今仍有吸引力,近期的例子请参阅 N.Cliff, *Holy War: How Vasco da Gama's Epic Voyages Turned the Tide in a Centuries-Old Clash of Civilizations* (London, 2011)。

结　语

1.J.Black, "Contesting the Past," *History* 93(2008): 227.

2. E.S.Morgan, *Inventing the People：The Rise of Popular Sovereignty in England and America*（New York, 1988）, pp.13-15.

3. A.Sen, *Identity and Violence：The Illusion of Destiny*（New York, 2006）, pp.xii-xiii.

4. Matthew Arnold, "Dover Beach" in M.Arnold, *The Poems of Matthew Arnold*, 1840-1867（London, 1913）, pp.401-02; M.MacMillan, *Dangerous Games：The Uses and Abuses of History*（New York, 2009）, p.43.

5. 对于种族隔离"垮台"的两种截然不同的观点，请参阅 H.Giliomee, "Surrender Without Defeat：Afrikaners and the South African 'Miracle,'" *Daedalus*, no.126（Spring 1997）：113-46; G.M.Fredrickson, "The Strange Death of Segregation," *New York Review of Books*, May 6, 1999, pp.36-38。

6. R.Kipling, "We and They," in *Debits and Credits*（London, 1926）, pp.263-64.

7. W.Cantwell Smith, "Christianity's Third Great Challenge," *Christian Century*, April 27, 1960, pp.505-08.

8. V.S.Naipaul, *India：A Million Mutinies Now*（London, 1998）, p.395.

9. 近期一些可敬的例外情况，请参阅 S.Pinker, *The Better Angels of Our Nature：Why Violence Has Declined*（New York, 2011）; S.Bowles and H.Gintis, *A Cooperative Species：Human Reciprocity and Its Evolution*（Princeton, 2011）; M.Pagel, *Wired for Culture：The Natural History of Human Co-operation*（London, 2012）; R.Sennett, *Together：The Rituals, Pleasures and Politics of Co-operation*（London, 2012）。值得注意的是，这些作者都不是历史学家：平克是心理学家，鲍尔斯和金迪斯是行为科学家，帕格尔是进化生物学家，森尼特是社会学家。

10. T. Bender, *A Nation Among Nations: America's Place in World History* (New York, 2006), p.301.

11. J. H. Plumb, *The Death of the Past* (London, 1969), p.141.

12. W. G. Runciman, "Altruists at War," *London Review of Books*, February 23, 2012, p. 19; J. H. Elliott, "Rats or Cheese?," *New York Review of Books*, June 26, 1980, p.39.

13. W. H. McNeill, "Mythistory, or Truth, Myth, History, and Historians," *American Historical Review* 91(1986): 7.

14. U. Frevert, "European Identifications: What European History Can and Cannot Contribute," *European Studies Forum* (Spring 2008): 12-21.